Svenja Wiertz
Freundschaft

Grundthemen Philosophie

Herausgegeben von
Dieter Birnbacher
Pirmin Stekeler-Weithofer
Holm Tetens

Svenja Wiertz

Freundschaft

DE GRUYTER

Gleichzeitig Dissertation an der Philosophischen Fakultät der Heinrich-Heine-Universität Düsseldorf unter dem Titel:
„Von mythischen Seeschlangen? Philosophische Freundschaftskonzeptionen im Kontext gegenwärtiger gesellschaftlicher Entwicklungen" (D61)

ISBN 978-3-11-070321-4
e-ISBN (PDF) 978-3-11-070323-8
e-ISBN (EPUB) 978-3-11-070325-2
ISSN 1862-1244

Library of Congress Control Number: 2020939699

Bibliografische Information der Deutschen Nationalbibliothek
Die Deutsche Nationalbibliothek verzeichnet diese Publikation in der Deutschen Nationalbibliografie; detaillierte bibliografische Daten sind im Internet über http://dnb.dnb.de abrufbar.

© 2020 Walter de Gruyter GmbH, Berlin/Boston
Druck und Bindung: CPI books GmbH, Leck

www.degruyter.com

Inhalt

1 Einleitung — 1
1.1 Die Bedeutung der Freundschaft für ein gutes Leben — 1
1.2 Zum Aufbau des Buches — 4
1.3 Das Alltagsverständnis von Freundschaft — 6

2 Klassische Konzeptionen der Freundschaft — 10
2.1 Die aristotelische Tugendfreundschaft — 10
2.2 Freundschaft bei Cicero und Montaigne — 22
2.3 Ist die aristotelische Konzeption heute noch aktuell? — 27

3 Streitfragen — 30
3.1 Sind Freundschaften notwendig altruistisch? — 30
3.2 Müssen Freundinnen sich gleichen? — 34
3.3 Wie viele Freundschaften können wir pflegen? — 40
3.4 Freundschaft als Grundlage politischer Gemeinschaften? — 44
3.5 Hält die echte Freundschaft ewig? — 47

4 Zentrale Merkmale von Freundschaften — 53
4.1 Freundschaft als soziale Praxis — 55
4.2 Wertschätzung — 59
4.3 Identifikation — 66
4.4 Gegenseitigkeit — 69
4.5 Gemeinsame Tätigkeit — 75
4.6 Freundschaft als Prozess — 77
4.7 Eine Konzeption enger Freundschaften — 83

5 Freundschaften und andere Beziehungsformen — 85
5.1 Freundschaft und Familienbeziehungen — 85
5.2 Freundschaft und Partnerschaft — 88
5.3 Freundschaft und Bekanntschaft — 92

6   Formen der Freundschaft —— 97
6.1   Enge Freundschaften und begrenzte Freundschaften —— 97
6.2   Freundschaften und Lebensphasen —— 103
6.3   Frauenfreundschaft – Männerfreundschaft —— 110
6.4   Bindungsmuster —— 114
6.5   Unterscheidungsdimensionen —— 116
6.6   Stereotype Freundschaftsformen —— 119

7   Freundschaften in der Gegenwart —— 123
7.1   Grundideen einer Gesellschaftskritik —— 123
7.2   Die Gegenwart als zweite Moderne —— 125
7.3   Freundschaft und Individualisierung —— 129
7.4   Freundschaft, Mobilität und Distanz —— 137
7.5   Freundschaften und computervermittelte Kommunikation —— 144

8   Die Vielfalt von Freundschaften —— 160

Anmerkungen —— 164

Literaturverzeichnis —— 167

Sachregister —— 175

Personenregister —— 177

1 Einleitung

1.1 Die Bedeutung der Freundschaft für ein gutes Leben

Freundschaft spielt eine wichtige Rolle in unserem Leben. Von früher Kindheit an bis ins hohe Alter suchen wir Freundinnen[1] und pflegen Freundschaften. Kaum ein Mensch ist ohne Freundinnen und sehnt sich nicht gleichzeitig danach, solche zu finden. In Liedern wird sie besungen, in der Literatur ist sie ein Dauerthema – in diesen Bereichen bleibt sie vermutlich nur hinter der Liebe zurück. In der philosophischen Literatur wird die Freundschaft neben Liebes- und Familienbeziehungen als Standardfall persönlicher Beziehungen betrachtet.

Die Überlegungen dieser Arbeit erlangen ihre Bedeutsamkeit erst auf Basis der Annahme, dass Freundschaften für uns zu einem guten Leben dazugehören. Die in der Philosophie heute vielleicht einflussreichste inhaltliche Bestimmung einer Theorie guten Lebens in aristotelischer Tradition liefert Martha Nussbaum. Sie bestimmt Fähigkeiten, die für uns von zentraler Bedeutung sind, um ein gutes Leben führen zu können. In Nussbaums Liste von Fähigkeiten beziehen sich gleich zwei Punkte, fünf und sieben, zentral auf persönliche Beziehungen:

> Die Fähigkeit, Bindungen zu Dingen und Personen außerhalb unser selbst zu haben; diejenigen zu lieben, die uns lieben und für uns sorgen, und über ihre Abwesenheit traurig zu sein; allgemein gesagt: zu lieben, zu trauern, Sehnsucht und Dankbarkeit zu empfinden.

Sowie:

> Die Fähigkeit, für andere und bezogen auf andere zu leben, Verbundenheit mit anderen Menschen zu erkennen und zu zeigen, verschiedene Formen von familiären und sozialen Beziehungen einzugehen. (Nussbaum 2012, 57–58).

Der erste Punkt bezieht sich primär auf Freundschaft als emotionale Bindung, der zweite Punkt auf die Praxis der Freundschaft im Sinne eines Zusammenlebens. Nach Auffassung von Nussbaum muss nicht jeder Mensch diese Fähigkeiten tatsächlich einsetzen, um ein gutes Leben führen zu können. Aber sie sind doch wichtig genug, dass wir es jedem Menschen ermöglichen müssen, zumindest die Fähigkeit hierzu auszubilden, wenn wir in einer gerechten Welt leben wollen.

Die empirische Forschung unterstützt die These, dass Freundschaften für ein glückliches Leben wichtig sind. Menschen mit Freundinnen sind glücklicher als Menschen, die keine Freundschaften haben (vgl. Demir 2015). Die Aussage, dass eine Korrelation zwischen Freundschaft und Glück besteht, sagt uns allerdings noch wenig konkretes darüber, was Freundschaften zu unserem Leben beitragen.

Zum einen, weil Glück eine zu vage Kategorie darstellt, um tatsächlich viel darüber auszusagen, worin der Wert von Freundschaften besteht. Zum anderen, weil es Hinweise darauf gibt, dass dieser Zusammenhang nicht als einseitige Kausalität verstanden werden kann – Freundschaft mag zu unserem Glück beitragen, aber es lässt sich auch umgekehrt vermuten, dass glückliche Menschen leichter Freundinnen finden (Saldarriaga et al. 2015).

Schon unser Alltagsverständnis von Freundschaften verweist auf vielfältige Werte, die wir Freundschaften zuschreiben: Wir gehen davon aus, dass sie für uns einen praktischen Nutzen im Hinblick auf die Bewältigung vieler Lebensaufgaben haben – diese Vorstellung ist zentral in der Rede von Freundschaften in der Not. Wir nehmen an, dass Freundinnen Freude in unser Leben bringen. Wir gehen davon aus, dass wir in Freundschaften Liebe, Akzeptanz und Anerkennung erfahren, wir beschreiben Freundinnen als loyal – nur so können wir mit ihnen Pferde stehlen. Wir nehmen an, dass wir in Freundschaften ganz wir selbst sein können – deshalb fühlen wir uns wohl, wenn wir unter Freunden sind. Wir nehmen an, dass Freundinnen uns auch in Zukunft treu zur Seite stehen werden, wir vertrauen ihnen und ziehen aus der Beziehung ein Gefühl von Sicherheit. Ein Ziel dieses Buches besteht daher darin aufzuzeigen, wie genau wir durch Freundschaften diese Werte verwirklichen können.

Trotz ihrer immensen Relevanz für unser Leben erscheint die Freundschaft durch einige aktuelle gesellschaftliche Entwicklungen bedroht:

> Wir leben in einer hektischen Zeit, in der das Haus der Liebe durch steigende Flexibilitätsanforderungen und Erreichbarkeitserwartungen aus der ökonomischen Sphäre bedroht ist. Unsere Welt ist vollgestellt mit bloßen *simulacra* von Intimität: flachen Facebookfreundschaften oder seelenlosem Sex. (Krebs 2015, 12)

Häufig werden solche und ähnliche Bedenken geäußert. Geht die echte Freundschaft also verloren? Obwohl der Begriff in aller Munde ist und wir viele Menschen unsere Freundinnen nennen, ist die Angst da, dass wir diese Beziehung nicht so leben, wie es eigentlich sein sollte, dass unsere Beziehungen zu denen, die wir als Freundinnen betrachten, oberflächlich und bedeutungslos geworden sind. Eine große Rolle spielt dabei die Vorstellung, es gebe so etwas wie die *echte* Freundschaft. Zwar wird der Begriff ‚Freundschaft' in der Alltagssprache breiter verwendet, für Beziehungen, die ganz unterschiedlich ausgestaltet sein können. Trotzdem bleibt die Befürchtung, diese würden im Kern dem Anspruch der echten Freundschaft nicht gerecht werden – wir müssten über lose Beziehungen hinaus in der Lage sein, auch andere Freundschaften zu pflegen. Engere Freundschaften, solche Freundschaften, die unsere Vorstellungen vom Ideal der Freundschaft prägen und die mit dem Begriff *eigentlich* gemeint sind.

Diese Befürchtungen und der Gedanke, die echte Freundschaft sei eine seltene aber kostbare Beziehung, sind nicht neu. Schon Cicero schrieb um 45 v. u. Z. in seiner Schrift *Laelius – Über die Freundschaft* er könne in allen Jahrhunderten nur drei oder vier echte Freundespaare benennen (2011, 15). Ähnlich nimmt Montaigne im 16. Jahrhundert in seinem Essay *Von der Freundschaft* an, die echte Freundschaft käme in drei Jahrhunderten ungefähr einmal vor (1992, 323). Angesichts dieser Diagnosen regt sich schnell der Verdacht, dass die *echte* Freundschaft von diesen Philosophen vielleicht etwas zu eng gefasst wird. Wenn Freundschaften für die *meisten* Menschen zu einem guten Leben gehören, sollten sie dann nicht auch zumindest für die *meisten* Menschen erreichbar sein?

Arthur Schopenhauer teilt die Ansicht von Cicero und Montaigne, viele Beziehungen, die mit dem Begriff bezeichnet würden, kämen dem Ideal der Freundschaft nicht einmal nahe:

> Wie Papiergeld statt des Silbers, so kursieren in der Welt, statt der wahren Achtung und der wahren Freundschaft, die äußerlichen Demonstrationen und möglichst natürlich mimisierten Gebärden derselben. (Schopenhauer 2018, 192)

Schopenhauer gibt zu bedenken, dass der Anspruch möglicherweise zu hoch gesetzt ist – wenn wir das Ideal der Freundschaft zu eng fassen, dann gibt es im wahren Leben vielleicht einfach keine Beziehungen, die diesem Ideal gerecht werden können:

> Wahre, ächte Freundschaft setzt eine starke, rein objektive und völlig uninteressirte Teilnahme am Wohl und Wehe des Andern voraus, und diese wieder ein wirkliches Sich mit dem Freunde identifiziren. Dem steht der Egoismus der menschlichen Natur so sehr entgegen, daß wahre Freundschaft zu den Dingen gehört, von denen man, wie von den kolossalen Seeschlangen, nicht weiß, ob sie fabelhaft sind, oder irgendwo existiren. (Schopenhauer 2018, 193)

Bei Schopenhauer ist es konkret die selbstlose Teilnahme am Wohlergehen der Anderen, die das Ideal der echten Freundschaft auszeichnet. Diese steht seiner Ansicht nach dem menschlichen Egoismus so sehr entgegen, dass er an der Möglichkeit der Freundschaft zweifelt.

Von dem Gedanken, die Freundschaft sei eher ein mythisches Konstrukt als ein erreichbares Ideal, ist die Annahme zu unterscheiden, echte Freundschaft sei historisch zwar wirklich, heute aber nicht mehr erreichbar. Dieser Annahme liegt der Gedanke zugrunde, dass es durch die Gesellschaft bestimmte Umstände unserer Lebensführung sind, die beeinflussen, zu welchen Formen persönlicher Bindung wir fähig sind. So sei es den Menschen in vergangenen Zeiten – zum Beispiel in den Stadtstaaten des antiken Griechenlands – durchaus möglich gewesen, Beziehungen zu pflegen, die dem Ideal der echten Freundschaft gerecht wurden. Die Umstände der Gegenwart jedoch ließen solche Freundschaften unmöglich werden. Georg Simmel formuliert schon 1908 diese These, dass es die Lebensbedingungen des modernen Menschen sind, die Freundschaften im antiken Sinne unmöglich machen. Was der Freundschaft im Wege steht, ist nach Simmel einerseits das Bedürfnis, Aspekte der eigenen Persönlichkeit vor anderen zu verbergen, andererseits der Prozess der Individualisierung:

> Vielleicht hat der moderne Mensch zu viel zu verbergen, um eine Freundschaft im antiken Sinne zu haben, vielleicht sind die Persönlichkeiten auch, außer in sehr jungen Jahren, zu eigenartig individualisiert, um die volle Gegenseitigkeit des Verständnisses, des bloßen Aufnehmens, zu dem ja immer so viel ganz auf den andern eingestellte Divination und produktive Phantasie gehört, zu ermöglichen. (Simmel 2016, 401)

Simmel bewertet diese Entwicklungen neutral. Texte aus jüngerer Zeit formulieren im Hinblick auf gegenwärtige gesellschaftliche Entwicklungen teilweise ganz ähnliche Thesen, nehmen diese jedoch überwiegend als Ausgangspunkt für gesellschaftskritische Stellungnahmen. Der darin zum Ausdruck kommenden Sorge um die Qualität heutiger Freundschaften möchte das vorliegende Buch nachgehen, indem es zunächst die Freundschaft als Thema in der Geschichte der Philosophie beleuchtet, eine eigene, normativ anspruchsvolle aber dem heutigen Theoriestand angemessene Konzeption von Freundschaften vorschlägt, und schließlich den vielfach geäußerten Sorgen in Bezug auf Entwicklungen der modernen Zeit in ihren Auswirkungen auf Freundschaften differenziert nachspürt.

1.2 Zum Aufbau des Buches

Das folgende Kapitel (2) gibt zunächst einen Überblick über einflussreiche philosophische Konzeptionen der Freundschaft, die den Status von Klassikern erlangt haben. Ich beginne mit der Darstellung der Tugendfreundschaft nach Aristoteles, ein Idealentwurf, auf den sich die weiteren vorgestellten Konzeptionen größtenteils beziehen. Die bekanntesten und wohl einflussreichsten Anknüpfungen an diese Konzeption stammen Cicero und Michel de Montaigne. Alle drei betonen die Seltenheit der echten, beständigen Freundschaft, die auf Übereinstimmung, Wohlwollen und Wertschätzung beruht und in einem engen Zusammenleben besteht.

Im Laufe der Zeit sind viele Aspekte der aristotelischen Konzeption, die Cicero und Montaigne weitgehend übernehmen, von anderen Autorinnen in Frage gestellt worden. Um das Bild der Geschichte der Philosophie der Freundschaft zu vervollständigen, werden im dritten Kapitel die bedeutendsten Streitfragen vorgestellt. Diese drehen sich um den altruistischen Aspekt von Freundschaften, die Annahme der notwendigen Gleichheit von Freundinnen, die mögliche Anzahl, die Dauerhaftigkeit der Beziehung und die Übertragbarkeit der Beziehungsform auf politische Gemeinschaften. Dabei wird die Diskussion um Positionen von Epikur, Thomas von Aquin, C.S. Lewis, Georg Simmel sowie einer ganzen Reihe von Autorinnen der Gegenwart ergänzt.

Unter Rückgriff auf die vorgestellten Idealkonzeptionen der Freundschaft und die daran anknüpfenden Streitfragen entwickle ich in Kapitel 4 eine Konzeption enger Freundschaften, die einerseits weniger anspruchsvoll und elitär ist als das aristotelische Ideal, andererseits jedoch geeignet, zentrale Werte einer normativen Konzeption von Freundschaft einzufangen. Hierzu wird die Freundschaft als soziale Praxis in den Blick genommen, die sich über die zentralen Merkmale der Wertschätzung, Identifikation und Gegenseitigkeit, sowie über eine spezifische Form gemeinsamen Tätigseins definiert.

Die soziale Praxis der Freundschaft lässt sich als eine soziale Praxis persönlicher Beziehungen unter anderen einordnen. Um das Spezifische dieser Form persönlicher Beziehungen zu verstehen ist es hilfreich, sie in Abgrenzung zu anderen persönlichen Beziehungen zu betrachten, insbesondere zu familiären Beziehungen, romantischen Partnerschaften und loseren Bekanntschaften. Dieser Abgrenzung widmet sich Kapitel 5.

In Kapitel 6 stelle ich sozialwissenschaftliche Arbeiten zur Unterscheidung von Freundschaftsformen anhand verschiedener Dimensionen wie Verbindlichkeit, Entstehungskontext, Art der gemeinsamen Interaktion und Lebensalter vor. Damit kommt die Vielfältigkeit unterschiedlicher Freundschaftsformen in den Blick, die sich aus den Gestaltungsspielräumen konkreter Beziehungen ergeben, die die Verwirklichung unterschiedlicher Werte der Freundschaft betonen. Trotz gradueller Unterschiede können nicht alle, aber viele dieser Freundschaftsformen unter die vorgestellte Konzeption enger Freundschaft gefasst werden. Eine scharfe Unterscheidung sozialer Praktiken erweist sich hier aus philosophischer Perspektiv nicht als sinnvoll, dennoch lassen sich anhand der Unterscheidungsdimensionen von Bindungsstil und Praxisausrichtung einige stereotype Formen von Freundschaften herausarbeiten.

Auf Basis der entwickelten Konzeption sowie der vorgeschlagenen Typologie von Freundschaftsformen folgt anschließend eine Betrachtung gegenwärtiger gesellschaftlicher Entwicklungen in ihren Auswirkungen auf Freundschaften in kritischer Absicht. Dabei werden insbesondere Phänomene der Individualisierung, Mobilität und Digitalisierung thematisiert und in ihren Auswirkungen auf die verschiedenen stereotypen Freundschaftsformen analysiert. Während Individualisierungstendenzen insbesondere Verbindlichkeit und Sicherheit in

Freundschaften erschweren, stellt Mobilität eine Herausforderung für die gemeinsame Praxis der Freundschaft dar, sofern diese über den reinen Gedankenaustausch hinausgeht. Die Digitalisierung eröffnet zunächst neue Möglichkeiten für Freundschaften über Distanz, dennoch können die Kommunikationsstrukturen einzelner Plattformen, die häufige Betonung von Quantität über Qualität, sowie Aufforderungen zur optimierten Selbstdarstellung als problematisch betrachtet werden (Kapitel 7).

Das vorliegende Buch verfolgt zwei Ziele. Das in der Philosophie bis heute vorherrschende, an Aristoteles angelehnte, und normativ sehr anspruchsvolle Ideal der Freundschaft wird sowohl vorgestellt, als auch kritisch hinterfragt. Als Alternative wird eine Konzeption von Freundschaften vorgeschlagen, die die Möglichkeit der Betonung unterschiedlicher Ziele und Werte der Freundschaft in konkreten Beziehungen zulässt, ohne damit den Anspruch aufzugeben, einen normativen Maßstab darzustellen. Zudem geht es um die Frage, vor welchen Herausforderungen Freundschaften aufgrund aktueller gesellschaftlicher Entwicklungen stehen und wie diese sich auf unterschiedliche Formen von Freundschaften und die Verwirklichung spezifischer Werte konkret auswirken.

Diese Arbeit bleibt in Bezug auf die Möglichkeit von anspruchsvolleren Freundschaften ihrer Zeit und ihrem Kontext verhaftet: de facto wird hier eine Konzeption von Freundschaft entworfen, die dem Denken unserer heutigen westlichen Welt entspringt und sich in dessen Rahmen bewegt. Damit bleibt einerseits die Möglichkeit völlig anderer Formen von Freundschaft unberücksichtigt, die erst im Kontext von Gesellschaften möglich wären, die sich von der unseren wesentlich unterscheiden. Andererseits soll damit die Relevanz der vorliegenden Überlegungen für die aktuelle gesellschaftliche Praxis sichergestellt werden.

1.3 Das Alltagsverständnis von Freundschaft

Wie Freundschaft aus philosophischer Perspektive angemessen gefasst werden kann, ist eine der zentralen Fragen dieses Buches. Daher ist es nicht möglich, eine klare Begriffsbestimmung voranzustellen. Trotzdem erscheint es geboten, den Gegenstand der folgenden Überlegungen zunächst grob zu umreißen, um die Grenzen des Themas abzustecken. Hilfreich ist dafür die Unterscheidung zwischen einem Konzept und verschiedenen Konzeptionen der Freundschaft.[2] Der Grundgedanke dieser Unterscheidung ist, dass wir in Bezug auf verschiedene Begriffe wie Gerechtigkeit, Toleranz, oder eben auch Freundschaft, auf ein gemeinsames Grundverständnis zurückgreifen können. Das heißt, dass wir uns in Bezug auf einige wesentliche Merkmale einig sind, die das gemeinsame Konzept auszeichnen. Von diesem weit gefassten Konzept sind enger gefasste Konzeptionen zu unterscheiden, die jeweils unterschiedlichen Auffassungen des jeweiligen Begriffs entsprechen. Ich werde im Folgenden einige unstrittige Merkmale benennen, die unser Konzept von Freundschaften auszeichnen. In der näheren Diskussion dieser Merkmale wird deutlich, dass die Unterscheidung zwischen Konzept und Konzeptionen nur ein methodisches Hilfsmittel darstellt, insofern die Antwort auf die Frage, was genau mit den einzelnen Merkmalen *gemeint* ist, mindestens in einigen Punkten von der engeren Konzeption von Freundschaft abhängt.

Freundschaft ist als Beziehung ein *gegenseitiges, symmetrisches Verhältnis* (1) – ich bin notwendig die Freundin meiner Freundin, sonst handelt es sich nicht um Freundschaft. In diesem Buch werden Freundschaften als zwischenmenschliche Beziehungen in den Blick genommen. In diesem Bereich ist das genannte Kriterium auch in der alltagssprachlichen Verwendung des Begriffs nicht umstritten. Von unseren eigenen Freundinnen und Freunden können wir im Singular sprechen, sofern wir sie in ihrer Beziehung *zu uns* beschreiben. Beziehen wir uns auf Freundschaften Dritter, dann existieren Freundinnen und Freunde nur im Plural. Die Feststellung, sie sei eine Freundin von ihm, er aber nicht ein Freund von ihr, bleibt uns unverständlich.

Damit ist die Freundschaft zu Gegenständen aus diesem Begriff ausgeschlossen. Ich kann nur im übertragenen Sinn eine Freundin des Weines sein, weil der Wein nicht zur Freundschaft fähig ist.[3] Als Randphänomene können die Tierfreundschaft und die Freundschaft zu Gott eingeordnet werden. Von Tierfreundinnen sprechen wir manchmal in der gleichen Weise wie von einer Freundin des Weines als einer Person, die Tiere liebt. In dieser Verwendung ist kein gegenseitiges Verhältnis gemeint, die Einstellung der Tiere wird nicht berücksichtigt. Andererseits kann ich davon sprechen, beispielsweise mit meiner Katze befreundet zu sein. In diesem Fall beanspruche ich eine Gegenseitigkeit der Beziehung. Wird die Gegenseitigkeit dieser Beziehung zugestanden, ist aber noch offen, ob auch eine Symmetrie gegeben ist, ob die Beziehung zwischen mir und meiner Katze aus Perspektive der Katze also in wenigstens annähernd gleicher Weise zu beschreiben wäre, wie aus meiner Perspektive.[4]

Auch in Bezug auf die von Theologen gern betrachtete Gottesfreundschaft stehen beide Aspekte in Frage. Wird Gott als Freund aller Menschen dargestellt, ist der Ausdruck nicht gegenseitig, wenn nicht auch alle Menschen sich als Freundinnen Gottes begreifen. Insofern sich *einige* Menschen in der Tat als Freundinnen Gottes verstehen und Gott als Freund der Menschen vorgestellt wird, handelt es sich um eine gegenseitige Beziehung. Es bleibt dennoch zu hinterfragen, ob dieses Verhältnis symmetrisch konzipiert ist, ob *Freundin sein* in diesem Fall für die Menschen und für Gott also tatsächlich dieselbe Art des Bezugs bezeichnen soll.

Je nach Kontext gibt es zwei Gegenbegriffe zur Freundschaft: Der Freundschaft als Beziehung wird oft die Feindschaft gegenübergestellt, die Freundin als Person wird mit der Fremden kontrastiert. Aus der Gegenüberstellung mit der Feindschaft lässt sich die *Zuneigung* (2) als zentrales Merkmal ableiten – zugespitzt formuliert lieben wir unsere Freundinnen und hassen unsere Feindinnen. Wie diese Zuneigung zu konzipieren ist, als wie umfassend sie aufgefasst wird, wie bedingungslos sie gefordert wird, auf welchen Motiven sie beruht, sind Streitfragen der Konzeptionen von Freundschaft.

Aus der Gegenüberstellung von Freundinnen und Fremden wiederum lässt sich das Merkmal der *Kenntnis oder Vertrautheit* (3) bestimmen. Freundschaft ist unmöglich zwischen Menschen, die nicht von ihrer gegenseitigen Existenz wissen. Liegt gegenseitige Kenntnis in einem schwachen Sinne vor, sprechen wir von Bekanntschaft. Bekanntschaft ist aber noch keine Freundschaft. Nicht nur, weil hier nicht notwendig Zuneigung vorliegt, sondern auch, weil wir Freundinnen ein vergleichsweise hohes Maß an durch den gegenseitigen Umgang gewonnener Kenntnis zuschreiben, was üblicherweise als Vertrautheit bezeichnet wird. Strittig wird dann ggf., ob Freundinnen *alles* übereinander wissen müssen, oder ob die Freundschaft Geheimnisse zulässt.

Freundschaften werden zudem üblicherweise als *frei gewählte Beziehungen* (4) von Familienbeziehungen unterschieden. Mindestens in Bezug auf die Entstehung gelten Freundschaften als gewählt, während Familienbeziehungen als gegeben betrachtet werden. Ausnahmen, wie im Fall der Adoption, bestätigen hier nur die Regel. Wir suchen uns unsere Eltern, Tanten, Cousinen und Schwestern nicht aus, obwohl wir vielleicht wählen können, wie wir unsere Beziehung zu ihnen gestalten und in diesem Sinne auch innerhalb der Familie Freundschaften knüpfen können. Strittig ist, ob die Freiheit, sich für oder gegen die Beziehung zu entscheiden, in der einmal geschlossenen Freundschaft bestehen bleibt, oder ob diese einen Anspruch an Verbindlichkeit notwendig umfasst.

Freundschaften werden neben Familienbeziehungen und Partnerschaften als *persönliche Beziehungen* (5) eingeordnet. Diese Einordnung ließe sich an erste Stelle setzen, weil sie allein mehr über Freundschaften aussagt, als jedes einzelne der bisher genannten Merkmale. Sie ist jedoch gleichzeitig auch erheblich stärker interpretationsbedürftig. Persönliche Beziehungen werden formalen Beziehungen gegenübergestellt, in denen sich die Beteiligten im Umgang miteinander vor allem auf Rollenerwartungen stützen. Axel Honneth und Beate Rössler schreiben in ihrem Band zur Ethik persönlicher Beziehungen:

> Als persönliche Beziehungen verstehen wir dabei solche Beziehungen, die Personen untereinander als genau diese und nur diese Personen haben: nicht aufgrund bestimmter Rollen, die sie erfüllen [...], also auch nicht aufgrund bestimmter Fähigkeiten, die sie haben [...]. Man kann solche persönlichen Beziehungen deshalb als Person-qua-Person-Beziehungen beschreiben: zu dieser Person hat man eine spezielle Beziehung deshalb, weil sie gerade nicht ersetzbar ist, es geht um sie als diese Person. (Honneth/Rössler 2008, 10–11)

Hier wird die Feststellung, dass eine Person für uns nicht ersetzbar ist, zum zentralen Kriterium. Es ist jedoch nicht einfach zu beantworten, wie der Bezug auf jemanden *als Person* zu verstehen ist, und wie das Kriterium der Nicht-Austauschbarkeit in konkreten Beziehungen erfüllt wird.

2 Klassische Konzeptionen der Freundschaft

Für eine philosophische Beschäftigung mit dem Thema Freundschaft ist Aristoteles *die* zentrale Figur. Whitehead erklärte die gesamt europäische Philosophie zu einer Reihe von „Fußnoten zu Platon". In ähnlicher Weise beschreibt Bernd Oberdorfer treffend das abendländische Denken zur Freundschaft als Fußnoten zu Aristoteles (2014, 113).[1] Dabei ist Aristoteles nicht der einzige antike Autor, der sich in einflussreicher Weise zur Freundschaft geäußert hat. Schon in Platons Dialog *Lysis* (2011a) werden viele der Fragen aufgeworfen, denen Aristoteles auch in der *Nikomachischen Ethik* nachgeht – allerdings bleiben in Platons Dialog die eindeutigen Antworten aus (vgl. Price 1989). Spätere Autoren der Antike, wie Epikur und Cicero, formulieren ihre Theorien zur Freundschaft dann bereits in Anlehnung an und in Abgrenzung zu Aristoteles.

Bis heute kommt den Ausführungen von Aristoteles eine zentrale Rolle in der Diskussion um Freundschaft zu. So wird auf die Tugendfreundschaft Bezug genommen, um Online-Freundschaften zu hinterfragen, um Anforderungen des modernen Arbeitsmarktes zu kritisieren oder auch, wenn es um die Suche nach den Grundlagen des Zusammenhalts politischer Gemeinschaften geht.[2] In der Philosophie der Liebe wird das aristotelische Modell von Freundschaft von Angelika Krebs (2015) herangezogen, um heutige Vorstellungen von romantischer Partnerschaft zu erklären.

Der Begriff *philia*, der der aristotelischen Auseinandersetzung zugrunde liegt und heute meist mit Freundschaft übersetzt wird, ist zunächst sehr weit gefasst. Er schließt beispielsweise Geschäftsbeziehungen ein, bezeichnet aber über zwischenmenschliche Beziehungen hinaus auch ein allgemein verbindendes Prinzip in der Tierwelt. Aristoteles (2013) führt dann verschiedene Unterscheidungen ein, um sein Thema zu sortieren: Unter anderem werden Freundschaften unterschieden, die auf Nutzen, Lust oder Tugend beruhen.[3] Bezuggenommen wird in der Philosophiegeschichte und auch in der heutigen Diskussion meist auf die engere Konzeption der Tugendfreundschaft.

2.1 Die aristotelische Tugendfreundschaft

Das zentrale Merkmal der Tugendfreundschaft steckt schon in der Bezeichnung, mit der sie zumeist benannt wird: die Tugend. Wir haben es mit dem griechischen Begriff der *aretē* zu tun, der sich wörtlich als ‚Gutheit' oder ‚Vortrefflichkeit' (vgl. Höffe 2005; Wolf 2013) übersetzen lässt und sowohl auf Gegenstände als auch Lebewesen bezogen werden kann. Die spezifische *aretē* des Menschen buchstabiert Aristoteles in der *Nikomachischen Ethik* in zweierlei Weise aus, indem er zwischen ethischen Tugenden und Tugenden des Verstandes unterscheidet. Diese entsprechen dem Menschen, stellen seine spezifische Gutheit dar, so wie die Gutheit des Hammers darin besteht, seine Funktion zu erfüllen und Nägel in Holz zu schlagen. In Bezug auf den Menschen könnte man in diesem Sinne auch von Kompetenzen sprechen. Die ‚Funktion' des Menschen ist dabei nicht beliebig zu bestimmen, sondern liegt nach Aristoteles eben in der Umsetzung eines guten Lebens (Aristoteles 2013, I, 1102a–1103a).

Die Tugendfreundschaft ist die Freundschaft, die auf der Wertschätzung der Tugend, also der Gutheit der Freundin[4] beruht. Die Tugend ist der Grund für die Liebe zur Freundin. Neben die Tugend stellt Aristoteles zwei weitere mögliche Gründe der Liebe: Wir lieben Entitäten auch deshalb, weil sie angenehm oder nützlich für uns sind. Entsprechend benennt er auch zwei weitere Formen der Freundschaft, nämlich Freundschaften basierend auf Lust und Freundschaften basierend auf Nutzen. Das Gute, das Angenehme und das Nützliche sind für Aristoteles nicht etwa drei scharf getrennte Kategorien: Er geht davon aus, dass das Gute für uns notwendig auch angenehm und nützlich sei. Aber umgekehrt sind Dinge nicht gut, allein weil sie angenehm oder nützlich sind. Sie mögen uns auf dieser Basis gut erscheinen, sind es aber nicht in einem objektiven Sinne. Aus dieser Verhältnisbestimmung lässt sich auch schon ableiten, warum Aristoteles die Tugendfreundschaft über die anderen Formen der Freundschaft stellt: Auch die Tugend, als das wahrhaft Gute, ist für uns nützlich und angenehm, sie umfasst die Vorteile der anderen Freundschaftsformen, beruht aber auf einer angemesseneren Grundlage (Aristoteles 2013, 1156a–1156b).

Aristoteles legt eine Bestimmung der Freundschaft als gegenseitiges, offenkundiges Wohlwollen zugrunde:

> denn das Wohlwollen (*eunoia*), das gegenseitig ist, nennt man Freundschaft. Oder müssen wir hinzufügen: wenn es nicht verborgen bleibt? Denn viele haben Wohlwollen gegenüber Menschen, die sie nie gesehen haben, die sie aber für gut (*epieikēs*) oder nützlich halten, und von diesen letzteren könnte jemand dasselbe für jenen empfinden. (Aristoteles 2013, 1155b33–1156a2)

Im engeren Sinne ist die vollkommene Freundschaft eine Freundschaft, in der das gegenseitige Wohlwollen in der Wertschätzung der Tugend der anderen gründet und offen zutage tritt. Die Kennzeichnung von Freundschaft als Wohlwollen ist insofern problematisch, als wir Wohlwollen auch als eine moralische Grundeinstellung betrachten können. In diesem Sinne fordert die Moral von uns, nicht nur unseren Freundinnen, sondern allen Menschen mit Wohlwollen zu begegnen. Auch Aristoteles korrigiert diese Aussage an einer späteren Stelle, wenn er schreibt:

> Das Wohlwollen *(eunoia)* gleicht einer freundschaftlichen Einstellung, ohne doch Freundschaft *(philia)* zu sein. Denn Wohlwollen kommt auch gegenüber Unbekannten und im Verborgenen vor, Freundschaft hingegen nicht. [...] Wohlwollen ist aber auch nicht Lieben *(philēsis)*. Denn es besitzt keine Intensität *(diatasis)* und enthält auch kein Streben *(orexis)* wie es die Liebe doch begleitet. (Aristoteles 2013, 1166b30–33)

Entsprechend wird in der heutigen Diskussion die spezifische Einstellung der Freundschaft in der Regel unter den Begriff der Liebe gefasst. Auch dieser Begriff ist jedoch erklärungsbedürftig und Konzeptionen der Liebe sind mindestens ebenso umstritten wie Konzeptionen der Freundschaft.

Aus heutiger Perspektive mag es durchaus unklar erscheinen, was es bedeutet, einen anderen Menschen aufgrund seiner Tugend zu lieben. Zum einen formuliert Aristoteles eine endliche Liste menschlicher Tugenden. Auf dieser Basis könnte man diese Bestimmung so lesen, als ginge es darum, einen Menschen in Bezug auf einige bestimmte Eigenschaften zu schätzen, nicht in Bezug auf andere Eigenschaften. Tapferkeit, Besonnenheit und Gerechtigkeit sind Tugenden und damit eine geeignete Grundlage für Freundschaft. Tollpatschigkeit, ein gutes Gespür für Mode oder eine Präferenz von Bier gegenüber Wein tauchen in der Liste der Tugenden nicht auf und könnten somit nicht als geeignete Basis einer vollkommenen Freundschaft gelten (vgl. Aristoteles 2013, III, IV, VI).[5] Lässt man die Liste der Tugenden außer Acht oder betrachtet sie als unabgeschlossene Sammlung von Beispielen, bietet sich in Bezug auf die ethischen Tugenden ein Blick auf die *mesotes*-Lehre an: Aristoteles bestimmt hier jede Tugend als eine *Mitte zwischen zwei Übeln*. Dabei betont er, dass es ihm nicht um eine in Bezug auf alle Menschen gleiche und eindeutig bestimmbare Mitte geht, sondern dass sich das rechte Maß immer nur in Bezug auf die Einzelne bestimmen lässt. Es gibt in Bezug auf die Tugenden nicht die eine Mitte, nach der wir alle streben müssen, um uns tugendhaft nennen zu können. Es gibt nur eine je individuelle Mitte für uns, auf unsere eigene Veranlagung bezogen. Meine Tapferkeit unterscheidet sich von deiner Tapferkeit. Was für mich die Gutheit, die Tugendhaftigkeit, ist, unterscheidet sich von dem, was sie für dich ist (Aristoteles 2013, II, 1106a27–1106b7).[6]

Die erste Lesart ruft als berechtigten Einwand das Problem der Austauschbarkeit auf den Plan, welches ich in Kapitel 4.2 aufgreifen werde: Wenn wir Menschen aufgrund bestimmter Eigenschaften lieben, die auch andere Personen verwirklichen können, dann scheint das Vorliegen gleicher oder sogar zusätzlicher positiver Eigenschaften hinreichend, um unsere Freundin bereitwillig einzutauschen. Nur die zweite Lesart macht plausibel, dass Aristoteles meint, mit dem Verweis auf die Tugend auch auf das Eigentümliche eines Menschen verweisen zu können:

> Die vollkommene *(teleios)* Freundschaft aber ist die Freundschaft zwischen Menschen, die gut *(agathos)* und gleich an Tugend *(kat' aretēn)* sind. Denn diese wünschen in gleicher Weise Gutes füreinander, insofern sie gut sind, und sie sind als solche gut. Diejenigen aber, die den Freunden um dieser selbst willen Gutes wünschen, sind am meisten Freunde. (Aristoteles 2013, 1156b6–11)

Aristoteles nimmt hier nicht nur an, dass sich die vollkommenen Freundinnen aufgrund ihrer Tugend Wohlwollen entgegenbringen. Er setzt zusätzlich voraus, dass sie sich in ihrer Tugend gleichen, und dass ihre Tugenden (bzw. ihre Gutheit) sie *als solche* ausmachen. Aristoteles bringt hier ein Kriterium der Freundschaft ins Spiel, das bis heute gerne als Merkmal persönlicher Beziehungen genannt wird, aber auch bis heute erklärungsbedürftig ist: Einen Menschen aufgrund seiner Gutheit zu lieben, soll gleichzeitig bedeuten, ihn um seiner selbst willen zu lieben. Um seiner selbst willen, in seiner Besonderheit, in seiner Eigentümlichkeit.

Mehr als Tugend – das Zusammenleben der Freundinnen: An einigen Stellen der *Nikomachischen Ethik* lässt sich deutlich ablesen, dass die Tatsache der Tugendhaftigkeit beider Freundinnen eine notwendige Voraussetzung für die höchste Form der Freundschaft darstellt, aber nicht hinreichend für diese ist. Aristoteles schreibt zum einen:

> Daher suchen Menschen Freunde, die angenehm sind. Solche Freunde müssen sicher auch gut sein, und außerdem gut für sie. Denn so werden sie alles haben, was Freunden zukommen muss. (Aristoteles 2013, 1158a23–27)

Dieses Zitat impliziert schon, dass das Gutsein nicht unbedingt ausreicht, um Menschen zu Freundinnen zu machen, da sie damit noch nicht zwingend angenehm füreinander sind. Die gleiche Schlussfolgerung lässt sich aus dem folgenden Zitat ziehen:

> Es ist auch nicht leicht möglich, dass viele zugleich demselben Menschen sehr gefallen, und ebenso wenig vermutlich, dass viele gleichzeitig gut sind. (Aristoteles 2013, 1158a12–14)

Offensichtlich besteht für Aristoteles ein Unterschied zwischen der Frage, ob Menschen *einander gefallen*, also einander angenehm sind, und der Frage, ob Menschen gut sind. Worum es bei der Frage nach dem gegenseitigen Angenehm-Sein gehen könnte, wird an einer Textstelle deutlich, die erläutert, worin das Zusammenleben von Freundinnen besteht:

> Und was jeweils dem Menschen das Sein ist oder weswegen er das Leben wählt, darin will er zusammen mit den Freunden sein Leben zubringen. Daher trinken die einen zusammen, andere spielen zusammen Würfel, andere trainieren zusammen und jagen, oder sie treiben

zusammen Philosophie, wobei sie alle ihre Tage gemeinsam gerade mit der Sache verbringen, die sie von allem im Leben am meisten lieben. (Aristoteles 2013, 1172a1–6)

Aristoteles präzisiert in Bezug auf die Ausgestaltung dieses Zusammenlebens an anderer Stelle:

Daher muss man zugleich auch vom Freund wahrnehmen, dass er ist; und das wird geschehen im Zusammenleben und im Teilen von Worten *(logos)* und Gedanken *(dianoia)*. Denn dies dürfte die Rede vom Zusammenleben bei Menschen bedeuten, und nicht wie beim Vieh das Grasen auf derselben Weide. (Aristoteles 2013, 1170b11–14)

Freundinnen verbringen Zeit miteinander. Und damit diese angenehm wird, scheint es notwendig, dass sie die gleichen Präferenzen haben – also in Interessen und Vorlieben übereinstimmen. Dabei genügt nicht allein die Tatsache, dass es eine Beschäftigung gibt, der beide gerne nachgehen. Gemeinsames Handeln bedeutet für Menschen typischerweise auch Kommunikation, und auch dieser Austausch von Gedanken und Perspektiven muss in Freundschaften als angenehm empfunden werden.

Hier scheint die Annahme, dass das, was gut ist, auch notwendig angenehm und nützlich ist, in Frage gestellt – zumindest scheint die Gute nicht allein aufgrund ihrer Gutheit angenehm genug, um zur Freundin zu taugen. Offensichtlich soll hier zur *aretē* ein weiteres Moment hinzukommen. Eingeschränkt wird damit auch die Annahme, der Mensch als solcher sei mit seiner Gutheit gleichzusetzen. Je nachdem, wie wir den Begriff der Tugend verstehen, ergeben sich erneut unterschiedliche Lesarten: Sofern die Tugendhaftigkeit darin besteht, allgemeine Tugenden zu verwirklichen, so scheint die plausibelste Lesart darin zu bestehen, anzunehmen, die echte Freundin werde *immer auch* aufgrund ihrer Tugend, aber eben nicht *nur* aufgrund ihrer Tugend geschätzt – sonst hätte Aristoteles die Schlussfolgerung ziehen müssen, dass alle guten Menschen befreundet sind, sofern sie einander kennen und Gelegenheit dazu haben. Legt man die Lesart zugrunde, dass Tugenden verschiedener Menschen nicht identisch sind, sondern dass sich dein Mut und mein Mut unterscheiden, lässt sich weiter davon ausgehen, dass das wesentliche Merkmal des Menschen in seiner individuellen Verwirklichung der Tugenden liegt. Es reicht dann zur Freundschaft nicht aus, *dass* jemand Tugenden verwirklicht hat, es wäre plausibel anzunehmen, dass es zusätzlich eine Rolle spielt, *wie seine individuelle Tugend verfasst ist*.

Im Anschluss an seine Auseinandersetzung mit der vollkommenen Freundschaft (basierend auf Tugend) im Unterschied zu den unvollkommenen Freundschaften (basierend auf Nutzen oder Lust), werden von Aristoteles weitere Beziehungsformen diskutiert, die er als ungleiche Freundschaften kennzeichnet

(Aristoteles 2013, 1158b-1159b). Wie diese Abgrenzung sich zur vorher getroffenen Unterscheidung verhält, bleibt unklar. Man könnte daraus ein Raster von sechs Formen ableiten, Freundschaften basierend auf Nutzen, Lust oder Tugend, jeweils in einer Variante zwischen Gleichen oder Ungleichen. Es ist jedoch nicht klar, ob Aristoteles annimmt, dass es alle sechs Varianten tatsächlich gibt. Noch beschränkt er sich auf diese, wenn er zum Beispiel Mischformen zwischen Nutzen- und Lustfreundschaft annimmt, in denen die Beteiligten die Freundschaft eben aus unterschiedlichen Motiven pflegen. Der einzige Kandidat für eine Tugendfreundschaft zwischen Ungleichen, den Aristoteles nennt, ist die Freundschaft zwischen Mann und Frau – gemeint ist die Partnerschaft. Aristoteles ordnet diese Beziehung zunächst den Freundschaften unter Ungleichen zu, indem er annimmt, Männer seien den Frauen grundsätzlich überlegen:

> Die Gemeinschaft von Mann und Frau ist offensichtlich aristokratisch. Denn der Mann herrscht seiner Würdigkeit entsprechend und in den Bereichen, in denen ein Mann herrschen sollte; die Bereiche aber, wo es passend ist, dass eine Frau herrscht, überlässt er ihr. [...] Manchmal jedoch herrschen die Frauen, weil sie Erbinnen (*eplikēros*) sind. Die Herrschaft entspricht dann also nicht der Gutheit, sondern beruht auf Reichtum und Macht. (Aristoteles 2013, 1160b32–1161a3)

Schon hier stellt er fest, dass es Bereiche gibt, in denen die Frauen herrschen sollten. An anderer Stelle wird noch deutlicher, dass Aristoteles nicht annimmt, die Frauen seien nicht zur Verwirklichung von Tugenden fähig, sondern ihnen grundsätzlich eine *andere* Tugend zuschreibt als Männern:

> [D]ie Menschen [...] wohnen nicht nur wegen der Fortpflanzung zusammen, sondern auch der lebensnotwendigen Dinge wegen. Denn die Aufgaben sind von Anfang an geteilt und für Mann und Frau verschieden. Sie helfen sich also gegenseitig, indem sie das, was jedem eigen (*idion*) ist, zum Gemeinsamen (*keinon*) beitragen. Darum findet sich nach verbreiteter Ansicht sowohl das Nützliche als auch das Angenehme in dieser Freundschaft. Sie kann aber auch aufgrund der Gutheit (*aretē*) bestehen, wenn die Beteiligten gut (*epieikēs*) sind. Denn jeder hat eine eigene Gutheit, und daran werden sie sich freuen. (Aristoteles 2013, 1160b32–1161a3)

Die Ungleichheit zwischen Mann und Frau ist für Aristoteles unaufhebbar, aber die Möglichkeit der Tugendfreundschaft auch zwischen Ungleichen wird in Betracht gezogen: Wenn der Mann seine Tugenden verwirklicht und aufgrund dieser geliebt wird, und die Frau ihre Tugenden verwirklicht und aufgrund dieser geliebt wird, so scheint das zentrale Merkmal der Tugendfreundschaft erfüllt. Die Annahme, die Tugend von Frauen sei grundsätzlich anders und der Tugend von Männern grundsätzlich unterlegen, ließe sich als misogynes Vorurteil zurückweisen. Es kommt die Möglichkeit in den Blick, dass zwei Menschen, die befreundet sind, sich in ihren Tugenden unterscheiden.

Sofern sich die Tugendhaftigkeit von Menschen unterscheidet, ist sie bei Aristoteles an unterschiedliche Varianten des guten Lebens geknüpft. Am Ende der *Nikomachischen Ethik* unterscheidet er hier zwei Varianten:[7] Das politische und das theoretische Leben sind nicht gleich, obwohl beide die *aretē*, die Vortrefflichkeit des Menschen, verwirklichen. Strenggenommen verwirklichen sie eine unterschiedliche *aretē:* Das politische Leben verwirklicht die ethischen Tugenden, das theoretische Leben die Tugenden des Verstandes. Menschen können nach Ansicht von Aristoteles abhängig von ihrer Veranlagung eher zum praktischen oder zum theoretischen Leben geeignet sein (Aristoteles 2013, X, 1177a – 1178b, vgl. Höffe 2006, 234–235). Können sich zwei Menschen, die diese unterschiedlichen Wege wählen, füreinander als Freundinnen eignen? Dann wäre die Möglichkeit gegeben, dass beide sich *als Tugendhafte* gleichen, aber nicht *in ihrer Tugend* gleich sind. Eine direkte Antwort auf diese Frage mit Bezug auf die theoretische und politische Lebensform erhalten wir in der *Nikomachischen Ethik* nicht, weil diese Unterscheidung in den Büchern über die Freundschaft noch nicht eingeführt ist. Betrachten wir jedoch erneut das oben schon gebrachte Zitat über das Zusammenleben der Freundinnen:

> Und was jeweils einem Menschen das Sein ist oder weswegen er das Leben wählt, darin will er zusammen mit den Freunden sein Leben zubringen. Daher trinken die einen zusammen, andere spielen zusammen Würfel, andere trainieren zusammen und jagen, oder sie treiben zusammen Philosophie, wobei sie alle ihre Tage gemeinsam gerade mit der Sache verbringen, die sie von allem im Leben am meisten lieben. (Aristoteles 2013, 1172a1–6)

Aus heutiger Perspektive liest sich dieses Zitat zunächst so, als wolle Aristoteles festhalten, dass Freundinnen in Bezug auf ihre Freizeitgestaltung die gleichen Interessen haben sollten, um ihre gemeinsame Zeit angenehm gestalten zu können. Vor dem Hintergrund der *Nikomachischen Ethik* als Ganzer, insbesondere der Unterscheidung der Lebensformen im zehnten Buch, bietet sich eine andere Interpretation an: Die wahrhaft Guten müssten doch das Philosophieren dem Würfelspiel vorziehen! Oder, wenn sie dazu nicht veranlagt sind, zumindest die politische Tätigkeit. Wenn über das gemeinsame Gutsein hinaus noch etwas nötig ist, damit Menschen einander gefallen, so scheint die naheliegende Antwort, dass es genau hierin liegt: Die Philosophin und die Politikerin werden unterschiedliche Präferenzen in ihren Beschäftigungen haben. Es ist anzunehmen, dass Politikerinnen eher Politikerinnen gefallen, und die Philosophin der Philosophin gefällt, denn diese haben jeweils die gleiche Wahl getroffen, *weswegen sie das Leben wählen.* Obwohl in der Diskussion der Freundschaft zwischen Mann und Frau die Möglichkeit anklingt, Aristoteles könne auch eine Tugendfreundschaft zwischen

Menschen mit unterschiedlicher Tugend im Blick gehabt haben, lässt sich diese These mit Blick auf die zentralen Textstellen also nicht bestätigen. Diese fordern eine Gemeinsamkeit über das Gutsein der Freundinnen hinaus, die am plausibelsten in einer Übereinstimmung in Bezug auf die verwirklichten Tugenden zu verorten ist.

In Bezug auf die Entstehung von Freundschaften hält Aristoteles fest, dass es sich notwendig um einen langwierigen Prozess handelt:

> Ferner bedarf es dafür zusätzlich der Zeit und der Vertrautheit *(synētheia)*. Denn wie das Sprichwort sagt, ist es nicht möglich, einander zu kennen, ehe man nicht das bekannte Salz zusammen gegessen hat. So können Menschen auch nicht als Freunde angenommen werden oder Freunde sein, ehe nicht der eine sich dem anderen als liebenswert und vertrauenswürdig erwiesen hat. (Aristoteles 2013, 1156b25–29)

„Das bekannte Salz" bezieht sich hier auf einen Scheffel, was in heutigen Maßen 50 Litern entspräche – eine sehr beachtliche Menge.[8] Freundschaft setzt also eine Vertrautheit mit der anderen voraus, die nicht kurzfristig erlangt werden kann. Denn um sich als vertrauenswürdig und liebenswürdig zu erweisen, ist eine lange Zeit des Kennenlernens notwendig. Die auf diese Weise geschlossene Freundschaft zeichnet sich durch ihre Beständigkeit aus. Diese ergibt sich für Aristoteles bereits aus dem Begriff des guten Menschen: Die Gute ist in ihrem Charakter notwendig beständig, und sie befindet sich mit sich selbst und mit allen anderen Guten in Eintracht – größere Meinungsverschiedenheiten kommen nicht vor. Während andere Freundschaften daran scheitern können, dass Uneinigkeit darüber besteht, was den Freundinnen jeweils zusteht, ist dies in der Tugendfreundschaft für Aristoteles ausgeschlossen, weil die Freundinnen hier darum wetteifern, der anderen Gutes zu tun, statt auf ihren eigenen Vorteil bedacht zu sein (Aristoteles 2013, 1156; 1157a20–23).

Ist eine Freundschaft einmal geschlossen, erfordert sie nach Auffassung von Aristoteles ein Zusammenleben der Freundinnen in einem umfassenden Sinne. Wie anspruchsvoll seine Konzeption hier ist, zeigt sich in der Diskussion der Frage, mit wie vielen Menschen wir gleichzeitig befreundet sein können. Die Antwort ist dabei zunächst: nicht mit vielen. Während es prinzipiell möglich sei, im Sinne der Nutzen- oder Lustfreundschaft mit einigen befreundet zu sein, sei es selbst in diesem Fall nicht praktikabel. Im Kontext von Nutzenfreundschaften verweist Aristoteles hier auf die zu erbringenden Gegenleistungen, im Kontext der Lust lediglich darauf, dass wenige Freundinnen genügen (Aristoteles 2013, 1170b24–28). In der Tugendfreundschaft aber ist der Anspruch höher. Aristoteles vertritt die Auffassung, wir könnten uns nicht einmal zwischen zwei Freundinnen aufteilen:

> Dass es aber nicht möglich ist, mit vielen zusammenzuleben und sich unter ihnen aufzuteilen, ist klar. Ferner müssen diese auch untereinander Freunde sein, wenn sie alle miteinander ihre Tage verbringen wollen. Dies aber ist schwer zu bewerkstelligen, wo es sich um viele handelt. (Aristoteles 2013, 1171a2–4)

Der Anspruch der gemeinsam verbrachten Zeit ist so hoch, dass unsere Freundinnen, sofern wir denn im Plural von ihnen sprechen wollen, notwendig untereinander befreundet sein müssen. Nur wenn wir alle – drei oder vier – die gleichen Dinge wählen, die gleiche Beschäftigung in unserer Freizeit vorziehen, so ist für Aristoteles die Freundschaft zwischen mehr als zweien denkbar.

Insofern Freundinnen nicht ständig gemeinsam tätig sind, unterscheidet Aristoteles zwischen Freundschaft als Tätigkeit und Freundschaft als Disposition:

> Wie man bei den Tugenden *(aretē)* die einen in Bezug auf die Disposition *(hexis)*, die anderen in Bezug auf die Betätigung *(energeia)* gut *(agathos)* nennt, so auch bei der Freundschaft. Die einen freuen sich im Zusammenleben aneinander und verschaffen sich gegenseitig Güter; andere sind, weil sie schlafen oder räumlich getrennt sind, zwar nicht freundschaftlich tätig, sind aber so verfasst, dass sie tätig werden können. [...] Wenn aber die Abwesenheit lange dauert, dann dürfte sie auch die Freundschaft in Vergessenheit geraten lassen. (Aristoteles 2013, 1157b5–12)

Die Disposition der Freundin umfasst die Bereitschaft zu helfen, sowie den Wunsch Zeit miteinander zu verbringen. Im vollen Umfang verwirklicht ist eine Freundschaft jedoch erst dann, wenn sie sich in der gemeinsamen Betätigung ausdrückt. Aus diesem Grund kann nach Ansicht von Aristoteles Distanz Freundschaften beenden – ein im historischen Kontext plausibler Gedanke, immerhin gab es zur Zeit von Aristoteles keine Emails, keine sozialen Netzwerke oder Videochats. Die Distanz reduziert die Freundschaft auf die Disposition. Aber als Disposition kann sie auf Dauer nicht bestehen. Wenn die Distanz lange währt, wird die Disposition schwächer und könnte am Ende vollständig verschwinden.

Die Überlegung, dass eine Freundschaft zwischen Guten auch unabhängig von äußeren Umständen zu einem Ende kommen könnte, weil auch die Beständigkeit der Guten hinterfragt werden kann, findet sich spät in den Freundschaftsbüchern der *Nikomachischen Ethik*:

> Wenn man aber jemanden als Guten zum Freund nimmt, er aber schlecht wird und sich auch so zeigt, muss man ihn dann noch lieben? Oder ist dies nicht möglich, wenn doch nicht alles liebenswert *(philēton)* ist, sondern nur das Gute? (Aristoteles 2013, 1165b13–15)

Hier hinterfragt Aristoteles, wie sich ein guter Mensch verhalten wird, wenn die Freundin, die einst gut war, sich zum Schlechten ändert. Als Antwort formuliert er, dass es in der Natur der Freundschaft liegt, der anderen zu helfen, zu versuchen, sie auf den richtigen Weg zu bringen, sie von ihrem Irrtum zu überzeugen (Aristoteles 2013, 1165b17–19). Aber hier wird auch deutlich, dass es mit der Beständigkeit vielleicht nicht so weit her ist, wie es auf den ersten Blick scheint. Dass auch die Freundschaft unter Guten nicht notwendig ewig besteht, weil es möglich ist, dass ein guter Mensch sich zum Schlechten ändert.

In Anbetracht der Tatsache, dass Aristoteles die Beständigkeit der Freundschaft stark betont, muss es verwundern, dass er Menschen verschiedener Altersgruppen wiederum aus dem Kreis der zur Freundschaft Fähigen ausschließt. Weder junge noch alte Menschen seien zur vollkommenen Freundschaft fähig. Man kann hier, wie beim Ausschluss der Frauen, mutmaßen, dass Aristoteles einfach den Vorurteilen seiner Zeit verhaftet bleibt. Aber es lohnt sich dennoch, einen Blick auf die von ihm gegebenen Begründungen zu werfen:

> Weder alte noch verdrießliche Menschen erweisen sich als zur Freundschaft geneigt. Denn es findet sich wenig Lust bei ihnen; niemand aber kann seine Tage mit Menschen verbringen, die unangenehm oder auch nur nicht angenehm sind. [...] Diejenigen, die einander akzeptieren, aber nicht zusammenleben, sind eher wohlwollend *(eunous)* als befreundet. Denn nichts ist für Freunde so typisch wie das Zusammenleben (nach dem Nutzen streben die Bedürftigen, doch auch die Glücklichen wollen ihre Tage miteinander verbringen; denn diesen kommt ein Leben in Einsamkeit am wenigsten zu). (Aristoteles 2013, 1157b13–22)

Aristoteles kontrastiert die Suche nach dem Angenehmen mit dem Streben nach Nutzen. Die Annahme, alte Menschen würden sich im Zusammenleben nicht als angenehm erweisen, wird nicht weiter begründet. Möglicherweise basiert sie auf dem Gedanken, dass Menschen im Alter stärker auf Unterstützung angewiesen sind. Die ideale Freundin ist aber nicht bedürftig, sondern prinzipiell unabhängig. Wer auf Hilfe angewiesen ist, könnte andere Kriterien anlegen bei der Suche nach Freundinnen, sodass das Angenehmsein in den Hintergrund tritt. Aus heutiger Perspektive kann ein solches Pauschalurteil über die Motive alter Menschen nicht überzeugen.

Anders verhält es sich bei jungen Menschen. Diese sind nach Ansicht von Aristoteles im Gegensatz zu den Alten eher auf Lust als auf Nutzen bedacht.

> Dagegen beruht, so nimmt man an, die Freundschaft der jungen Menschen auf der Lust. Denn diese leben affektgeleitet und suchen insbesondere das für sie Angenehme und das unmittelbar Vorhandene. Wenn sie aber in ein anderes Alter kommen, werden auch die Dinge, die sie angenehm finden, andere. Daher werden sie schnell Freunde und hören schnell auf, es zu sein. (Aristoteles 2013, 1156a31–34)

Das Argument, das in diesem Absatz steckt, bezieht sich nicht nur auf die Annahme, junge Menschen würden sich eher von ihren Gefühlen leiten lassen, sondern es bezieht sich auch auf die Unabgeschlossenheit ihrer Entwicklung.

Aristoteles betrachtet sie als notwendig unbeständig in ihren Vorlieben. Eine zentrale Voraussetzung für die Tugendfreundschaft stellt für ihn jedoch die Beständigkeit dar. Freundschaft braucht Zeit zu entstehen, sie braucht eine Vertrauensbeziehung, sie muss getestet werden (Aristoteles 2013, 1156b25–29).[9] In diesem Sinne können Freundschaften der Jugend zwar zu echten Freundschaften werden, sie sind es aber noch nicht, solange die Freundinnen, modern ausgedrückt, noch nicht zu sich selbst gefunden haben, und sich, aufgrund der relativen Kürze der Bekanntschaft der anderen noch nicht sicher sein können. Die Begründung für den Ausschluss junger Menschen aus dem Kreis derer, die zur Freundschaft fähig sind, erweist sich als überzeugender als die Begründung, die Aristoteles für den Ausschluss alter Menschen gibt. Insbesondere, als es sich hier nicht eigentlich um einen Ausschluss handelt – Aristoteles legt dar, warum *die meisten* Jugendfreundschaften nicht beständig sein werden, schließt aber nicht aus, dass *einige* Jugendfreundschaften überdauern. Diese entwickeln sich seiner Ansicht nach zu echten Freundschaften, sollten aber nicht als solche bezeichnet werden, weil sie sich noch nicht über die Zeit hinweg bewährt haben.

Viele der bisher genannten Aspekte der Tugendfreundschaft klingen auch noch einmal in einer Bestimmung der Freundschaft an, die Aristoteles im neunten Buch der *Nikomachischen Ethik* anführt, um die Gemeinsamkeiten von Freundschaft und Selbstbeziehung herauszustellen:

> Die freundschaftlichen Einstellungen zu den Nächsten und die Merkmale, welche die Arten der Freundschaft definieren, scheinen aus den Beziehungen zu uns selbst abgeleitet. Denn als Freund bezeichnet man einen Menschen, (i) der das, was gut ist oder gut erscheint, wünscht und tut um des anderen willen, oder (ii) einen, der um des Freundes selbst willen wünscht, dass dieser existiert und lebt. So geht es Müttern im Verhältnis zu ihren Kindern und Freunden, die in Streit geraten sind. (iii) Andere verstehen unter einem Freund jemanden, mit dem man Zeit zusammen verbringt und der (iv) dieselben Dinge wählt, oder (v) jemanden, der Leid und Freude mit dem Freund teilt. Am meisten aber ist auch dies bei der Mutterliebe der Fall. Durch eines dieser Merkmale definiert man auch die Freundschaft. (Aristoteles 2013, 1166a1–9)

Hier werden fünf inhaltliche Merkmale genannt: Der anderen Gutes tun, um ihrer selbst willen; ihre Existenz wertschätzen; Zeit mit ihr verbringen; dieselben Interessen oder Vorlieben; Freude und Leid teilen. Irritieren mag das Beispiel der Mutterliebe, die hier plötzlich zum paradigmatischen Fall von Freundschaft erhoben wird. Diese ist vielleicht besonders geeignet, das altruistische Wohlwollen zu verdeutlichen, für die Aspekte der geteilten Vorlieben und des geteilten Lebens scheint das Beispiel unpassend. Unserem heutigen Verständnis nach zielt die Mutterliebe in besonderer Weise auf die Selbständigkeit des geliebten Kindes und setzt daher weder gemeinsame Vorlieben voraus, noch verfolgt sie notwendig eine Perspektive zukünftigen gemeinsamen Lebens.

Diese inhaltliche Bestimmung der Freundschaft steht in engem Zusammenhang zu der Bestimmung der Freundin als eines *anderen Selbst*. Laut Aristoteles gleicht „der höchste Grad der Freundschaft der Selbstbeziehung" (Aristoteles 2013, 1166b1). Wie Ursula Wolf aufzeigt, handelt es sich mindestens um einen begrifflichen Zusammenhang: Die Beziehung der Freundinnen zueinander wird durch die gleichen Merkmale gekennzeichnet wie die Beziehung der Guten zu sich selbst, oder genauer, wie die Beziehung des vernunftbegabten zum vernunftlosen Teil ihrer Seele (Wolf 2013, 227–229). Darüber hinaus kann man diese Textstelle als zentral für die Bedeutung der Freundschaftsbücher im Gesamtzusammenhang der *Nikomachischen Ethik* betrachten. Sofern wir uns zu unserer Freundin wie zu uns selbst verhalten, schätzen wir das Gute in ihr genauso wie das Gute in uns selbst. Wir streben nach ihrer Glückseligkeit, genau wie wir nach unserer eigenen Glückseligkeit streben. In diesem Sinne ist die Parallelsetzung von Freundschaft und Selbstverhältnis das Mittel, mit dem Aristoteles verdeutlicht, wie die Freundschaft uns zum Handeln für andere motiviert (vgl. Shields 2014, 393–400, Wolf 2013, 231–236).

Mit der Ethik verbindet Aristoteles nicht nur den Anspruch, eine Theorie des guten Lebens zu entwerfen, sondern auch, eine praktische Anleitung zum Handeln zu bieten. Die Tugenden des Charakters erwirbt man nicht allein, indem man sie versteht, sie werden durch Übung gewonnen. Das Glück ist nach Aristoteles Tätigkeit gemäß der dem Menschen eigentümlichen Gutheit und besteht daher in der Ausübung der ethischen Tugenden oder der Tugenden des Verstandes. Der Anspruch an Beständigkeit der Freundschaft spiegelt den Anspruch an das glückliche Leben, das erst als ein solches benannt werden kann, wenn es ein Leben lang anhält (Aristoteles 2013, I).[10] Welche Rolle spielt die Freundschaft in dieser Konzeption des guten Lebens? Braucht die Gute Freundinnen? Ein möglicher Grund zu der Annahme, die wahrhaft Gute müsse ohne Freundinnen auskommen, liegt im Ideal der Autarkie:

> Man sagt nämlich, dass die glückseligen *(makarios)* und autarken Menschen nicht der Freunde bedürfen; denn sie hätten bereits alle Güter. (Aristoteles 2013, 1169b3–5)

Aristoteles geht aber schon im ersten Buch davon aus, dass diese Autarkie nicht absolut zu verstehen ist, dass der Mensch zum Glück ein gewisses Maß äußerer Güter benötigt, und dass sein Glück auch vom Glück der Freundinnen und der Familie abhängig ist (Aristoteles 2013, 1097b–1099b). Man kann Aristoteles gerade im ersten Buch so verstehen, dass er die Freundinnen zu den äußeren Gütern rechnet, die wir ähnlich wie Werkzeuge als Mittel benötigen, um tugendhaft tätig zu sein. Aber der Tugendfreundschaft kann diese Lesart nicht gerecht werden, da die Freundin doch um ihrer selbst geschätzt wird.[11]

Aristoteles betont, dass der Wert der Freundschaft nicht in einer Abhängigkeit im üblichen Sinne liegt:

> Indes zeigt sich wirklich auch in diesem Fall, daß der Freund nicht da ist um der Brauchbarkeit und nicht um des Vorteils willen, sondern daß der Tugendfreund der einzige Freund ist. Denn wenn wir gar keiner Sache bedürftig sind, dann sucht jeder nach solchen, die mit ihm den Genuß teilen könnten und eher solche denen er Gutes tun kann als solche, die ihm Gutes erweisen können. (Aristoteles 1984, 1244b15–20)

Die Gute braucht Freundinnen, um Ihnen Gutes tun zu können, nicht damit sie ihr Gutes tun. Sie braucht Freundinnen, um gute Taten beobachten zu können, die sie erfreuen werden, auch wenn sie sich nicht auf sie, sondern auf Dritte richten. Sie braucht Freundinnen, weil das Tätigsein zu zweit angenehmer ist als allein. In diesem Sinne sollen die Freundinnen nicht *Mittel*, wohl aber *Bestandteil* des guten Lebens sein.[12] Im Anschluss an diese Überlegungen deutet Aristoteles auch an, wozu auch die Noch-nicht-Gute, die Nicht-vollkommen-Gute Freundinnen brauchen könnte: Damit sie einander in der Einübung der Tugenden unterstützen, damit die eine der anderen den richtigen Weg aufzeigen kann, wenn diese im Irrtum von ihm abweicht (Aristoteles 2013, 1172a10–14, 1984, 1245a15–20).

Kurzum: Aristoteles zeichnet das Ideal des perfekten Menschen und es fällt nicht ganz leicht, den Wert der Freundschaft für diesen darzustellen, wenn das Ideal darin besteht, so autark wie möglich zu sein. Am Ende der *Nikomachischen Ethik* wird die theoretische Lebensform gegenüber der politischen auch deshalb als überlegen ausgezeichnet, weil sie die Autarkie besser verwirklicht (Aristoteles 2013, 1177a28–35). Nur selten scheint durch, was Aristoteles in der *Eudemischen Ethik* explizit formuliert: Dass Menschen keine Götter sind, dass sie nicht vollständig autark sind, dass sie ihr Leben am Ende doch nicht vollständig einsam in Kontemplation zubringen können, sondern dass das gute Leben darin besteht, mit anderen zusammen zu leben (Aristoteles 1984, 1245b12–20).

2.2 Freundschaft bei Cicero und Montaigne

Sowohl Cicero als auch Michel de Montaigne haben einflussreiche Texte zur Freundschaft verfasst, die in vielen Punkten stark an Aristoteles erinnern, insbesondere in der Anforderung einer umfassenden Übereinstimmung als Basis der Freundschaft. Beide, Cicero und Montaigne, beanspruchen wie Aristoteles ein Bild der wahren, aber seltenen Freundschaft zu zeichnen. Beide beanspruchen darüber hinaus, sich in ihren Ausführungen auf eine real bestehende Freundschaft zu beziehen, obwohl Montaigne auch anmerkt, dass diese sehr selten sei und „in drey Jahrhunderten einmal" (Montaigne 1992, 323) vorkomme.

Ciceros Text stammt aus dem 1. Jahrhundert vor Christus und trägt den Titel „Laelius – Über die Freundschaft" (2011). In Form eines Gesprächs zwischen dem älteren, weisen Laelius und seinen jüngeren, fragenden Zuhörern Fannius und Scaevola wird das Thema entwickelt, wobei die Freundschaft zwischen Laelius und dem kürzlich verstorbenen Scipio Africanus als Ausgangspunkt dient. Wiederholt beruft sich Laelius auf seine persönlichen Erfahrungen, die ihm am Ende auch dazu dienen, seine Erörterungen zusammenzufassen:

> Ich jedenfalls weiß von allem, was mir das Glück oder die Natur geschenkt hat, nichts, was ich neben die Freundschaft mit Scipio stellen könnte. In ihr fand ich Übereinstimmung im politischen Denken, in ihr Rat in persönlichen Dingen, in ihr auch freudenreiche Erholung. Niemals habe ich ihn auch nur im geringsten gekränkt – jedenfalls soweit ich das wahrnehmen konnte; ich selbst habe nichts aus seinem Munde gehört, was ich nicht hätte hören wollen; wir hatten ein und dasselbe Haus, die gleiche Lebensweise, und zwar im Zusammensein miteinander, und nicht nur als Soldaten, sondern auch auf unseren Reisen und bei unseren Landaufenthalten waren wir zusammen. Denn wozu soll ich unsere Bestrebungen erwähnen, unsere Kenntnisse und unser Wissen stets zu bereichern, Bestrebungen, mit denen wir, fern von den Augen der Menge, uns jede freie Minute vertrieben? (Cicero 2011, 103–104)

Schon in diesem Zitat wird deutlich, dass auch für Cicero die Freundschaft ein wichtiger Bestandteil des guten Lebens ist, dass sie in bestimmten Hinsichten angenehm und nützlich ist und dass Freundschaft eine enge Form des Zusammenlebens darstellt.

Wie Aristoteles geht Cicero von einer natürlichen Basis der Freundschaft aus, die er in enger Verbindung zur Verwandtschaft sieht und als Grundlage jeder Form von Gemeinschaft thematisiert:

> Das nämlich glaube ich zu erkennen: Daß wir in dem Sinne geboren sind, daß unter allen eine Art von Gemeinschaft besteht, die aber um so stärker wird, je näher einer dem anderen kommt. Daher gelten uns Bürger mehr als Fremde und Verwandte mehr als Außenstehende. Denn mit ihnen hat schon die Natur ein Freundschaftsband geknüpft, das allerdings nicht genug Festigkeit besitzt. Darin nämlich liegt der Vorrang, den die Freundschaft vor der Verwandtschaft genießt, daß bei einem verwandtschaftlichen Verhältnis die Zuneigung ausgeschlossen sein kann, bei der Freundschaft aber nicht. (Cicero 2011, 19)

Die Zuneigung wird hier als ein notwendiges Merkmal der Freundschaft eingeführt. Für ‚Zuneigung' steht im lateinischen Text der Begriff ‚benevolentia', den man auch ganz wörtlich als ‚Wohlwollen' übersetzen könnte, um die Parallelen zu Aristoteles deutlicher zu machen. Cicero rückt jedoch einen anderen Aspekt, nämlich die Übereinstimmung, noch stärker ins Zentrum seiner Betrachtung:

> Es ist nämlich die Freundschaft nichts anderes als die Übereinstimmung in allen irdischen und überirdischen Dingen, verbunden mit Zuneigung und Liebe. (Cicero 2011, 20)

Die Übereinstimmung ist in dieser Begriffsbestimmung zentral, das Wohlwollen nur noch sekundäres Merkmal. Die Ergänzung „in allen irdischen und überirdischen Dingen" betont, dass diese umfassend gedacht werden soll.

Als Indiz, dass diese Übereinstimmung vielleicht doch nicht so breit angelegt sein muss, wie es anklingt, lassen sich die Textstellen werten, in denen Cicero über die Grenzen der Freundschaft spricht. Bei Cicero wird die Freundschaft im Kontext einer politischen Ethik thematisiert, so dass für ihn die Frage eine Rolle spielt, ob es zu Konflikten zwischen den Pflichten gegenüber einer Freundin und den Pflichten gegenüber dem Staat kommen kann. Sein Urteil fällt eindeutig aus:

> Das soll also unverbrüchliches Gesetz in der Freundschaft sein: Forderungen gegen das Sittengesetz weder zu stellen noch zu erfüllen, wenn sie gestellt werden. Denn verwerflich und in keinem Falle annehmbar ist die Entschuldigung, man habe dem Freund zuliebe so gehandelt – schlechthin in allen Verfehlungen, ganz besonders aber, wenn sie gegen den Staat gerichtet sind. (Cicero 2011, 40)

Die Loyalität gegenüber dem Staat steht über der Loyalität gegenüber der Freundin. Nach Cicero muss es immer das oberste eigene Anliegen sein, aus Tugend zu handeln und das richtige zu tun, da auch die Freundschaft nur aus der Tugend heraus entstehen kann.

Daraus ergibt sich für Cicero in Freundschaften ein Gebot der Ehrlichkeit, das gerade dann wichtig wird, wenn es um Kritik an der Freundin geht:

> Freunde müssen oft gewarnt und auch zurechtgewiesen werden, das gilt es freundschaftlich hinzunehmen, wenn es aus Zuneigung geschieht. [...] Da hat man es natürlich schwer mit der Wahrheit, wenn aus ihr Haß entsteht, der die Freundschaft vergiftet. Aber noch viel mehr Schaden stiftet Nachgiebigkeit, weil sie mit ihrem ‚Verständnis' für die Fehler den Freund kopfüber ins Unglück stürzen läßt; die schwerste Schuld aber trifft den, der sowohl die Wahrheit nicht hören will als auch durch die Nachgiebigkeit zum Selbstbetrug verleitet wird. (Cicero 2011, 88–89)

Unangenehme Wahrheiten gehören also zur Freundschaft dazu und sollten nicht zurückgehalten werden. Einen Fehler begeht die, die aus Nachsicht ihre Meinung gegenüber der Freundin zurückhält beziehungsweise die, die sich durch wahre Worte kränken lässt. Die Begründung, die Cicero liefert, ist einleuchtend: Die Wahrheit mag unangenehm sein. Wenn wir uns mit Rat zurückhalten, riskieren wir es jedoch, unsere Freundin in ein Unglück rennen zu lassen, das wir hätten verhindern können. Die Freundin, die das erkennt, wird unsere Kritik geduldig annehmen. Während man sich als Freundin mit Ratschlägen und Zurechtweisungen prinzipiell nicht zurückhalten soll, so fordert Cicero dennoch zu Vorsicht in der Wortwahl auf:

> Es gehört also zur wahren Freundschaft, zurechtzuweisen und sich zurechtweisen zu lassen. Das eine muß man mit Freimut und ohne Härte tun, das andere gilt es mit Geduld und ohne Widerstand hinzunehmen. (Cicero 2011, 91)

Montaigne legt seine Gedanken zur Freundschaft in einem Essay nieder, der zuerst 1580 erschien. Auch er entwirft ein anspruchsvolles Bild der echten Freundschaft, bei dem er sich an verschiedenen Stellen explizit auf Cicero bezieht (Montaigne 1992, 331–332). Ausgangspunkt ist wiederum eine konkrete Freundschaftsbeziehung, nämlich die zwischen Montaigne selbst und Stephan de la Boétie[13], der zum Zeitpunkt des Verfassens des Essays bereits verstorben ist.

Herkömmliche Freundschaften werden vom Autor wiederholt zur Abgrenzung erwähnt, Montaigne macht sich jedoch nicht die Mühe, diese als eigene Form der Freundschaft weiter zu bestimmen. Er weist lediglich darauf hin, dass sie leicht zu schließen sind: „Denn man findet leichtlich Leute, die zu einer seichten Bekanntschaft geschickt sind" (Montaigne 1992, 341); dass man auf diese Weise viele unterschiedliche Freundschaften pflegen kann: „Man kann an einer Person die Schönheit, an der anderen ihr ungezwungenes Wesen, an noch einer anderen die Freygiebigkeit, die eine als Vater, die andere als Bruder lieben" (Montaigne 1992, 340); und er ermahnt zu Vorsicht im Umgang mit gewöhnlichen Freundinnen, denen man nie vollständig vertrauen kann: „Bey diesen andern Freundschaften muß man allzeit den Zaum in der Hand behalten, und klug und vorsichtig gehen." (Montaigne 1992, 336)

Montaigne vergleicht die Freundschaft mit Verwandtschaftsbeziehungen, vor allem mit dem Verhältnis unter Brüdern, stellt jedoch heraus, dass sie sich gegenüber jenen dadurch auszeichnet, dass sie frei gewählt ist. Bei Verwandten gebe es keinen Grund anzunehmen, dass sich hier die für Freundschaft typische Übereinstimmung findet (Montaigne 1992, 326). Auch die Liebesbeziehung schneidet bei ihm schlechter ab. Allerdings führt er hier als Grund vor allem die Annahme an, dass Frauen nicht zur Freundschaft fähig seien und körperliche Beziehungen zwischen Männern nicht angemessen wären. Er ergänzt, dass die Kombination aus Freundschaft und körperlicher Vereinigung ansonsten durchaus wertvoller als bloße Freundschaft wäre. Entschließt man sich also, die Vorurteile Montaignes gegen Frauen und Homosexualität aus der Theorie auszuklammern, ließe sich festhalten, dass für ihn Freundschaft die angemessene Basis einer Liebesbeziehung darstellt und die Liebesbeziehung, die Freundschaft einschließt, als überlegen einzustufen ist, insofern sie der Freundschaft noch einen weiteren Aspekt der Verbundenheit hinzufügt (Montaigne 1992, 329–331).

Wie Cicero bestimmt Montaigne die echte Freundschaft als „Uebereinstimmung des Willens" (Montaigne 1992, 327) und betont, dass sich diese Übereinstimmung nicht nur auf einzelne Fragen beschränkt, sondern breit angelegt ist:

> Nicht eine besondere Betrachtung, oder zwo, oder drey, oder viere, oder tausend, sondern, ich weiß nicht was für eine Quintessenz von allem diesem Gemengsel, bemächtigte sich meines Willens, und nöthigte mich denselben gänzlich dem seinigen zu überlassen und zu ergeben; welche sich auch seines ganzes Willens bemächtigte, und denselben nöthigte, sich gänzlich dem meinigen zu überlassen und zu ergeben. (Montaigne 1992, 334)

Montaigne greift auch Ciceros Frage nach dem Verhältnis von Loyalität in der Freundschaft und Loyalität gegenüber dem Staat auf und weist sie als Missverständnis zurück: die Übereinstimmung der Freundinnen reiche so weit, dass es ebenso widersinnig wäre, sich vom Willen einer Freundin zu distanzieren, wie sich vom eigenen Wollen zu distanzieren (Montaigne 1992, 334–336). Es könne daher nicht notwendig sein, sich aus Bürgerpflicht oder ähnlichen Gründen gegen die Freundin zu stellen, weil dieser Fall nicht eintritt in einer Beziehung, in der beide immer einer Meinung sind.

Diese Breite der Freundschaft führt dazu, dass es echten Freundinnen seiner Ansicht nach nichtmehr möglich ist, ihre Freundschaft durch Verweis auf bestimmte Eigenschaften der anderen zu begründen. Die beste Antwort, die Montaigne auf die Frage nach dem Grund für seine Freundschaft mit de la Boétie geben kann ist: „Weil er es war, weil ich es war." (Montaigne 1992, 332) Eine präzisere Antwort gebe es nicht, da echte Freundschaft sich so sehr auf die Person der anderen als Ganzes beziehe, dass eine weitere Differenzierung unmöglich sei.

Die These von Aristoteles, dass wahre Freundschaft nur zwischen wenigen Menschen möglich sei, spitzt Montaigne noch einmal zu, indem er sie auf zwei Menschen beschränkt: „Jeder ergiebt sich seinem Freunde so völlig, daß er nichts anderwerts zu vertheilen übrig hat." (Montaigne 1992, 340) Freundschaft beinhaltet für ihn, dass Freundinnen wirklich alles teilen:

> Sie können sich nichts leihen und nichts geben, weil sie wirklich alles miteinander gemein haben, Willen, Gedanken, Urtheile, Güter, Weiber, Kinder, Ehre und Leben und nach des Aristoteles sehr geschickter Erklärung eine Seele in zween Körpern sind. (Montaigne 1992, 338)

Wie dieser Satz zu verstehen ist, wird in dem Essay an einem Beispiel erläutert: Ein Mann der verstirbt, hinterlässt einem Freund die Sorge um seine zurückgebliebene Mutter und Tochter. Die eine muss im hohen Alter versorgt werden, die andere braucht Unterstützung beim Start in ein eigenes Leben. Für Montaigne zeichnet sich die Freundschaft hier dadurch aus, dass der Freund diese familiären

Verpflichtungen vom anderen fraglos übernimmt und mit derselben Gewissenhaftigkeit wie gegenüber seiner eigenen Familie ausführt (Montaigne 1992, 339). Auch an anderer Stelle hat Montaignes Vorstellung der perfekten Freundschaft Auswirkungen auf moralische Verantwortung, diesmal in anderer Richtung: Während oben deutlich wird, wie die Freunde zusätzliche Verpflichtungen vom anderen übernehmen, hält er in einem anderen Kontext fest, wie die vollkommene Freundschaft von bestimmten Pflichten entbinde: „Das Geheimniß, welches ich keinem andern zu offenbaren geschworen habe, kann ich, ohne einen Meineid zu begehen, diesem entdecken, der kein anderer als ich ist." (Montaigne 1992, 340) Bei Montaigne wird somit die Grenze zwischen den Freundinnen letztlich am stärksten verwischt.

2.3 Ist die aristotelische Konzeption heute noch aktuell?

Aristoteles entwirft mit der Konzeption der Tugendfreundschaft ein in der Philosophie einflussreiches Ideal, dem unter anderem Montaigne und Cicero in vielen Punkten folgen. Freundschaft beruht hiernach auf offenkundiger und gegenseitiger Zuneigung, die der Freundin um ihrer selbst willen entgegengebracht wird. Grundlage dieser Zuneigung ist die Gutheit der anderen, die allein jedoch nicht ausreicht: Übereinstimmung ist notwendige Grundlage der Freundschaft. Die Tugendfreundschaft ist beständig und äußert sich im gemeinsamen Handeln – wobei die Freundinnen nicht auf den eigenen Nutzen aus sind, sondern danach streben, der anderen Gutes zu tun. Es ist nicht der gewonnene Vorteil, sondern der Genuss im gemeinsamen Handeln, der die Freundschaft zu einem notwendigen Bestandteil des guten Lebens macht. *Die Freundinnen*, das sind im Regelfall zwei, aber auch eine kleine Gruppe von drei oder vier ist denkbar.

Seit Aristoteles diese Konzeption entworfen hat, sind über zweitausend Jahre vergangen. Die vielfältigen Bezüge auf diese Konzeption, die wir auch heute noch in der Diskussion um Freundschaft finden, deuten an, dass sie ihre Aktualität nicht eingebüßt hat. Dennoch möchte ich an dieser Stelle einige kritische Einwände gegen das Ideal vorbringen:

(1) Elitäre Konzeption: Die vollkommene Freundschaft erscheint bei Aristoteles nicht als eine Beziehung, die von vielen Menschen verwirklicht werden kann. Im Gegenteil werden viele gesellschaftliche Gruppen ausgeschlossen – weder Frauen, noch Kinder oder Jugendliche, noch alte Menschen sind nach Ansicht von Aristoteles zur vollkommenen Freundschaft fähig. Der Gedanke, Freundschaften könnten nur von wenigen Menschen verwirklicht werden, widerspricht gravierend unserer Intuition zur Freundschaft als einer Beziehung mit einem hohen Stellenwert für ein gutes menschliches Leben. Wir gehen heute nicht

nur davon aus, dass Freundschaften für (fast) alle Menschen sehr wichtig sind, sondern auch davon, dass (fast) alle Menschen in der Lage sind, gute Freundschaften zu verwirklichen. Eine zu elitäre Konzeption kann dieser Vorstellung nicht gerecht werden.

(2) Die zeitliche Perspektive: Jacques Derrida (2000, 35–39) kritisiert einen Widerspruch zwischen zwei zeitlichen Perspektiven auf Freundschaft bei Aristoteles. Zum einen wird in Bezug auf die Entstehung der Freundschaft die Langwierigkeit dieses Prozesses betont und Freundschaft damit in der Lebenszeit der Menschen verortet. Zum anderen wird die vollkommene Freundschaft als notwendig beständig eingeordnet und damit scheinbar der Zeitlichkeit menschlichen Lebens enthoben. Es liegt nahe, auf diese Kritik zu erwidern, dass die Frage der Qualität der Freundschaft für Aristoteles wie die Frage nach dem guten Leben erst aus der Retrospektive zu beantworten ist[14]: Erst wenn das Leben der Befreundeten vorüber ist, können wir feststellen, dass ihre Freundschaft vollkommen war, weil sie sich als beständig erwiesen hat. Die Beständigkeit ist dann kein Merkmal, das die Freundschaft der Zeitlichkeit enthebt, sondern lediglich Resultat eines zurückblickenden Urteils. Damit läge kein Widerspruch in der zeitlichen Perspektive auf Freundschaften vor, sondern nur ein Perspektivwechsel. Umso mehr muss jedoch irritieren, dass Aristoteles alten Menschen die Fähigkeit zur Tugendfreundschaft abspricht – insofern Menschen alt werden, wäre damit ausgeschlossen, dass ihre Freundschaften dauerhaft die Qualität vollkommener Freundschaften behalten. Damit bliebe nur die Möglichkeit, jung zu sterben, um die Beständigkeit und Qualität der vollkommenen Freundschaft über ein Leben hinweg zu erhalten. Es erscheint unwahrscheinlich, dass Aristoteles auf diese Schlussfolgerung hinauswollte. Die bei weitem plausiblere zeitliche Perspektive auf Freundschaften scheint die zu sein, die den Prozesscharakter der Beziehung betont. Zum Streitpunkt wird dann die Frage, wie und ob die Beständigkeit einer Freundschaft als Zeichen ihrer Qualität verstanden werden kann.

(3) Der Wert der Freundschaft: Aristoteles beschreibt die ideale Freundschaft als die Freundschaft zwischen idealen Menschen. Freundschaft zwischen schlechten Menschen schließt er als unmöglich aus. Es entsteht nur ein sehr unscharfes Bild, was die Freundschaft zwischen Menschen betrifft, die Schwächen haben. Es bleibt ungeklärt, welche Rolle die gegenseitige Abhängigkeit und Hilfsbedürftigkeit von Menschen in Freundschaften möglicherweise spielt. Entsprechend fällt es der Konzeption schwer, den Wert der Freundschaft darzustellen. Dieser wird weitgehend in die Freude an gemeinsamer Tätigkeit verlegt und in die Freude daran, der anderen Gutes zu tun, ohne dass diese Freude Motiv der Freundschaft sein darf, denn dann wäre sie wiederum zur unvollkommenen Lustfreundschaft degradiert.

(4) Die aristotelische Konzeption als Ideal: Insbesondere in den Anforderungen an breiter Übereinstimmung, Dauerhaftigkeit der Beziehung sowie einem umfassenden Zusammenleben wird deutlich, dass die aristotelische Konzeption als Idealnorm einzuordnen ist. Ihre vollständige Erreichbarkeit muss hinterfragt werden. Eine solche Idealnorm zu entwerfen ist je nach Absicht völlig legitim. In der heutigen Diskussion wird die Konzeption der Tugendfreundschaft jedoch gelegentlich auch als Maßstab zur Bewertung tatsächlich bestehender Beziehungen angelegt. Die gelebten Freundschaften einer bestimmten Zeit (der späten Moderne) oder in einem bestimmten Kontext (online) sollen auf ihre Tauglichkeit zur Verwirklichung der aristotelischen Konzeption geprüft werden (Fröding/Peterson 2012, Vetlesen 2008). Eine solche Bezugnahme ist jedoch verfehlt. Wie wir gesehen haben, schließt Aristoteles selbst aus, dass die meisten Menschen eine Tugendfreundschaft jemals vollständig verwirklichen werden. In kritischer Absicht kann das Ideal ggf. als Ausgangspunkt für Betrachtungen dienen, die aufzeigen, in welcher Weise bestimmte Entwicklungen es uns *zunehmend* erschweren, ein eigentlich wertgeschätztes Ziel zu verfolgen. Die Feststellung, dass die Konzeption in einem bestimmten Kontext nicht vollständig verwirklicht werden kann, ist jedoch wenig aussagekräftig, wenn diese von vornherein als (eigentlich unerreichbare) Idealnorm konzipiert ist. Diese Art der Bezugnahme provoziert zu Recht Reaktionen wie die von Schopenhauer mit seiner Seeschlangenthese: Wenn die echte Freundschaft die bei Aristoteles formulierten Ansprüche vollständig verwirklichen soll, dann hat es sie nie gegeben und wird es sie nie geben. Sie setzt einen bedürfnislosen, vollständig tugendhaften, sich nicht verändernden Menschen voraus. Montaigne müsste als Optimist erscheinen, wenn er annimmt, sie käme etwa alle drei Jahrhunderte einmal vor.

3 Streitfragen

Zwar wird in der Philosophie bis heute weitreichend Bezug auf die aristotelische Konzeption der Tugendfreundschaft genommen; das bedeutet jedoch nicht, dass sich in Geschichte und Gegenwart der Philosophie nicht Konzeptionen der Freundschaft finden lassen, die die aristotelischen Einsichten weitgehend oder in einzelnen Aspekten in Frage stellen. Diese werden im Folgenden vorgestellt und mit der im ersten Teil ausgearbeiteten Konzeption verglichen, um so das Spektrum der Alternativen aufzuzeigen, das sich für das Nachdenken über Freundschaft ergibt.

3.1 Sind Freundschaften notwendig altruistisch?

Die Tugendfreundschaft zeichnet sich nach Aristoteles dadurch aus, dass die Freundinnen nicht nach eigenem Nutzen oder nach Lust streben. Die wahrhaft Gute sucht keinen persönlichen Vorteil in der Freundschaft; allenfalls genießt sie die Freude des gemeinsamen Handelns, ansonsten ist sie eher motiviert zu helfen, als dass sie erwartet, Hilfe zu bekommen. Für Aristoteles ist die Wertschätzung auf Basis der Tugend notwendig, um die vollkommene Freundschaft zu realisieren. Die Tugendfreundschaft stellt jedoch nicht die einzige Form der Freundschaft dar. Er nimmt zusätzlich die Existenz von Freundschaften an, die auf gegenseitigem Nutzen oder Lustgewinn basieren, und grenzt diese als unvollkommene Freundschaften von der Freundschaft im eigentlichen Sinne ab (Aristoteles 2013, 1156a–1157a). Das Wohlwollen als zentrales Element der Freundschaft ist in diesen Formen ein abgeleitetes: Das Wohlergehen der anderen liegt mir am Herzen, weil davon auch der Vorteil, den mir diese Freundschaft bringt, bzw. die Freude, die ich erwarten kann, abhängig ist. Auch Tugendfreundinnen sind nach Ansicht von Aristoteles nützlich und angenehm füreinander. Der Unterschied zu den unvollkommenen Freundschaften besteht darin, dass in ihnen das gegenseitige Wohlwollen nicht darauf beruht.[1]

Ich hatte oben bereits einen kurzen Blick auf die Charakterisierung der Freundschaft auf Basis von Lust geworfen, die Aristoteles vor allem für junge Menschen als typische Freundschaftsform beschreibt:

> Dagegen beruht, so nimmt man an, die Freundschaft der jungen Menschen auf der Lust. Denn diese leben affektgeleitet und suchen insbesondere das für sie Angenehme und das unmittelbar Vorhandene. Wenn sie aber in ein anderes Alter kommen, werden auch die Dinge, die sie angenehm finden, andere. Daher werden sie schnell Freunde und hören

schnell auf, es zu sein. Denn die Freundschaft wechselt mit dem Angenehmen, und solche Lust ändert sich rasch. (Aristoteles 2013, 1156a31– b1)

Aristoteles betont hier, wie schnell Affekte einander ablösen, weshalb sich seiner Ansicht nach die auf Lust beruhenden Freundschaften nicht als beständig erweisen werden. Die Schwäche der Nutzenfreundschaft besteht nach Aristoteles darin, dass sie noch stärker als die Freundschaft auf Basis von Lust anfällig für Streit sei:

> Hingegen neigt die auf dem Nutzen beruhende Freundschaft zu Beschuldigungen. Denn da man des Nutzens wegen miteinander umgeht, verlangt man immer noch mehr und meint, man hätte weniger bekommen, als einem zusteht, und man macht dem Freund Vorwürfe, dass man nicht so viel bekommt, wie man verlangt, obwohl man es verdient. (Aristoteles 2013, 1162b15 – 19)

Im Gegensatz zur Tugendfreundschaft sind die Freundinnen hier nicht darauf bedacht, einander Gutes zu tun, sondern sehen primär auf den eigenen Vorteil. Weder die Lustfreundschaft noch die Nutzenfreundschaft erfordern eine altruistische Einstellung der anderen gegenüber, so kann man Aristoteles lesen. Daher sind sie auch nicht nur tugendhaften Menschen zugänglich: „Aufgrund der Lust und des Nutzens können also sogar schlechte *(phaulos)* Menschen miteinander befreundet sein […]. Denn schlechte Menschen freuen sich nicht aneinander, wenn nicht ein Vorteil *(ōpheleia)* daraus entsteht" (Aristoteles 2013, 1157a16 – 20).

Eine Alternative zu dieser Auffassung findet sich bei Epikur, der den Nutzen als einzig mögliche Basis von Freundschaft sieht. (Zumindest handelt es sich dabei um *eine* Lesart von Epikur. Diese wird von David O'Connor (1989) und Kim O'Keefe (2001) ausgeführt und meiner Ansicht nach plausibel begründet, ist jedoch durchaus umstritten, was vor allem auf die schwierige Quellenlage zurückzuführen ist.) Epikur bestimmt als einziges wirkliches Gut, nach dem die Menschen streben, die Lust. Durch das Erlangen von Lust (was bei ihm dem Freisein von Leiden gleichzusetzen ist) erreichen wir die Seelenruhe *(ataraxia)*, also das Freisein von Sorgen, was er als Ziel des guten Lebens identifiziert (Brief an Menoikeus 128 – 129, zitiert nach: Epikur 2006, 227 – 229). Nimmt man diese Position ernst, dann kann Freundschaft kein Wert zugeschrieben werden, der über dieses Ziel hinausgeht. Die Freundin kann nur insofern geschätzt werden, als sie für die Verwirklichung dieses Ziels nützlich ist. Somit fallen bei Epikur auch Nutzenfreundschaft und Lustfreundschaft zusammen: Die Lust als oberstes Ziel allen Handelns ist notwendig auch finales Ziel der Freundschaft. Der Wert der Freundschaft kann nur an ihrem Nutzen im Hinblick auf dieses Ziel gemessen werden. Wie in der aristotelischen Konzeption von Nutzen- und Lustfreundschaft reichen hier egoistische Motive aus, um die Entstehung von Freundschaften zu erklären. Eine altruistische Sicht auf Freundschaft wird Epikur zwar teilweise zugeschrieben, führt aber notwendig zu einer inkonsistenten Lesart seiner Philosophie.[2]

Trotzdem lässt sich den Quellen, die wir haben, entnehmen, dass Epikur der Freundschaft einen sehr hohen Wert zuschreibt: „Von dem, was die Weisheit für die Glückseligkeit des ganzen Lebens bereitstellt, ist der Gewinn der Freundschaft das bei weitem Wichtigste." (Kyriai Doxai XXVII, zitiert nach Epikur 2006, 249) Der Nutzen der Freundschaft besteht für Epikur vor allem darin, dass sie eine gewisse Sicherheit gegenüber Schaden bietet – in diesem Sinne sind die meisten Tugenden bei Epikur wertvoll und dieser Wert lässt sich auch der Freundschaft zuschreiben. O'Keefe beschreibt, dass Epikur hierbei primär konkreten physischen Schaden im Sinn hat, insofern Freundinnen uns einerseits vor direkten Übergriffen Dritter schützen, andererseits zu unserem physischen Schutz beitragen, indem sie die Befriedigung basaler Bedürfnisse sicherstellen. Sekundär bieten sie auch einen geistigen Schutz. Das von Epikur vertretene Modell von Freundschaft stellt nicht die philosophische Reflexion ins Zentrum. Ein typischer Ausdruck der freundschaftlichen Gemeinschaft im Sinne Epikurs wäre eher die Lust eines gemeinsamen Essens. Trotzdem findet auch die Philosophie in dieser Konzeption ihren Platz: Freundinnen können sich gegenseitig darin unterstützen, die richtige Einstellung zum Leben zu entwickeln. Die Seelenruhe ist bei Epikur stark davon abhängig, dass wir uns zu unseren Bedürfnissen richtig verhalten. Freundinnen helfen uns dabei, wenn sie unsere Einstellung zum Leben teilen und uns in dieser Hinsicht Vorbild sind (O'Keefe 2001, 276–278, O'Connor 1989, 169–172).

Der Gedanke, dass ein Wert der Freundschaft für uns auch darin liegt, zukünftigen Schicksalsschlägen und Herausforderungen nicht allein begegnen zu müssen, erscheint auch aus heutiger Perspektive überzeugend. Die Betonung dieses Werts der Freundschaft erkennt an, dass wir verletzliche Wesen sind. Auf dieser Basis lässt sich annehmen, dass es besser ist, mehrere Freundinnen zu haben, nicht nur eine einzige Freundin. Mehrere Freundinnen bedeuten mehr Sicherheit, insofern eben doch das Risiko besteht, dass eine einzelne Freundschaft zu Ende geht, und sei es durch den Tod der Freundin. Freundschaft ist bei Epikur nicht als Zweierbeziehung, sondern als eine Form von Gemeinschaft konzipiert. Freundschaft wird hier auf andere Weise als bei Aristoteles mit dem Ideal der Autarkie zusammengedacht: Je mehr Freundinnen wir haben und je leichter wir neue Freundinnen finden können, desto weniger sind wir von einer einzelnen Anderen abhängig (vgl. O'Connor 1989, 168–174).

Wir haben hier also ein Modell, in dem klar angenommen wird, dass Freundschaften auf Nutzen beruhen, wobei dieser Nutzen direkt oder indirekt darin besteht, ein lustvolles Leben im epikureischen Sinne zu ermöglichen. Wie die Formen der Freundschaft auf Basis von Lust und Nutzen bei Aristoteles kommt diese Konzeption ohne einen Bezug auf Tugenden aus, ist nicht wie die Tugendfreundschaft auf einen oder wenige beschränkt, und muss nicht elitär verstanden werden. Im Gegensatz zu Aristoteles wird diese Form der Freundschaft hier jedoch nicht abgewertet. Innerhalb einer grundsätzlich egoistisch ausgerichteten Position wird die Freundschaft als zentrale Quelle von Sicherheit für die Einzelne dargestellt.

Epikur und Aristoteles unterscheiden sich nicht nur im Hinblick auf ihre Einschätzung, ob der Mensch zu mehr als zu einer am Eigennutzen orientierten Freundschaft fähig ist. Sie gelangen auch zu einer sehr unterschiedlichen Einschätzung der Frage, wie wertvoll die Nutzenfreundschaft sein kann, und welche Schwierigkeiten sie mit sich bringt. So geht Aristoteles davon aus, dass es in der Nutzenfreundschaft notwendig zu Streit kommt, insofern die Freundinnen akribisch im Auge behalten, wer wem den jeweils größeren Vorteil verschafft. Bei Epikur hingegen finden sich keinerlei Bedenken in dieser Richtung. Er nimmt im Gegenteil an, dass Freundschaften auf Basis von Eigeninteresse sich als stabile Beziehungen erweisen können, insofern wir in ihnen nicht bloß einen kurzfristigen Nutzen verfolgen, sondern uns bewusst sind, dass wir für unser langfristiges Wohlergehen auf Freundinnen angewiesen sind. Nur durch sie, so die Annahme, können wir vergleichsweise sorgenfrei in die Zukunft blicken, weil wir uns sicher sind, dass sie uns beistehen werden. Damit die Freundschaft diese Erwartung auch erfüllen kann, müssen auch wir selbst uns als verlässlich erweisen. Ist also die Betrachtung der Freundschaft als eine Form von Tauschgeschäft, in dem wir ständig auf der Hut sein müssen, nicht weniger zu bekommen, als wir investieren, eine notwendige Begleiterscheinung der Nutzenfreundschaft? Selbst wenn wir Freundschaften in diesem Sinne als ein Geschäftsmodell betrachten, scheint es prinzipiell möglich, davon auszugehen, dass die Freundschaft uns einen Nutzen bringt, der unvergleichlich viel mehr wert ist als das, was wir investieren müssen, um sie aufrecht zu erhalten. Denn die Beteiligten müssen nicht notwendig darauf aus sein, mehr „Gewinn" zu machen als die jeweils andere. Es ist möglich, dass die Beziehung einen Gewinn bringt, der ungleich höher ist als der Einsatz, den jede Einzelne zu leisten hat. Dies ist eine Annahme, die in Bezug auf viele Beispiele gemeinsamen Handelns zutrifft. So lassen sich beispielsweise viele Möbelstücke nur sehr schlecht alleine zusammenschrauben, zu zweit hingegen ist die Arbeit schnell erledigt. Wenn wir mein Bett und deinen Schrank aufbauen, muss ich daher nicht notwendig abschätzen, ob es länger gedauert hat, dein oder mein Möbelstück aufzubauen. In jedem Fall hätte es mich erheblich mehr Zeit gekostet, mein Bett alleine aufzustellen. Die Kooperation erweist sich für mich als Vorteil, solange ich Nutzen aus ihr ziehe, unabhängig davon, ob Du mehr oder weniger Nutzen aus ihr ziehst als ich. Epikur betont die Sicherheit, die uns

Freundschaften im Hinblick auf unerwartete zukünftige Entwicklungen bieten. Der Wert der Freundschaft besteht daher immer auch in dem Nutzen, den wir in Zukunft möglicherweise aus ihr ziehen könnten, in einer Situation, in der wir hilflos wären, wenn wir ohne Freundinnen dastünden. So betrachtet kann eine Freundschaft trotz ungleicher Nutzenverteilung sich langfristig für beide Seiten als wertvoll erweisen.

Ist auf dieser Basis aber die Annahme gerechtfertigt, dass der Nutzenfreundschaft tatsächlich eine vergleichbare Beständigkeit zur Tugendfreundschaft zukommt? Mit Epikur ist anzunehmen, dass es besser ist, eine Mehrzahl von Freundinnen zu haben, insofern wir in diesem Fall von jeder einzelnen Freundschaft weniger abhängig sind. Nehmen wir diese These ernst, dann sinkt aber die Bedeutung der einzelnen Beziehung für uns, je mehr Freundschaften wir erfolgreich pflegen. Es ist nicht die einzelne Freundschaft, deren Bedeutung hier plausibel hervorgehoben wird, sondern der Wert von Freundschaften im Allgemeinen. Daraus folgt jedoch, dass eine einzelne Freundschaft sich als durchaus entbehrlich erweisen kann, sofern genügend andere Freundschaften weiterhin bestehen. Wer in seinem Leben und in Bezug auf Freundschaften nutzenmaximierend ausgerichtet ist, wird also aus den möglichen Freundinnen klugerweise die auswählen, die den geringsten Einsatz fordern, im Vergleich zum erwartbaren Nutzen. Insofern Epikur die Bedeutung von Freundschaften allgemein betont, nicht aber den Wert der einzelnen Beziehung zu einer spezifischen Person darstellen kann, kann er die Konsequenz der ständig abschätzenden und berechnenden Freundinnen nicht ganz vermeiden. Der Wert der Freundschaft ist der konkreten Beziehung immer extrinsisch und nur in Bezug auf die eigene Lust und Seelenruhe zu verstehen. Wenn Freundschaft allein aufgrund egoistischer Motive besteht, bleibt die Möglichkeit offen, dass Freundinnen ihre Beziehung überdenken, wenn diese allzu sehr von dem abweicht, was sie sich davon versprochen haben. Der unvergleichbare Wert der Freundschaft an sich fällt nicht ins Gewicht, wenn diese konkrete Beziehung durch eine andere Beziehung ersetzt werden kann.

3.2 Müssen Freundinnen sich gleichen?

Für Aristoteles stellt die Wertschätzung der Freundin aufgrund ihrer Tugendhaftigkeit die Basis einer vollkommenen Freundschaft dar. Cicero und Montaigne betonen noch stärker als Aristoteles, wie umfassend die Übereinstimmung der Freundinnen zu denken ist. Aristoteles nimmt aber auch an, dass es Freundschaften gibt, die nicht auf vollständiger Übereinstimmung beruhen, sondern trotz großer Ungleichheiten bestehen. Unproblematisch ist für ihn etwa die Annahme, dass Nutzenfreundschaften ohne eine Basis der Gleichheit auskommen können. Weitere Beispiele für Freundschaften zwischen Ungleichen sind für Aristoteles die Beziehung zwischen Vater und Sohn, sowie die Beziehung zwischen Herrscher und Beherrschtem (Aristoteles 2013, 1158b1–18). Der Einordnung all dieser Beziehungsformen als Freundschaften liegt das weite Verständnis von *philia* zugrunde. Menschen sind für Aristoteles von Natur aus paarbildende Lebewesen, die sich nicht nur um der Fortpflanzung willen, sondern auch zur täglichen Alltagsbewältigung in Gemeinschaften zusammentun:

> Sie helfen sich also gegenseitig, indem sie das, was jedem eigen *(idion)* ist, zum Gemeinsamen *(koinon)* beitragen. Darum findet sich nach verbreiteter Ansicht sowohl das Nützliche als auch das Angenehme in dieser Freundschaft. (Aristoteles 2013, 1162a)

Hier wird die Möglichkeit der gegenseitigen Ergänzung genannt. Freundschaften unter Ungleichen sind für Aristoteles durch die Überlegenheit einer Partei gekennzeichnet. Deutlich wird der Aspekt der Überlegenheit in der Beziehung zwischen Eltern und Kindern. Sie beruht weder auf Gleichheit, noch auf Ergänzung, wie die Partnerschaft. Was sie mit den anderen Formen der Freundschaft gemeinsam hat, ist aber eben die Kerndefinition des gegenseitigen offenkundigen Wohlwollens, denn Aristoteles geht davon aus, dass Eltern ihre Kinder, weil sie von ihnen abstammen, als einen Teil ihrer selbst lieben. Zudem nimmt er an, dass die Kinder die Eltern aufgrund ihrer Überlegenheit mit derselben Einstellung würdigen, wenn sie alt genug sind zu erkennen, was sie diesen verdanken. Zum anderen teilt diese Beziehung ein weiteres Merkmal der vollkommenen Freundschaft: Eltern und Kinder verbringen in der Regel einige Zeit ihres Lebens zusammen und je mehr sie dies tun, desto enger ist nach Aristoteles auch die Freundschaft zwischen ihnen (Aristoteles 2013, 1161a15–1162a15).

Aristoteles hält in Bezug auf die ungleichen Freundschaften darüber hinaus allgemein fest:

> In allen auf Überlegenheit beruhenden Arten der Freundschaft muss die Liebe dem Verhältnis entsprechen, das heißt, der Bessere muss mehr geliebt werden, ebenso der Nützlichere und ebenso jeder andere [Überlegene]. Wenn nämlich die Liebe sich nach dem Wert *(axia)* bemisst, dann kommt in gewissem Sinn Gleichheit zustande, die ja als ein Kennzeichen der Freundschaft gilt. (Aristoteles 2013, 1158b24–26, Anm. i. O.)

Hier zeigt sich der Versuch, die ungleichen Freundschaften durch ein Ausgleichsprinzip den auf Gleichheit basierenden Freundschaften anzugleichen. Dass dies aber zumindest teilweise scheitert, merkt auch Aristoteles, wenn er sich auf die Liebe der Eltern zu den Kindern bezieht: Diese besteht zunächst ganz ohne Gegenliebe, insofern es gewisser kognitiver Fähigkeiten bedarf, um zu lieben. Man könnte einwenden, dass die Abhängigkeit und Hingabe von Neugeborenen als eine Art der Erwiderung der Liebe gedeutet werden kann. Dann jedoch wird die Beziehung nicht mehr als symmetrisch vorgestellt. Die Art und Weise, wie sich die Eltern zum Kind verhalten, unterscheidet sich hier klar von der Art und Weise, wie sich das Kind zu den Eltern verhält (Aristoteles 2013, 1159a27–32; 1161b17–27).

Die Idee einer Freundschaft, die auf fundamentaler Ungleichheit beruht, begegnet uns prominent auch in der theologisch geprägten Diskussion um Freundschaft im Mittelalter. Im Zentrum dieser Diskussion steht nicht die Freundschaft zwischen Menschen, sondern die Beziehung des Menschen zu Gott, von welcher erstere als abgeleitet gedacht wird.[3] Exemplarisch soll hier die Konzeption von Thomas von Aquin vorgestellt werden. Thomas bezieht sich in seiner grundlegenden Bestimmung von Freundschaft explizit auf Aristoteles:

> Gemäß dem Philosophen 8. Ethic. (2 n 3) hat nicht jede Liebe das Berede von Freundschaft, sondern die Liebe, die mit Wohlwollen zusammen ist: wann wir nämlich einen dergestalt lieben, daß wir ihm das Gut wollen. [...] Nun genügt aber auch nicht das Wohlwollen zum Berede der Freundschaft, vielmehr wird eine gewisse gegenseitige Verliebung erfordert: denn der Freund ist dem Freunde freund. Ein solches gegenseitiges Wohlwollen aber gründet sich auf irgend welche Gemeinschaft. (Thomas 1938, 23/1, 91–92)

Insofern auch die Liebe des Menschen zu Gott auf einer Form der Gemeinsamkeit beruht, handelt es sich nach Thomas auch hier um eine Art Freundschaft, und er vergleicht diese explizit mit der Liebe von Kindern zu ihren Eltern (Thomas 1938, 23/1, 92). Die Liebe zwischen den Menschen leitet sich insofern von der Beziehung zu Gott ab, als Thomas davon ausgeht, dass wir, wenn wir einen Menschen lieben, auch diejenigen lieben, die zu ihm gehören – sodass wir etwa, wenn wir einer Freundin Wohlwollen entgegenbringen, auch Wohlwollen ihren Kindern gegenüber empfinden werden. Insofern aber alle Menschen zu Gott gehören, leitet sich von der Liebe zu Gott eine Liebe zu den Menschen ab, die auch die eigenen Feinde umfasst (Thomas 1938, 23/1, 92–93; vgl. Hoenen 2002, 133). Die Annahme, die Thomas hier zugrunde legt, erscheint jedoch durchaus problematisch. Zwar sind wir in der Regel um unserer Freundinnen willen geneigt, auch ihren Freundinnen, Partnern und Familienmitgliedern wohlwollend zu begegnen, fast jede von uns wird aber auch schon die Erfahrung gemacht haben, dass dies nicht immer gelingt. Die Zuneigung lässt sich nicht so leicht übertragen, gelegentlich müssen wir auf eine mit Selbstdisziplin erkämpfte Toleranz zurückgreifen, um offene Konflikte zu vermeiden.

Maarten Hoenen fasst treffend zusammen, inwiefern sich diese Vorstellung von der engeren aristotelischen Freundschaftskonzeption unterscheidet:

> Betrachtet man diese Auffassungen von Freundschaft und Liebe im Gesamtüberblick, so fallen mindestens zwei Unterschiede zu den Ausführungen bei Aristoteles und Cicero ins Auge. Erstens, der kosmopolitische Aspekt; Herkunft, Eigenschaften und Besitz spielen keine Rolle, wo es um die Einheit und Übereinstimmung geht, auf denen die Freundschaft zwischen Menschen beruht. Wichtig ist nur der Mensch als Geschöpf Gottes, das heißt; als Mensch. Zweitens: Die Freundschaft zwischen Menschen gründet in einem Prinzip, das das ganze Sein der betreffenden Person hervorbringt und trägt. Hierdurch verliert die Freundschaft ihre Willkürlichkeit und wird bedingungslos: Sie betrifft den Menschen als Ganzes und verweist auf etwas außerhalb ihrer selbst. (Hoenen 2002, 136)

Heute wird Freundschaft in der Theologie eher als Randthema betrachtet. Wenn sie zur Sprache kommt, dann jedoch in der Regel als Freundschaft zwischen Menschen, nicht als Freundschaft zu Gott. Dabei bleibt aber der zentraler Gedanke erhalten, dass die Freundschaft zwischen Menschen *durch* Gott zustande kommt (vgl. Hofheinz et al. 2014, Hofheinz 2014, 41–42). Die Freundschaft zwischen Menschen wird hier nicht explizit als eine Form ungleicher Freundschaft behandelt. Trotzdem bleibt durch den Bezug zu Gott als Grundlage der Freundschaft Raum für größere Unterschiede bestehen: Die Forderung nach einer umfassend gedachten Gleichheit muss in den Hintergrund rücken, wenn postuliert wird, dass allein die geteilte Menschlichkeit eine hinreichende Basis für Freundschaft darstellt.

> So even if it would typically be too much of a stretch to describe the relationship between prisoner and prison guard, billionaire and pauper, as one of friendship, agapic ethics insists that these differences do not detract from what each owes to each other, such that our common humanity overrides the differences between us. (Lippitt 2013, 191)

Auf die Potentiale einer Freundschaftskonzeption, die keinem hohen Anspruch von Gleichheit unterliegt, weist Hans Reinders hin. Konkret setzt er sich mit der Frage auseinander, welche Rolle Freundschaften für Menschen mit Behinderungen im Hinblick auf Inklusion spielen können. Reinders gibt zu bedenken, dass in Beziehungen zwischen Menschen mit starken Behinderungen, und solchen, die frei davon sind, meist notwendig eine der Freundinnen in zumindest einigen Hinsichten deutlich überlegen ist. Seiner Ansicht nach würde eine Konzeption von Freundschaft, die Gleichheit betont, eine Hierarchie implizieren, die vor allem Menschen mit starker geistiger Behinderung aus dem Kreis derjenigen, die zur Freundschaft fähig sind, potentiell ausschließt. Anderseits seien genau diese Menschen oft in besonderer Weise auf Freundschaften angewiesen. Betrachte man die Beziehung zwischen Mensch und Gott als Ideal der Freundschaft, so Reinders, ändere sich die Perspektive: Es könne nicht mehr sinnvoll erscheinen, die Freundschaft als elitäres Gut zu verstehen, welches nur wenigen tugendhaften Menschen zugänglich sei. Im Gegenteil sei Freundschaft Teil der menschlichen Natur – Gott habe den Menschen als fähig zur Freundschaft geschaffen (Reinders 2014, 247–256).

> Wenn wir die Logik dieser Erfahrung bedenken, wird umgehend klar, dass einige der wichtigsten Dinge in unserem Leben Ziele sind, die wir nicht aus eigener Kraft erreichen können, respektiert, angenommen und geliebt zu werden, sind Ziele, die wir nicht selbst erreichen können. Dasselbe gilt für Freundschaft. Sie gehört darum zu den grundlegenden menschlichen Gütern, welche nicht zu unserer Verfügung stehen. Das Hauptmerkmal dieser Güter ist, dass sie allein empfangen werden können. (Reinders 2014, 257)

Im Gegensatz zur aristotelischen Konzeption wird hier kein Ideal der Autarkie vorausgesetzt, sondern die Abhängigkeit des Menschen betont. Das Gelingen der Freundschaft liegt nicht in unserer Hand, es erscheint unverfügbar. Wenn überhaupt, dann können wir Freundschaft anderen als Geschenk entgegenbringen, ähnlich wie Toleranz und Mitgefühl. Echte Freundschaft ist am Ende als Gabe Gottes zu betrachten.[4]

Deutlich wird in der Idee, die Freundschaft zwischen den Menschen leite sich von der Freundschaft zu Gott ab, dass auch eine Konzeption von Freundschaft unter Ungleichen nicht ohne den Bezug auf irgendeine Form von Gleichheit auskommt. Postuliert wird hier, dass der Bezug auf die gemeinsame Menschlichkeit ausreicht, eine minimale Anforderung an Gleichheit also erfüllt ist. Wir werden aufgefordert zu einem Perspektivwechsel, der Gemeinsamkeiten statt Unterschiede betont. Die Argumentation von Reinders, warum eine solche Freundschaft ohne Gleichheit einen besonderen Wert haben könnte, kann eher überzeugen, als die Argumentation dafür, dass die geteilte Menschlichkeit ausreicht, um sie entstehen zu lassen. In der theologischen Diskussion wird weitgehend die Tatsache ignoriert, dass es irgendeines Kriteriums bedarf, um zu erläutern, warum *einige*, aber bei weitem nicht *alle* Menschen, denen wir begegnen, uns als potentielle Freundinnen erscheinen. Der Verweis auf Gott muss aus philosophischer Perspektive als eine unzureichende Erklärung eingeordnet werden.

Widmen wir uns einem weiteren Modell, das die Basis von Freundschaft viel begrenzter denkt als Aristoteles, Cicero und Montaigne, sie aber gleichzeitig gehaltvoller füllt als die theologische Idee einer Freundschaft aller Menschen. C.S. Lewis (2012) behandelt Freundschaft als eine von vier Arten der Liebe neben Zuneigung, Eros und Karitas. Lewis stellt die Karitas an oberste Stelle, als uneigennützige Nächstenliebe, die keine Ansprüche an die andere stellt, und die der Liebe Gottes zu den Menschen am nächste kommt. Dieser Diskussion voran stellt er die Auseinandersetzung mit Zuneigung, Liebe (im Sinne von Eros) und Freundschaft, als typische Formen zwischenmenschlicher Liebe. Zuneigung ist dabei seiner Ansicht nach am verbreitetsten. Sie zeichnet sich dadurch aus, dass wir uns in der Gegenwart einer anderen wohlfühlen und mit ihr vertraut sind. Die andere wird dabei nicht unbedingt aufgrund bestimmter Eigenschaften wertgeschätzt, vielmehr sei es typisch für bloße Zuneigung, dass wir die Gegenwart der anderen als selbstverständlich hinnehmen und uns erst bei ihrer Abwesenheit bewusst wird, wie sehr wir sie geschätzt haben. Zuneigung tritt, so Lewis, in Reinform besonders zwischen Familienmitgliedern oder langjährigen Nachbarinnen auf, zu denen wir keine weitere besondere Bindung entwickeln. Sie ist aber auch Bestandteil von Eros und Freundschaft.

Eros zeichnet sich für Lewis durch das Verlangen nach der anderen aus. Er kennzeichnet diese Beziehung als eine Beziehung „von Angesicht zu Angesicht" („face to face", Lewis 2012, 73), in der die Partnerinnen sich primär miteinander und mit ihrer Beziehung befassen. Er ist der Ansicht, dass sich die Freundschaft von diesem Modell klar abgrenzen ließe. Freundschaft sei, ganz im Gegensatz zum Eros, die am wenigsten *notwendige* Form der Liebe, sie entbehre jeder biologischen Grundlage. Als Form geistiger Verbundenheit trage sie weder zur Fortpflanzung noch zur Erziehung bei. Die Beziehung der Freundschaft sei zu verstehen als ein „Seite an Seite" („side by side", Lewis 2012, 73), Freundinnen befassten sich nicht primär miteinander oder mit ihrer Freundschaft an sich. Stattdessen sieht Lewis es als kennzeichnend an, dass Freundinnen einem geteilten Interesse nachgehen und in eine gemeinsame Sache vertieft sind. Lewis betrachtet Kameradschaft als Vorstufe der Freundschaft. Kameradschaft zeichne sich durch den regelmäßigen Umgang miteinander und die gegenseitige Freude daran aus. Um zur Freundschaft zu werden, müsse jedoch ein weiteres Element hinzukommen:

> Friendship arises out of mere Companionship when two or more of the companions discover that they have in common some insight or interest or even taste which the others do not share and which, till that moment, each believed to be his own unique treasure (or burden). The typical expression of Friendship would be something like, 'What? You too? I thought I was the only one.' (Lewis 2012, 78)

Auch hier ist es also nicht eine breite Basis gemeinsamer Überzeugungen, auf denen die Freundschaft beruhen soll, sondern eine einzige geteilte Einsicht. Aber eben nicht eine Einsicht, die in meinem Umfeld verbreitet ist, sondern im Gegenteil eine, mit der ich mich bisher allein auf der Welt glaubte:

> The man who agrees with us that some question, little regarded by others, is of great importance, can be our Friend. He need not agree with us about the answer. (Lewis 2012, 79)

Der Fokus auf die gemeinsame Sache erklärt für Lewis auch, warum die Freundschaft Zugehörigkeiten und Rollen der anderen in einem hohen Maße ausblenden kann. Er gesteht zu, dass Freundinnen in der Regel mit den Lebensverhältnissen der anderen vertraut sind, ohne dass sie jedoch eine besondere Neugierde bezüglich dieser aufbringen würden. Die Freundschaft bringe die andere als Individuum, als nackte Person zur Geltung, ohne dass dabei jemals die Rede von einer umfassenden Persönlichkeit sei. Entsprechend werden gegenseitige Unterstützung und Freundschaftsdienste zwar geübt, jedoch als lästige Ablenkung betrachtet (Lewis 2012, 70–86).

Es lassen sich einige offensichtliche Bedenken gegen diese Konzeption von Lewis vorbringen. Ein erstes Bedenken richtet sich auf die Möglichkeit von Streit zwischen Freundinnen. Insbesondere Montaigne betonte, dass die vollständige Übereinstimmung die Unmöglichkeit von Meinungsverschiedenheiten in Freundschaften bedingt. Sofern die Übereinstimmung der Freundinnen sich jedoch auf eine einzige Frage reduziert, müssen wir davon ausgehen, dass es in allen anderen Bereichen ein erhebliches Potential für Meinungsverschiedenheiten gibt, die Konflikte auslösen können, die wiederum möglicherweise ein Ende der Freundschaft herbeiführen. Entscheidend scheint hier unter anderem die Frage, wie zentral die geteilte Einsicht für das Selbstverständnis der Freundinnen ist – je höher der Stellenwert dieser Gemeinsamkeit, desto wichtiger die aus der Freundschaft gewonnene Bestätigung, und umso größer ggf. die Bereitwilligkeit, Konflikte in anderen Bereichen in Kauf zu nehmen. An dieser Stelle ist aber der Verweis auf soziologische Forschung zu Ablehnungskriterien interessant. Miriam Rodin verweist auf eine Asymmetrie zwischen Gründen der Wertschätzung und Gründen der Ablehnung: Wir lehnen Menschen nicht deshalb ab, weil keine Gründe der Wertschätzung gegeben sind – solchen Menschen würden wir eher gleichgültig gegenüber stehen (Rodin 1982). Es gibt hingegen für die meisten Menschen eine distinkte Klasse von Gründen der Ablehnung, die auch als Ausschlusskriterien für Freundschaften fungieren – etwa wenn ich ausschließe, mit einer Person befreundet zu sein, die rechtsradikale Parteien unterstützt. Beispiele für solche Ausschlusskriterien, die auch als hinreichende Gründe auftauchen, um eine Freundschaft zu beenden, wären etwa auch religiöse Meinungsverschiedenheiten, Drogenmissbrauch oder das Vorkommen physischer Gewalt (Rose 1984). Angesichts dieser Überlegungen müssten wir bei einer Freundschaft auf begrenzter Basis die zusätzliche Bedingung formulieren, dass auf beiden Seiten keine persönlichen Ausschlusskriterien erfüllt sind.

3.3 Wie viele Freundschaften können wir pflegen?

Aristoteles formuliert die These, dass wir im Sinne der Tugendfreundschaft nur dann mit mehr als einer Person befreundet sein können, wenn diese Freundinnen auch untereinander befreundet sind. Diese Feststellung ergibt sich aus seiner umfassenden Konzeption des Zusammenlebens, die es nicht erlaubt, die eigene verfügbare Zeit auch nur unter zwei Freundinnen aufzuteilen. Montaigne verschärft diesen Anspruch noch und erklärt, die echte Freundschaft sei allein unter zweien möglich:

> [...] dieienige Freundschaft, welche die Seele einnimmt, und diese unumschränkt beherrscht, kann unmöglich zwiefach seyn. Gesetzt, daß zween zugleich Hülfe verlangten: wem wolltest du bey stehen? Gesetzt, daß sie ganz entgegen gesetzte Dienste von dir verlangten: was für eine Einrichtung wolltest du darinnen treffen? Gesetzt, daß dir einer eine Heimlichkeit anvertraute, an deren Wissenschaft dem andern gelegen wäre: wie wolltest du dir heraus helfen? (Montaigne 1992, 340)

Montaigne betont die Notwendigkeit, ganz für eine Freundin da zu sein. Wir können den Anforderungen einer Freundschaft, so der Gedanke, nur dann vollständig genügen, wenn es keine andere Beziehung gibt, die vergleichbare Ansprüche an uns stellt. Der zentrale Einwand gegen die Möglichkeit einer Gruppe von Freundinnen liegt in dem Hinweis auf eventuelle Interessenskonflikte. Was Montaigne übersieht, sind Szenarien, in denen unsere Freundinnen uns helfen können, anderen Freundinnen zu helfen, um gerade Konflikte dieser Art zu vermeiden. Selbst in einer Zweierbeziehung können wir nicht ausschließen, dass wir in eine überfordernde Situation geraten, in der wir nicht leisten können, was unsere Freundin braucht – nehmen wir an, sie hatte einen Autounfall und liegt im Krankenhaus. Sie könnte uns gut an ihrer Seite gebrauchen. Aber sie hat auch eine Tochter, um die sich jemand kümmern muss, solange sie selbst es nicht kann. Wir könnten hier den Prioritäten der Freundin folgen und unsere Entscheidung von der Frage abhängig machen, was *ihr* wichtiger ist – aber wir können nicht beiden wichtigen Aufgaben nachkommen. In diesem Fall scheint die Einsicht von Epikur zuzutreffen, dass eine Gruppe von Freundinnen mehr Sicherheit bietet, als eine einzelne Freundschaft. Denn die Gruppe von Freundinnen *kann* sich aufteilen und damit gleichzeitig in verschiedenen Hinsichten Hilfe leisten. Die Bedenken Montaignes lassen sich über einen solchen Hinweis nicht vollständig ausräumen, aber aus dem von ihm betonten Nachteil der Gruppenfreundschaft lässt sich eben auch ein Vorteil ableiten, so dass die Bewertung weniger eindeutig ausfällt. Zudem lässt sich anmerken, dass auch andere Anforderungen, die sich beispielsweise aus dem Berufsleben, Bedürfnissen von Familienmitgliedern, oder eigene Interessen ergeben, uns notwendig vor Entscheidungen im Hinblick auf die Frage stellen, ob wir Freundinnen immer und in allem unterstützen können.

Lewis sieht im Gegensatz zu Montaigne die Option, dass Freundschaft auch innerhalb einer größeren Gruppe bestehen kann:

> [...] true Friendship is the least jealous of loves. Two friends delight to be joined by a third, and three by a fourth, if only the newcomer is qualified to become a real friend. They can then say, as the blessed souls say in Dante, ‚Here comes one who will augment our loves.' (Lewis 2012, 74)

Nach Ansicht von Lewis trägt ein weiteres Mitglied in einer Gruppe von Freundinnen, sofern es sich um eine wirkliche Freundin handelt, immer dazu bei, dass die anderen mehr voneinander haben, da jede zusätzliche Person neue Facetten der anderen hervorbringt. Innerhalb der Konzeption von Lewis ist die Annahme naheliegend, dass diese Gruppe von Freundinnen notwendig über *eine* geteilte Einsicht verbunden sein muss: Die Grundlage der Freundschaft der ursprünglich Freundinnen wird auch Grundlage der Freundschaft zur Dritten sein – gerade dies qualifiziert sie als Freundin. Damit betont Lewis die Möglichkeit der Gruppe von Freundinnen in der Art, wie auch Aristoteles sie begrenzt zulässt – eine gemeinsame Basis der Freundschaft, die hier aber nicht notwendig als umfassende Übereinstimmung gedacht wird, verbindet mehrere Menschen in ihrer Einstellung zueinander und begründet eine gemeinsame Praxis dieser Gruppe. Einschränkungen, die Lewis dennoch sieht, sind praktischer Natur:

> Of course, the scarcity of kindred souls – not to mention practical considerations about the size of rooms and the audibility of voices – set limits to the enlargement of the circle; but within those limits we possess each friend not less but more as the number of those with whom we share him increases. (Lewis 2012, 74)

Raumgröße und Tragfähigkeit der Stimmen sind physische Gegebenheiten, die wir heute nicht notwendig als ausschlaggebende Kriterien betrachten müssen, sie spielen beispielsweise in der Online-Kommunikation keine besondere Rolle. Aber selbst wenn wir diese Beschränkungen überwinden, wird sich eine Grenze ergeben, über die hinaus wir als Menschen einfach nicht fähig sind, noch die hinreichende Aufmerksamkeit gegenüber einer Vielzahl von Menschen aufzubringen, die es braucht, um überhaupt Kenntnis der Persönlichkeit jeder einzelnen zu erlangen. Spätestens die Dunbar-Zahl, als Grenze der kognitiven Fähigkeit signifikante soziale Beziehungen zu unterhalten – üblicherweise als 150 angegeben – kann hier als absolute Grenze auch für eine mögliche Zahl von Freundschaften gesehen werden (Hill/Dunbar 2003). Vermutlich liegt aber die Zahl der Menschen, denen wir *gleichzeitig* signifikante Aufmerksamkeit schenken können, erheblich darunter.[5]

Einen ganz anderen Ansatz, über die Möglichkeit einer Vielzahl von Freundschaften nachzudenken, bietet die Konzeption der differenzierten Freundschaft von Georg Simmel. Simmel formuliert seine Konzeption explizit als Alternative zum antiken Freundschaftsideal. Dabei zeichnet sich für ihn die antike Vorstellung dadurch aus, dass echte Freundschaft hier eine Beziehung darstellt, die „sich ihrer Idee nach auf der ganzen Breite der Persönlichkeit aufbau[t]" (Simmel 1997b, 83). Simmel ist der Ansicht, die Menschen seiner Zeit, also zu Beginn des 20. Jahrhunderts, seien nicht fähig, diese Art von Freundschaft zu führen:

> Vielleicht hat der moderne Mensch zu viel zu verbergen, um eine Freundschaft im antiken Sinne zu haben, vielleicht sind die Persönlichkeiten auch, außer in sehr jungen Jahren, zu eigenartig individualisiert, um die volle Gegenseitigkeit des Verständnisses, des bloßen Aufnehmens [...] zu ermöglichen. (Simmel 2016, 401)

Nach Simmels Konzeption ist die differenzierte Freundschaft im Unterschied zur antiken Freundschaft auf bestimmte Bereiche der Persönlichkeit beschränkt. Differenziert heißt hier, dass sich die Freundinnen einander nicht in allen Hinsichten öffnen, sondern nur in klar umgrenzten Teilbereichen Vertraute füreinander sind. Trotzdem verwirklicht diese Freundschaft nach Ansicht Simmels die Qualitäten, die eine Freundschaft auszeichnen:

> Trotz der Einseitigkeit können diese Freundschaften wirkliche Freundschaften sein, denen an Wärme, Treue und Hingabe nichts fehlt, obgleich all diese Qualitäten in der Form ihrer Einseitigkeit sich offenbaren. (Simmel 1997b, 83–84)

Auch die differenzierte Freundschaft ist für Simmel also ein Modell der echten Freundschaft, und nicht nur die minderwertige Alternative für Menschen, die das wahre Ideal nicht erreichen können.

Um zu verstehen, wie Simmel zu solch einem Modell der Freundschaft kommt, ist es hilfreich, sich einige Grundannahmen seines Denkens vor Augen zu führen. Soziale Differenzierung ist der Begriff, den er wählt, um die zunehmende Komplexität von Gesellschaften zu beschreiben. Diese geht für die Einzelne damit einher, dass sich das Feld ihrer persönlichen Kontakte erweitert und sie in ihrem Leben nicht primär in einer fest umrissenen Gemeinschaft, sondern in verschiedensten Kreisen verkehrt. Damit verbunden ist eine Steigerung der Individualität und in zwischenmenschlichen Beziehungen ein zunehmendes Bedürfnis nach Diskretion.

Die soziale Differenzierung führe zu einer Zunahme rein zweckorientierter Beziehungen (Simmel 2016, 392–393). Zudem seien diese Entwicklungen für die zunehmende Herausbildung oberflächlicher Bekanntschaften verantwortlich, die nicht darin bestehen, dass man die andere in irgendeiner Weise tatsächlich kennt, sondern lediglich darin, dass man von ihrer Existenz Notiz genommen hat. Deshalb sei gerade „die Bekanntschaft in diesem gesellschaftlichen Sinne der eigentliche Sitz der ‚Diskretion'" (Simmel 2016, 395–396). Auch in Freundschaften spielt dieser Aspekt der Diskretion für Simmel eine zentrale Rolle:

> Jene Freundschaften, die uns mit einem Menschen von der Seite des Gemütes, mit einem anderen von der der geistigen Gemeinsamkeit her, mit einem dritten um religiöser Impulse willen, mit einem vierten durch gemeinsame Erlebnisse verbinden, können zwar trotz der Umgrenztheit ihres Gebietes echte und wirkliche Freundschaften sein, die tiefsten Wurzelsäfte der Persönlichkeit können sie tränken. Aber gerade dann stellen sie in Hinsicht der Diskretionsfrage, des Sichoffenbarens und Sichverschweigens die strenge Forderung: Daß die Freunde gegenseitig nicht in die Interessen- und Gefühlsbezirke hineinsehen, die nun einmal nicht in die Beziehung eingeschlossen sind und deren Berührung die Grenze des gegenseitigen Sichverstehens schmerzlich fühlbar machen würde. (Simmel 1997, 112)

Die Diskretion fordert von den Freundinnen, die begrenzte Basis der Freundschaft anzuerkennen und sich in anderen Bereichen nicht einzumischen. Ein tiefes Gefühl von Verbundenheit kann in einem begrenzten Bereich entstehen, ohne die Persönlichkeiten der Freundinnen in ihrer Gesamtheit zu umfassen. Infolgedessen geht Simmel davon aus, dass wir mit unterschiedlichen Menschen aufgrund je unterschiedlicher Gemeinsamkeiten verbunden sind. Seine Freundschaftskonzeption ist dyadisch – er diskutiert das Freundschaftspaar, nicht die Gruppe – er stellt jedoch keinerlei Exklusivitätsanspruch: Die Einzelne kann (und wird aller Voraussicht nach) mehrere Freundinnen haben, mit denen sie sich auf Basis eines je anderen Aspekts ihrer Persönlichkeit verbunden fühlt.

Neben dem Ideal einer Freundschaft zwischen Zweien, in der wir alles teilen, gibt es also sowohl das Ideal der Gruppe, die über ein gemeinsames Interesse miteinander verbunden ist, als auch die Vorstellung, wir bräuchten eine Mehrzahl verschiedener Freundschaften, um jeweils verschiedene Aspekte unserer Persönlichkeit in diesen Beziehungen ausleben zu können.

3.4 Freundschaft als Grundlage politischer Gemeinschaften?

Zwischen der Frage, wie viele Freundschaften wir haben können, und der Frage, was als hinreichende Basis einer Freundschaft verstanden werden kann, besteht offensichtlich ein enger Zusammenhang. Ich hatte oben bereits darauf verwiesen, dass die Annahme, die gemeinsame Menschlichkeit sei eine hinreichende Basis für Freundschaften, nahelegt, wir könnten mit allen Menschen befreundet sein. Ähnlich wird die Anzahl der angenommenen Freundinnen ins Extrem gesteigert, wenn wir Freundschaften als Grundlage politischer Gemeinschaften betrachten. Dennoch taucht der Begriff der Freundschaft in diesem Kontext häufig auf. Schon Aristoteles verwendet den Begriff *philia* nicht allein, um eine Form persönlicher Beziehungen zu kennzeichnen, sondern auch dann, wenn er sich auf die Grundlage eines politischen Gemeinwesens bezieht. So diskutiert er ausführlich die Parallelität zwischen Formen politischer Gemeinschaft und Formen der

Freundschaft, beispielsweise zwischen Monarchie und Vater-Sohn-Beziehung. Der Begriff des Wohlwollens wird bei Aristoteles in diesem Kontext durch den der Eintracht ersetzt:

> Auch die Eintracht *(homonoia)* scheint eine freundschaftliche Einstellung zu sein. Sie ist daher nicht Gleichheit der Meinung *(homodoxia)*. Denn diese kann auch bei Menschen vorhanden sein, die einander nicht kennen. Man nennt auch nicht diejenigen einträchtig, die eine gemeinsame Meinung über irgendetwas Beliebiges haben, zum Beispiel über die Himmelskörper (denn es ist kein Merkmal der Freundschaft, darüber gleich zu denken). Vielmehr sagen wir, dass ein Staat Eintracht besitzt, wenn die Menschen über das Förderliche *(sympheron)* einer Meinung sind, sich dasselbe vornehmen und die gemeinsamen Beschlüsse durchführen. (Aristoteles 2013, 1167a21–28)

Eintracht ist für Aristoteles *mehr als* gleiche Meinung, sofern sie auf die Vorstellung einer guten Lebensführung bezogen sein muss und auch die Bereitschaft beinhaltet, zur Umsetzung des gemeinsamen Ziels zusammenzuarbeiten. Trotz dieser recht anspruchsvollen Definition wird der Unterschied zur früheren Definition der Freundschaft deutlich: Es ist kein Wohlwollen vorausgesetzt; in der politischen Gemeinschaft, die auf Eintracht beruht, ist die Einzelne um das Wohlergehen ihrer Mitbürgerinnen bemüht, sofern dieses das Wohlergehen der Gemeinschaft betrifft. Es geht ihr jedoch nicht um das Wohlergehen der anderen als Einzelpersonen.

Auch wenn Aristoteles selbst schreibt, die Eintracht sei „eine politische Freundschaft" (Aristoteles 2013, 1167b), wäre es hier angemessen zu ergänzen: im übertragenen Sinne, denn die eigentlichen Merkmale einer Freundschaft sind hier nicht mehr erfüllt. Zunächst das Kriterium der Offenkundigkeit: Freundinnen wissen, dass sie einander wohlgesonnen sind. Zwar scheint Aristoteles oben bei der Unterscheidung von geteilter Meinung und Eintracht in der Tat anzunehmen, dass Eintracht nur unter Menschen herrschen kann, die sich kennen. Trotzdem wird dieses Kriterium in der politischen Gemeinschaft – wenn überhaupt – nur in weit schwächerem Maße erfüllt als in Beziehungen, die wir im Alltagsverständnis als persönliche Beziehungen einordnen. Auch die meisten Merkmale, die Aristoteles aus der Thematisierung der Freundschaft als Selbstbeziehung herausarbeitet, also das Handeln für die andere, das gemeinsame Verbringen von Zeit, das Teilen von Freude und Leid scheinen hier höchstens in einem sehr eingeschränkten Sinne zuzutreffen: Nur insoweit wir beide für das Wohl der Gemeinschaft tätig sind und davon beeinflusst werden, ob sie blüht oder verkommt, sind diese Bedingungen teilweise erfüllt. Und auch die Wahl derselben Dinge betrifft Staatsbürgerinnen nur, insofern es um die Zukunft des Staates geht. Wenn man die von Aristoteles selbst gegebenen Definitionen der Freundschaft also ernst nimmt, fällt die politische Freundschaft nicht darunter.

In ähnlicher Weise wie Aristoteles Freundschaft und staatliche Eintracht zusammendenkt, wird der Begriff Freundschaft später mit dem Gedanken der Solidarität in Beziehung gesetzt, der im politischen Kontext im 19. Jahrhundert an Bedeutung gewinnt und „das Bestehen einer wechselseitigen moralischen Verpflichtung zwischen Individuum und Gemeinschaft" (Bayertz 1998, 11) beschreiben soll. In diesem Sinne wird er vor allem zur Legitimation des Sozialstaats herangezogen. Darüber hinaus wurde Solidarität auch als Kampfbegriff beispielsweise in der Arbeiterbewegung und der Frauenbewegung eingesetzt. Er verweist auch hier, wie Aristoteles' *eunoia*, auf gemeinsame Ziele und Interessen, die erreicht werden sollen, setzt jedoch in der Regel gleichzeitig voraus, dass diesen Interessen die Interessen anderer Gruppen als Widerstände entgegenstehen (Bayertz 1998, 34–43). Hans-Georg Gadamer (2000) zeigt auf, welche Spannungen zwischen beiden Begriffen dennoch bestehen: Solidarität stelle gegenüber der Freundschaft immer nur eine begrenzte Zusage des Einstehens füreinander dar und werde gerade dort gefordert, wo zumindest kurzfristig eigene Interessen aufgegeben werden müssen, um andere zu unterstützen.

Ohne den Anspruch zu stellen, dass es sich bei Banden der Solidarität um eine Freundschaft im engeren Sinne handelt, zieht auch David Kahane (1999) den Begriff heran, um in analogischer Weise die Grundlagen des Zusammenhalts von Gesellschaften zu diskutieren. Er stellt dabei heraus, wie zum einen sowohl unsere persönlichen Freundschaften als auch die (empfundene) Zugehörigkeit zu Gruppen unser Selbstbild beeinflussen, zum anderen, dass unsere vergangenen Erfahrungen mit bestimmten sozialen Gruppen unser Verhalten gegenüber Menschen beeinflussen, die als Mitglieder dieser Gruppe wahrgenommen werden, ähnlich wie unsere geteilten Erfahrungen den Umgang mit Freundinnen beeinflussen. Eine ähnliche Sichtweise bringt auch Marilyn Friedman (1993) vor, die vertritt, dass gesellschaftlicher Zusammenhalt nicht grundsätzlich nach dem Muster der Freundschaft verläuft, sondern sich auf dieses Muster als Modell bezieht, um gerade einen Wandel zu beschreiben: Waren Gemeinschaften früher vor allem räumlich bedingt, so sieht sie in der modernen städtischen Gemeinschaft einen Trend zur selbstgewählten Gemeinschaft – also einer Bindung, die sich weniger nach dem Modell der Familie an Herkunft, Geburt, Lebensmittelpunkt etc. orientiert, sondern stattdessen stärker von der Wahl der eigenen Identität und gewählten Zugehörigkeiten beeinflusst ist.

Eine spannende Diskussion der Verbindungslinien einer philosophischen Diskussion um Freundschaft und unseren Vorstellungen des Politischen liefert auch Derrida (2000) in seinem Buch *Politik der Freundschaft*. Er schiebt zwischen die Begriffe der Freundschaft und der staatlichen Gemeinschaft noch das Konzept der Brüderlichkeit als wichtigen Zwischenschritt. Er weist darauf hin, dass Freundschaft und Brüderlichkeit historisch gesehen oft in Zusammenhang miteinander gebracht wurden und die Brüderlichkeit als Grundlage der Gemeinschaft gerade auch im Kontext der französischen Revolution einen hohen Stellenwert einnimmt. Kritisch merkt er dabei an, dass der Bezug auf die Brüder zum einen immer eine Komponente der Abgrenzung enthält, gegenüber denen, die als Nicht-Brüder betrachtet werden. Zum anderen schließe er Frauen vollständig aus. In diesem Sinne hinterfragt Derrida kritisch, ob der Begriff leisten kann, was er heute häufig leisten soll – die Brücke zu einem gemeinsamen Verständnis von Menschlichkeit zu schlagen.

Die hier erwähnten Texte stellen nur eine kleine Auswahl von Kontexten dar, in denen Verbindungslinien zwischen Freundschaften und politischen Gemeinschaften gezogen werden. Trotz spannender Perspektiven, die sich hier eröffnen, lässt sich in Bezug auf alle angeführten Texte feststellen, dass hier nicht von Freundschaft im engeren Sinne einer persönlichen Beziehung die Rede sein kann, schon deshalb, weil hier keine *persönliche Beziehung* betrachtet wird: Es geht nicht um die Frage, was Menschen verbindet, die eine geteilte Vergangenheit haben, ihre Zeit miteinander verbringen und deren Wohlwollen im alltäglichen Umgang offen zum Ausdruck kommt. Es geht im Gegenteil immer um die Frage, wie Bande der Identität und Unterstützung zwischen Menschen zu verstehen sind, die sich ansonsten eigentlich eher als Fremde betrachten, und trotzdem im Hinblick auf ein bestimmtes Ziel gemeinsam tätig sind oder ein gewisses Maß an Zusammengehörigkeit empfinden.

3.5 Hält die echte Freundschaft ewig?

Die Konzeption der Tugendfreundschaft betont die Beständigkeit der vollkommenen Freundschaft. Aristoteles, Cicero und Montaigne bestreiten nicht, dass tatsächliche Freundschaften häufig scheitern. Insofern die Beständigkeit als Merkmal der *echten* Freundschaft betont wird, findet eine Abwertung aller Beziehungen statt, die die absolute Beständigkeit eben nicht unter Beweis stellen – eine Freundschaft, die scheitert, ist in mindestens diesem einen Punkt nicht an das Ideal herangekommen. Sie kann daher auch für die Zeit, in der sie bestand, eigentlich keine ideale Freundschaft gewesen sein.[6]

Freundschaften werden heute in der Regel als freiwillig gewählte Beziehungen verstanden. Dieses Merkmal dient zunächst vor allem der Abgrenzung gegenüber Familienbeziehungen, in die wir nach alltäglicher Auffassung hineingeboren werden. Somit bezieht sich diese Charakterisierung zunächst primär auf den *Entstehungskontext* der jeweiligen Beziehung. In diesem Sinne vertritt Diane Jeske die Auffassung, dass die Entstehung von Freundschaften als eine komplexe Wahlhandlung rekonstruiert werden kann, die, einmal ausgeführt, Verbindlichkeit schafft. Als eine einfachere, aber in einigen Hinsichten doch vergleichbare Wahlhandlung, führt sie das Versprechen an: Durch eine bewusst und ohne Zwang ausgeführte Sprechhandlung lege ich mich beim Versprechen auf eine zukünftige Handlung fest. Nun entstehen Freundschaften nicht durch einen einzelnen Sprechakt (und auch nicht durch drei oder fünf oder eine beliebige angebbare Menge von Sprechhandlungen), sondern es handelt sich um einen diffusen Prozess von Vorleistungen und Erwiderungen, der uns in der Regel nicht einmal erlaubt, klar zu benennen, ab welchem Zeitpunkt es sich nun tatsächlich um eine Freundschaft handelt. Was Jeske jedoch betont, ist, dass dieser Prozess niemals ohne unser Wissen und unser Einverständnis tatsächlich zu einer Freundschaft führen kann. Denn Freundschaften zeichnen sich ihrer Ansicht nach durch eine spezifische Vertrautheit aus, die weder erzwungen werden kann, noch jemals ohne unser Zutun zustande kommt (Jeske 2008, 227–231).

Nach Auffassung von Jeske bleibt die Freiwilligkeit der Freundschaft auf ihre Entstehung beschränkt. Die Verpflichtung, die wir vergleichbar einem Versprechen in der Freundschaft auf uns nehmen, bezieht sich ihrer Ansicht nach gerade darauf, die entstandene Vertrautheit und damit die Freundschaft aufrechtzuerhalten:

> Während andere Projekte es dem Handelnden manchmal moralisch erlauben, nicht jedoch moralisch abverlangen, das Projekt auf Kosten des allgemeinen Interesses zu verfolgen, erzeugt die Freundschaft wegen ihres grundsätzlich gemeinschaftlichen Charakters Verpflichtungen, nämlich moralische Forderungen des Typs, sich weiterhin für den anderen zu interessieren und die Vertrautheit aufrechtzuerhalten. Um sich solcher Tatsachen bewußt zu werden, müssen die Handelnden über das Wesen ihrer Freundschaft nachdenken, sonst werden sie ihre Verpflichtungen nicht erkennen. Der gemeinschaftliche Charakter der Freundschaft kann allerdings ohne viel Nachdenken erkannt werden: Von Personen kann erwartet werden, zu wissen, daß sie ein gemeinsames Projekt entwickelt haben, wenn sie eine enge Beziehung zu einer anderen Person aufbauen. (Jeske, 2008, 232–233)

Nach Jeske ergibt sich diese Verpflichtung aus der Einsicht in den gemeinschaftlichen Charakter der Freundschaft. Das Projekt Freundschaft kann nur als gemeinsames Projekt überdauern, also bezieht sich unsere Pflicht darauf, diesen gemeinsamen Aspekt im Sinne der bestehenden Beziehung aufrechtzuerhalten. Alternativ ließe sich argumentieren, dass Freundschaften eine soziale Praxis darstellen, deren Regeln wir kennen, bevor wir uns entscheiden, an ihr teilzunehmen. Die Einordnung der Freundschaft als soziale Praxis werde ich in Kapitel 4.1 näher erläutern. Die Praxis der Freundschaft umfasst, so ließe sich Jeskes Annahme anders formulieren, die Verpflichtung, die begonnene Beziehung aufrechtzuerhalten, wie etwas das Fußballspielen die Regel umfasst, den Ball nicht mit der Hand zu spielen und nicht vor Ende der Partie auszusteigen. Da wir bereits mit der Praxis vertraut sind, müssen wir nicht konkret benennen, wozu wir uns verpflichten. Der Vergleich zeigt aber auch, warum das Argument nicht notwendig überzeugen kann: Es gibt viele soziale Praktiken mit gemeinschaftlichem Charakter (eben beispielsweise auch das Fußballspielen) die auf eine begrenzte Dauer hin angelegt sind.

Entsprechend wird die Freiwilligkeit der Freundschaft nicht immer allein in Bezug auf ihre Entstehung gedeutet. Eine viel umfassendere Lesart dieses Merkmals von Freundschaften findet sich bei Magdalena Hoffmann (2014). Hoffmann unterscheidet schon in Bezug auf die Entstehung zum einen die Möglichkeit der Auswahl, mit *wem* wir eine Freundschaft beginnen wollen, zum anderen die freie Entscheidung, ob wir *diese* möglicherweise schon im Entstehen begriffene Beziehung weiterverfolgen oder aufgeben möchten. (Auch die Entscheidung, ob wir überhaupt Freundinnen in unserem Leben wollen, kann als eine freiwillige begriffen werden.) Über den Entstehungskontext hinaus bezieht sich die Freiwilligkeit bei Hoffmann aber auch auf die Ausgestaltung der Beziehung – wie genau wir unsere Freundschaft führen wollen, ist nicht von außen vorgegeben, sondern mindestens teilweise von uns zu entscheiden. Zuletzt begreift Hoffmann auch die Option zum Ausstieg als einen notwendigen Aspekt der Freiwilligkeit von Freundschaften:

> The fourth aspect of choice, the exit option, seems rather to be a background condition for the voluntary character of friendship. Although we do not intensely reflect upon the termination of relationships when we enter them, it is important to know that we may exit when something goes seriously wrong or when we become estranged from the friend. (Hoffmann 2014, 195)

Die konkreten Fälle, die Hoffmann hier betrachtet, beziehen sich zwar auf besondere Umstände – etwas *läuft falsch* oder die Freundinnen *entfremden sich voneinander*. Dennoch wird die Ausstiegsoption hier nicht auf ein Ergebnis des Scheiterns der Beziehung reduziert. Die Option des Ausstiegs wird hier als Hintergrundbedingung gefasst, die nicht mit einem starken Anspruch an Verbindlichkeit übereinzubringen ist. Offensichtlich weichen Jeske und Hoffmann in ihrer konkreten Antwort auf die Frage, wie weit die Freiwilligkeit der Freundschaft zu verstehen ist, also weit voneinander ab. Weder Jeske noch Hoffmann erläutern ausführlich, welcher besondere Wert sich ihrer Ansicht nach für Freundschaften aus der jeweils vertretenen Perspektive ergibt – wir können hier lediglich festhalten, dass Jeske den gemeinsamen Charakter, Hoffmann hingegen die Freiwilligkeit der Beziehung betont.

Anthony Giddens führt näher aus, worin seiner Ansicht nach das besondere Moment einer als freiwillig verstandenen Beziehung liegt. Giddens nimmt an, mit seiner Konzeption *reiner Beziehungen* eine heute weit verbreitete Anspruchshaltung in Bezug auf persönliche Beziehungen einfangen zu können. Zentral ist für diese Konzeption der Gedanke, dass solche Beziehungen um ihrer selbst willen bestehen:

> A friend is defined specifically as someone with whom one has a relationship unprompted by anything other than the rewards that that relationship provides. One might become friendly with a colleague, and the proximity at work or shared interest generated at work might help instigate the friendship – but it *is* a friendship only in so far as the connection with the other person is valued for its own sake. (Giddens 1997, 90)

Giddens spricht von ‚rewards', von der Entlohnung oder dem Gewinn, den wir aus einer Freundschaft ziehen. Inhaltlich geht es ihm aber nicht so sehr um die Frage, worin dieser Gewinn oder Wert eigentlich konkret besteht, sondern vor allem um die Feststellung, dass *nichts als* die in der Freundschaft verwirklichten Werte als angemessener Grund für den Erhalt der Beziehung gesehen werden. Der Anspruch, dass die Beziehung um ihrer selbst willen als wertvoll wahrgenommen wird, so Giddens, kann nur ernsthaft gestellt werden, wenn prinzipiell die Möglichkeit existiert, dass eine Freundschaft endet, und diese Möglichkeit den Beteiligten auch bewusst ist. Nur dann können die Freundinnen hinterfragen, ob ihre gegenwärtige Beziehung diesem Anspruch noch gerecht wird oder nicht. Stellen wir also den Anspruch, dass eine Freundschaft um der Beziehung selbst willen wertgeschätzt werden muss, dann muss der Anspruch auf Dauerhaftigkeit zumindest relativiert werden.

Giddens weist darauf hin, dass die reine Beziehung umgekehrt auch nicht ganz ohne einen Anspruch auf Verbindlichkeit auskommt. Er spricht in diesem Kontext von *Commitment:*

> Commitment, within the pure relationship, is essentially what replaces the external anchors that close personal connections used to have in pre-modern situations. [...] What is the 'committed person' in the context of a close relationship? She or he is someone who, recognizing the tensions intrinsic to a relationship of the modern form, is nevertheless willing to take a chance on it, at least in the medium term [...]. Commitment is recognised by participants to buy time: to provide emotional support which is guaranteed to persist through at least some of the perturbations which the relationship might undergo. (Giddens 1997, 93)

Eine mindestens mittelfristige Festlegung ist notwendig, damit die Beziehung überhaupt ein gewisses Maß an Sicherheit bieten kann. Zu klären bleibt die Frage, *worauf* sich die Freundinnen hier festlegen. Das *commitment* der Freundinnen soll verhindern, dass die Freundschaft am ersten Problem zerbricht, ohne den Anspruch zu untergraben, dass die Freundinnen in der Freundschaft jeweils um ihrer selbst und der gemeinsamen Beziehung willen – und ausschließlich auf dieser Basis – geschätzt werden. In diesem Spannungsfeld von Freiwilligkeit und Verbindlichkeit ist es sinnvoll anzunehmen, dass sich die Verpflichtung nicht auf die Grundeinstellung der Freundinnen bezieht, die nur bedingt ihrer eigenen Kontrolle unterliegt: Sie können nicht einfach entscheiden, ob Sie die Freundin bzw. die gemeinsame Freundschaft noch wertschätzen oder nicht, denn bei der hier geforderten Wertschätzung handelt es sich um eine emotionale Einstellung. Emotionale Einstellungen unterliegen jedoch nur bedingt unserer Kontrolle (Giddens 1997, 88–98). Die Freundschaft umfasst dann keine Verpflichtung zum Erhalt der Freundschaft. Wohl aber können wir sinnvoll von einer Verpflichtung ausgehen, die sich auf das *Bemühen* um die Beziehung richtet, ohne die Möglichkeit des Scheiterns dieser Bemühungen auszublenden. Dieses Bemühen wird in den meisten Fällen vor allem darin bestehen, sich Zeit für die Beziehung zu nehmen und Bereitschaft für Aushandlungsprozesse und Veränderungen zu signalisieren.

Die Betonung der Freiwilligkeit bringt einen bestimmten Wert von Freundschaften in den Blick – nämlich die Möglichkeit, über die Wahl der Menschen, mit denen wir Zeit verbringen, auch unsere eigene Identität zu formen. Indem wir Freundinnen wählen, wählen wir gleichzeitig, wer wir sind. Die hier gegebene Freiheit erscheint zunächst größer, wenn wir durch diese Wahl nicht festgelegt sind, sondern unsere Entscheidung in Bezug auf unsere Freundinnen ändern, und damit auch unsere eigene Identität wiederum anpassen können. Freiheit kann in Freundschaften jedoch auf vielfältige Weise verstanden werden. Von Freiheit wird in unserer Gesellschaft vorwiegend gesprochen, wenn es um die Möglichkeit geht, sich aus Verpflichtungen und Bindungen zurückzuziehen. Dabei kann der negativen Freiheit als einer Freiheit *von* etwas auch der Begriff der positiven Freiheit als einer Freiheit *zu* bestimmten Dingen an die Seite gestellt werden.[7]

Axel Honneth (2011) verwendet zudem den Begriff der sozialen Freiheit, um reflexiv zustimmungsfähige Handlungssysteme zu bezeichnen, in denen wir uns in Bezug auf andere zwar selbst beschränken, jedoch gerade dadurch erst wichtige Zwecke verwirklichen können. Die persönliche Beziehung schafft Freiheit, insofern sie trotz der gesellschaftlichen Praxis, die ihre Rahmenbedingungen festlegt, „nach außen wie nach innen als eine zwanglose Formgebung von rein spontanen Antrieben erlebt wird." (Honneth 2011, 235) Die Übernahme von Rollen in dieser Beziehung wird dann nicht als Einschränkung, sondern als Möglichkeit der gemeinsamen Selbstverwirklichung verstanden.

Die Freiheit, die auf diese Weise in persönlichen Beziehungen verwirklicht wird, ist bei Honneth eine von mehreren Formen sozialer Freiheit, die sich in relevanten Hinsichten unterscheiden:

> Die komplementären Rollenverpflichtungen, durch die die Praktiken der Freundschaft heute bestimmt sind, ermöglichen eine wechselseitige Offenlegung von Gefühlen, Einstellungen und Absichten, die ohne den jeweils anderen kein Gehör fänden und damit als nicht darstellbar empfunden werden müßten. (Honneth 2011, 248)

Honneth merkt zusätzlich an, dass wir von dieser Erfahrung üblicherweise nicht (mehr) mit dem Vokabular der Freiheit sprechen, stellt dem jedoch die These entgegen, dass es gerade diese Freiheit ist, die wir in Freundschaften primär suchen (Honneth 2011, 248). In Freundschaften, so der Gedanke, verwirklichen wir unsere Freiheit dadurch, dass wir bestimmte Rollen auf Basis einer freien Entscheidung übernehmen und uns darin selbst verwirklichen. Darüber hinaus bieten uns Freundschaften (sowie auch andere persönliche Beziehungen, insbesondere Partnerschaften) die spezifische Freiheit, unser Gefühlsleben, unsere Absichten und Zweifel einer anderen Person gegenüber zu offenbaren. Nach Ansicht von Honneth handelt es sich gerade hierbei um einen zentralen Wert der Freundschaft.

Ist die Perspektive der Freundinnen auf die Freiheit im Sinne der Selbstverwirklichung der Beteiligten fokussiert, kann sie der Freiheit zur Bindung nur einen begrenzten Raum einräumen. Es bleibt die Möglichkeit bewusst, dass die der Freundschaft zugrundeliegende Einstellung verlorengehen kann und so ein Ende der Beziehung herbeigeführt wird. Obwohl diese Möglichkeit aus der Außenperspektive immer als real zu betrachten ist, erscheint es nicht notwendig, dass die Freundinnen diese Perspektive einnehmen. Die Option bleibt bestehen, die Möglichkeit eines Beziehungsendes auszublenden, um stattdessen die absolute Verbindlichkeit der Beziehung zu betonen, *obwohl* diese nicht wirklich garantiert werden kann – eine Option, die gerade in romantischen Partnerschaften häufig präferiert zu werden scheint. In diesem Fall ist die Freiheit zur Bindung Grundlage des Selbstverständnisses der Freundinnen, de facto steht diese dennoch weiterhin in einem Spannungsverhältnis zur Freiheit der individuellen Selbstverwirklichung und zur eingeschränkten Kontrolle über die eigenen Emotionen und damit auch über die für die Beziehung notwendige Wertschätzung der anderen.

Das Spannungsverhältnis zwischen Freiheit zur individuellen Selbstverwirklichung und Freiheit zur Bindung kann in einer Freundschaft also nicht vollständig aufgehoben werden. Die konkrete Beziehung kann die Freiheit in der einen oder anderen Hinsicht betonen, und damit entweder die authentische Wertschätzung herausstellen, die in der Beziehung zum Ausdruck kommt, jedoch mit ihrer Bedingtheit einhergeht, oder den verbindlichen Charakter der Vertrauensbeziehung und die daraus gewonnene Sicherheit, die dann jedoch ein Stück weit als Illusion zu betrachten ist.

4 Zentrale Merkmale von Freundschaften

Die Freundschaft ist nicht nur in der Philosophie ein Forschungsthema. Auch in Soziologie, Anthropologie, Ethnologie und in den Kulturwissenschaften setzt man sich mit Fragestellungen des Themenbereichs Freundschaft auseinander. So wirft Ursula Nötzoldt-Linden einen Blick auf die Entwicklung des Freundschaftsverständnisses, mit dem Ziel, „eine Vorstellung von der soziokulturellen Spannweite und Vielschichtigkeit der Freundschaft im Geschichtsverlauf zu vermitteln" (Nötzoldt-Linden 1994, 34). Das heroische Freundschaftsbündnis zwischen Kriegern zu Zeiten Homers, die primär durch militärische Verpflichtungen aneinander gebunden sind, unterscheidet sich offensichtlich in vielen Hinsichten vom Ideal der dyadischen Freundschaft bei Augustinus, deren Ursprung in der Liebe zu Gott gesehen wird (Nötzoldt-Linden 1994, 46). Tilo Grätz betont in Bezug auf Studien zu Freundschaft in Afrika die Notwendigkeit, Freundschaften als eingebettet zu betrachten, „in a particular local and varying *moral matrix* that determines the values attached to any friendship relation in a given society" (Grätz 2011, 355). Durch die vergleichende Perspektive kommt hier jeweils die Vielfältigkeit von Idealbildern und praktisch gelebten Formen von Freundschaft in den Blick.

Wenn man die Unterschiedlichkeit von historischen und kulturellen Formen von Freundschaft akzeptiert und auch die Legitimität vergleichender Forschungsvorhaben anerkennt, kann aus der Perspektive der Philosophie dann noch sinnvoll nach *einer* Konzeption der Freundschaft gefragt werden? Müssen wir dieses Vorhaben nicht in Anbetracht der vielfältigen Ergebnisse empirischer Forschung aufgeben und anerkennen, dass sich Vorstellungen von Freundschaft abhängig vor allem von Kultur und Epoche, aber auch von gesellschaftlicher Schicht und Alter unterscheiden? Schon ein genauerer Blick auf die Untersuchungen von Grätz lässt erkennen, dass dies nicht notwendig die Konsequenz sein muss. Als Einstiegsbeispiel für einen Unterschied in Freundschaftspraktiken wirft der Autor einen Blick auf den Geldverleih: Während es in einer Region üblich ist, auch wiederholt kleinere Summen von Freundinnen zu leihen, bis sich durchaus beträchtliche Beträge an Schulden angesammelt haben, wird in einer anderen Gruppe das Leihen von Geld in Freundschaften vermieden, da es als unangemessen gilt, Geld von Freundinnen zurückzufordern (Grätz 2011, 355). Hier geht es nicht um große Unterschiede in der Frage, was Freundschaft für die Einzelne bedeutet, sondern um konkrete Praktiken. Grätz betont gerade, dass einige zentrale Kriterien wichtig sind, um Freundschaften unabhängig von ihrer kulturellen Erscheinungsform identifizieren zu können:

> We could [...] empirically describe a relationship as ‚friendship' even though actors refer to other dominant terms, such as brothers, etc., on the basis of some pertinent criteria such as a high degree of intimacy, trust, an attitude of sharing, intensive exchange of relations, and a sense of equity and (both emotional and material) support. (Grätz 2011, 356)

Grätz weist explizit darauf hin, dass diese Bezeichnung in einigen Fällen nicht mit der Sprachpraxis der entsprechenden Gruppe übereinstimmen wird, dass eine Bestimmung über zentrale Merkmale jedoch notwendig ist, um vergleichende Perspektiven zu ermöglichen. Und die hier beispielhaft benannten Merkmale sind gerade solche, die in der philosophischen Diskussion um Freundschaften herausgestellt werden. Dass Freundschaft auch in (manchen) kulturübergreifenden Studien auf eine Weise verstanden wird, die zumindest mit (manchen) philosophischen Positionen vereinbar ist, lässt sich als Indiz werten, dass die philosophische Auseinandersetzung mit Freundschaften nicht ganz an der Realität vorbeigeht.

Um die spezifisch philosophische Auseinandersetzung mit dem Thema Freundschaft zu verstehen, ist es hilfreich, den Unterschied zwischen einer deskriptiven und einer normativ-evaluativen Verwendungsweise des Begriffs deutlich zu machen. Dietmar Heidemann schreibt dazu:

> Freunde zu haben und Freundschaften zu pflegen, erachten wir in der Regel als gut und in unserem Leben als erstrebenswert. Die Idee der Freundschaft ist daher im Grunde eine moralphilosophische Idee. Sie normiert, wie eine besonders vertrauliche Beziehung zwischen Menschen beschaffen sein soll. (Heidemann 2012, 43)

Wir können als Wissenschaftlerinnen unsere Gesellschaft beobachten und beschreiben, welche Beziehungen mit dem Begriff der Freundschaft bezeichnet werden. Dann setzen wir uns in rein deskriptiver Weise mit der Freundschaft auseinander. Anders verhält es sich, wenn wir ein ethisches Anliegen verfolgen: Wird Freundschaft als wertvoll für ein gutes Leben betrachtet, dann muss der Begriff die Aspekte der Freundschaft einfangen, die die Realisierung ihres spezifischen Wertes ermöglichen. Der Begriff wird dann in normativer Weise verwendet. Dass bestimmte Fälle gelebter Freundschaften hinter den in diesem Begriff verankerten Erwartungen zurückbleiben, ist dann ein Anlass zu Kritik. Nur in diesem Sinne kann Heidemann in Bezug auf Facebookfreundschaften von einem „Missbrauch" des Begriffs sprechen (Heidemann 2012, 43–44).

Die Rede von einem normativen Begriff der Freundschaft oder von Freundschaft als einer normativen Idee ist jedoch noch recht vage und soll hier zunächst mit Bezug auf einige hilfreiche Unterscheidungen von Herbert Schnädelbach präzisiert werden. Das Adjektiv ‚normativ' bezieht sich auf Normen, die beanspruchen, einen Maßstab „für das Gute und Verbindliche" darzustellen (Schnädelbach 1992, 80). Wir haben es den Unterscheidungen von Schnädelbach gemäß im Kontext der Freundschaft zunächst mit Gegenstandsnormen zu tun, die wiederum in Normalnormen, (Minimal-)Standards und Idealnormen unterschieden werden können. Eine Norm der Freundschaft kann sowohl im Sinne einer Idealnorm als auch im Sinne eines Standards gefasst werden: Ein Ideal, wie Aristoteles es entwirft, hält uns ein Ziel vor Augen, auf das wir hinarbeiten, selbst, wenn wir es vielleicht nie vollständig erreichen können. Die zentralen Merkmale von Freundschaften, die ich im Folgenden herausarbeite, sollen als Standard verstanden werden. Sie kennzeichnen einen Schwellenwert, ab dem wir in einem anspruchsvollen und moralphilosophisch relevanten Sinn von Freundschaften sprechen können und damit explizit einen engen Begriff der Freundschaft im Unterschied zur eher weiten alltäglichen Verwendungsweise begründen (Schnädelbach 1992, 88–89). Die zentralen Kriterien eines Standards können auch als konstitutive Bedingungen formuliert werden: Es werden Bedingungen benannt, die erfüllt sein müssen, damit der angelegte Standard erfüllt ist. Insofern es hier um einen moralphilosophischen Standard geht, werden sich diese Bedingungen auf die Verwirklichung von Werten beziehen, oder auf solche Eigenschaften von Freundschaften, die gegeben sein müssen, damit die Verwirklichung bestimmter Werte überhaupt erst ermöglicht wird. Insofern Freundschaften eine soziale Praxis darstellen, die nicht nur kulturellen und historischen Veränderungen unterliegt, sondern auch von den Freundinnen selbst in vielen Hinsichten konkret ausgestaltet wird, müssen die hier formulierten Bedingungen notwendig vage bleiben, um der Vielfältigkeit der tatsächlichen Praxis Raum zu lassen. Um Freundschaften und ihre spezifische Normativität besser zu verstehen, wird in diesem Kapitel sowohl die der Freundschaft zugrundeliegende Einstellung, als auch ihre Praxis und insbesondere der gegenseitige Bezug der Freundinnen thematisiert. Daraus ergeben sich zum Teil Antworten auf die oben gestellten Streitfragen, die dazu beitragen, eine mögliche Konzeption enger Freundschaften erkennbar werden zu lassen.

4.1 Freundschaft als soziale Praxis

Um Freundschaft als soziale Praxis zu verstehen, ist es zunächst notwendig zu erläutern, was in den Sozialwissenschaften und in der philosophischen Sozialtheorie heute mit dem Begriff einer *sozialen Praxis* gemeint ist.

Bei jeder sozialen Praxis handelt es sich zunächst um eine *Praxis*, was sich über folgende Merkmale ausbuchstabieren lässt:

> (1) Als Praxis bezeichnet man [...] selten Einzelhandlungen, vielmehr handelt es sich typischerweise um eine *Abfolge von mehreren Handlungen*, verbalen oder nonverbalen Äußerungen und Gesten.
> [...]
> (2) [...] Als Praxis wird [...] nur etwas bezeichnet, das in einem bestimmten Sinne *wiederholt* und *gewohnheitsmäßig* ausgeführt wird. (Jaeggi 2014, 95 – 96, Hervorhebungen i. O.)

Praktiken sind komplex strukturiert und umfassen mehr als einzelne Handlungen. Aber auch eine Abfolge von Handlungen würden wir nicht unter den Begriff der Praxis fassen, wenn sie nur einmal auftritt. Erst das wiederholte Auftreten einer Handlungsabfolge lässt uns diese als Praxis begreifen.

Die meisten Praktiken, die wir aus unserem Alltag kennen, stellen in dem hier verstandenen Sinne *soziale* Praktiken dar: Die Ehe, das Einkaufen im Supermarkt, Tennisspielen sind Beispiele für soziale Praktiken. Selbst unser individuelles Ritual der abendlichen Zahnpflege ist insofern eine soziale Praxis, als wir uns dabei diverser Hilfsmittel wie Zahnbürste und Zahnseide bedienen, die gesellschaftlich etabliert sind, aber auch, insofern wir uns auf gesellschaftlich geteiltes Wissen beziehen, was gute Zahnpflege bedeutet.

> (3) Praktiken sind *sozial verfasst*. [...] Sozial sind diese Praktiken in dem grundlegenden Sinne, dass sich das, was hier getan wird, nur in einem Kontext sozial geprägter Bedeutungen und als Zug innerhalb sozial konstituierter Institutionen (in einem weiten Sinn) verstehen lässt. (Jaeggi 2014, 96 – 97).

Es sind aber nicht soziale Institutionen und geteiltes Wissen allein, durch die eine soziale Praxis verständlich wird. Die Handlungsmuster einer sozialen Praxis lassen sich weder *allein durch* noch *ohne* Rückgriff auf Intentionen der handelnden Subjekte erklären:

> Für soziale Interaktionen relevante Intentionen lassen sich vielmehr erst innerhalb der durch Praktiken konstituierten Kontexte und Systeme praktischer Unterscheidungen in ihrer vollen Relevanz begreifen. Aber Praktiken sind auch keine ‚objektiven' sinnfreien Zusammenhänge, die sich ohne Referenz auf die Subjekte beschreiben ließen. Praktiken sind vielmehr übersubjektive, objektivierte, durch Bedeutungen konstituierte Zusammenhänge von Handlungsmustern, in denen sich Subjekte zu den objektiven und subjektiven Bedingungen ihres Handelns in ein Verhältnis setzen können. (Stahl 2013, 263)

Hier wird deutlich, dass in allen sozialen Praktiken ein gewisser Gestaltungsspielraum gegeben ist: Wir sind nie gezwungen, einer Praxis blind zu folgen, sondern können uns in der Ausübung zu ihren Regeln verhalten und vorgegebene Muster abändern.

Eine soziale Praxis ist zudem regelgeleitet:

> Die Fähigkeit von Individuen, an kollektiven Haltungen teilzunehmen, beruht nämlich auf ihrer Vertrautheit mit *allgemein anerkannten Normen* hinsichtlich kollektiver Handlungstypen: Wir alle sind dank unserer Sozialisation in bestimmten Gemeinschaften damit vertraut, was es heißt, gemeinsam spazieren zu gehen, gemeinsam Kinder zu erziehen, gemeinsam zu diskutieren oder gemeinsam politisch zu handeln. (Stahl 2013, 256, Hervorhebung i.O.)

Die Normen oder Regeln der sozialen Praxis lassen sich weiter unterscheiden. Zum einen gibt es *konstitutive Regeln*, die festlegen, wann eine Abfolge von Handlungen überhaupt als Instanz einer Praxis verstanden werden kann. Wird eine konstitutive Regel verletzt, so erlangen die involvierten Personen typischerweise nicht den Status, den die Praxis verspricht – wer sich das Ja-Wort gibt, jedoch vorher schon verheiratet war und nicht geschieden wurde, der ist keine Ehe eingegangen (Stahl 2013, 263). Aus der Rolle, die wir innerhalb der Praxis einnehmen, ergeben sich dann gleichzeitig Berechtigungen und Verpflichtungen, die mit einem Status verbunden sind. Es gibt also Regeln, die sich darauf beziehen, wie sich eine Ehefrau unserem Verständnis nach innerhalb einer Praxis verhalten *sollte*. Eng verbunden mit diesen Verhaltensnormen sind Regeln der Bewertung von gutem und schlechtem Verhalten innerhalb der Praxis, die auch von Dritten auf die Beteiligten einer Praxis angewendet werden können: Wenn innerhalb der Ehe die Regel gilt, dass eine Ehefrau ihren Ehemann nicht belügen soll, dann wird eine Frau, die gegen diese Regel verstößt, als *schlechte* Ehefrau verurteilt. Im Unterschied zu den konstitutiven Regeln haben diese evaluativen Regeln jedoch nicht notwendig einen Einfluss auf ihren Status – sie bleibt seine Ehefrau (Stahl 2013, 263–267).

Soziale Praktiken können nicht nur über die Beschreibung der zu ihnen gehörenden Handlungsabfolgen und geltenden Normen, sondern auch unter Bezug auf ihre Ziele unterschieden werden, also in Bezug auf die Güter oder Werte, die in ihnen verwirklicht werden sollen. (Ich werde den Begriff der Güter im Folgenden weitgehend vermeiden, weil er häufig mit materiellen Gütern assoziiert wird, und stattdessen von Werten der Freundschaft sprechen. Die Begriffe ‚Ziel' und ‚Zweck' werden von mir austauschbar verwendet.) Der Verweis auf das Ziel oder die Werte einer Praxis macht verständlich, warum Personen an ihr teilnehmen. Er bietet zudem eine wichtige Grundlage für die Möglichkeit von Kritik an sozialen Praktiken – diese kann kurz gesagt entweder mit dem Hinweis geübt werden, die Ziele einer konkreten Praxis seien es nicht wert, verfolgt zu werden, oder aber die Kritik kann versuchen aufzuzeigen, dass die bestehende Praxis nicht geeignet ist, die Werte zu realisieren, die wir in ihr zu verwirklichen suchen.

Freundschaften umfassen eine Reihe komplexer Handlungsabfolgen, die als soziale Praktiken verstanden werden können. Freundinnen werden *typischerweise* miteinander telefonieren und sich verabreden, gemeinsame Ausflüge unternehmen, einander in die eigene Wohnung einladen, oder zu bestimmten Anlässen Geschenke austauschen. Sie werden einander über zentrale Ereignisse in ihrem Leben wie Jobwechsel, oder Todesfälle in der Familie informieren und in einigen Kontexten Rat suchen, wie zum Beispiel bei Schwierigkeiten in der Kindererziehung oder Problemen im Umgang mit Kollegen. Es fällt etwas schwerer, Freundschaften selbst als komplexe Handlungsabfolgen zu greifen, da keine der hier genannten Handlungen uns notwendig erscheint, um vom Vorliegen einer Freundschaft zu sprechen. Die Ausgestaltung der Praxis einer konkreten Freundschaft ist stark vom kulturellen Kontext, sozialen Milieu und individuellen Präferenzen abhängig. Trotzdem ist es plausibel anzunehmen, dass einige dieser und ähnlicher Handlungen eine Freundschaft ausmachen.

Wichtig ist hier die Feststellung, dass wir uns üblicherweise für kompetent halten, Freundschaften anhand von Handlungsmustern zu erkennen: Trotz aller Variabilität trauen wir uns zu, Freundschaften Dritter zu identifizieren, ohne auf eine explizite Selbstaussage der Involvierten angewiesen zu sein. Wenn zwei Studentinnen viel Zeit miteinander verbringen, regelmäßig gemeinsam Fußball schauen, ihre Stundenpläne weitgehend aufeinander abstimmen, in Seminaren und Vorlesungen nebeneinandersitzen und über die Gründe für Abwesenheiten der anderen Bescheid wissen, dann werden wir annehmen, dass sie Freundinnen sind. Selbst ein explizites Dementi der Beteiligten mag uns nicht vom Gegenteil überzeugen, wenn wir die relevanten Verhaltensweisen weiterhin beobachten. Während also näher zu bestimmen bleibt, was die gewohnheitsmäßigen Handlungsabfolgen in Freundschaften auszeichnet, so können wir doch festhalten, dass es solche Handlungsmuster gibt. Wir können von den genannten Beispielen auf abstraktere Handlungstypen schließen, um diese Fähigkeit verständlich zu machen: Die Praxis der Freundschaft umfasst in aller Regel kommunikative Handlungen, in denen Freundinnen Informationen und Erfahrungen austauschen. Sie umfasst Tätigkeiten, die in der einen oder anderen Weise der gegenseitigen Unterstützung dienen. Freundinnen verfolgen in der Regel einige gemeinsame Tätigkeiten allein deshalb, weil sie Spaß an diesen Tätigkeiten haben. Zudem sind Gesten, die Ausdruck der gegenseitigen Wertschätzung sind, typisch für Freundschaften. Begegnen wir Menschen, die Handlungen dieser Art mit großer Regelmäßigkeit ausführen, werden wir sie als Freundinnen identifizieren.

Um die soziale Verfasstheit der Freundschaft in den Blick zu bekommen, können wir auch die Entstehung von Freundschaften betrachten. Eine Einladung zum gemeinsamen Fußballgucken kann unter den richtigen Umständen als eine Handlung verstanden werden, die das Ziel verfolgt, eine Freundschaft zu schließen. In *dieser Funktion* kann meine Einladung aber nur dann verstanden werden, wenn ich ein Wissen um die Praxis der Freundschaft voraussetze. Bestimmte Handlungen, wie *Einladen*, *Verabreden*, *Telefonieren* sind also auch ohne den

Bezug auf die Praxis der Freundschaft möglich, haben im Kontext dieser Praxis jedoch eine besondere Funktion. Wir verorten sie in diesem Kontext, wenn sie in größerer Regelmäßigkeit auftreten, wenn erkennbar wird, dass es der einladenden Person weniger um ein bestimmtes Vorhaben oder Anliegen geht, als um das gemeinsame Tun. Um zum Entstehen einer Freundschaft beizutragen, müssen die entsprechenden Handlungen zudem von der Gegenseite erwidert werden. Wir schreiben uns selbst und anderen Mitgliedern unserer Gesellschaft die Fähigkeit zu, zu erkennen, wann jemand eine Freundschaft zu schließen versucht. Wir besitzen dieses Wissen nicht nur aufgrund eigener Erfahrungen, sondern auch, weil es sozial und kulturell vermittelt wird – unsere Eltern, Geschwister und viele andere Menschen berichten uns von Freundschaften, unsere Vorstellung speist sich aus Büchern, Spielfilmen und Fernsehserien.

Die trotz der gegebenen Praxis vorhandenen Handlungsspielräume der Freundinnen in Bezug auf ihre Ausgestaltung sind in der Freundschaft leicht erkennbar. Die Freundinnen können aus vielen konkreten typischen Handlungen wählen und auch Schwerpunkte in den Handlungstypen festlegen – einige Freundinnen reden mehr miteinander, andere verbringen mehr Zeit in der Verfolgung gemeinsamer Hobbys. Die konstitutiven Regeln der Freundschaft hingegen sind weniger leicht zu erfassen als im Fall anderer sozialer Praktiken. Es fällt uns nicht notwendig leicht, zu erkennen, wann genau eine Freundschaft beginnt und wann sie endet. Das ist unter anderem darauf zurückzuführen, dass Freundschaften in unserer Gesellschaft nicht rechtlich institutionalisiert sind. Dennoch gehe ich davon aus, dass sich konstitutive Merkmale von Freundschaften benennen lassen, die in der Einstellung, im gegenseitigen Bezug und im gemeinsamen Handeln zu verorten sind.

4.2 Wertschätzung

Der normative Anspruch der Freundschaft ist zunächst in der zugrunde gelegten Einstellung zu verorten: Wir gehen davon aus, dass es zur Freundschaft gehört, eine bestimmte Einstellung gegenüber der Freundin aufzuweisen. Aristoteles hatte die Einstellung der Freundschaft als Wohlwollen beschrieben, die Übersetzung von Cicero gibt das lateinische Äquivalent (*benevolentia*) heute mit Zuneigung wieder. In der aktuellen philosophischen Diskussion ist es eher der Begriff der Liebe, der uns hier weiterhelfen wird.

Wenn mit jemandem befreundet zu sein bedeutet, dass man diesen Menschen liebt, dann lässt sich zunächst die Frage formulieren, worauf diese Liebe beruhen kann. Für Aristoteles ist allein die Wertschätzung auf Grundlage der Tugend eine angemessene Basis für Freundschaft. Wir haben aber gesehen, dass dieser Verweis auf Tugend nicht leicht zu verstehen ist. Der Verweis auf die bloße Eigenschaft, *dass* jemand tugendhaft ist, hat sich bei näherer Betrachtung als nicht hinreichend erwiesen. Bei Cicero ist stattdessen von umfassender Übereinstimmung die Rede. Montaigne verweist auf die Person der Freundin, die nur als Ganze als Gegenstand der Liebe und Wertschätzung verstanden werden kann, während jeder Verweis auf einzelne Eigenschaften eine unzulässige Reduktion darstelle. Der Anspruch, den alle drei Positionen einzufangen versuchen, ist der, dass die Wertschätzung sich auf die Person *an sich* beziehen soll. Anders wird der Anspruch oft so formuliert, dass wir eine Person um *ihrer selbst willen* wertschätzen. Mit Kant lässt sich diese Bezugnahme einer instrumentellen Perspektive auf die andere entgegensetzen. Aber damit haben wir zugleich eine moralische Grundhaltung gekennzeichnet: Auch eine altruistische Handlung gegenüber einer Fremden wird im Allgemeinen dadurch gekennzeichnet, dass wir etwas *für sie um ihrer selbst willen* tun, und nicht, weil wir uns einen persönlichen Vorteil davon erhoffen (Kant 1976, 428; 1977, A116 – A121, A140, A152 – 154). Für Freundschaften müssten wir ergänzen: Die Freundin wird *um ihrer selbst willen und in ihrer Besonderheit* wertgeschätzt. Was wir mit dem Bezug auf die Person *an sich* und *in ihrer Besonderheit* einzufangen versuchen, ist der Anspruch, dass sie für uns nicht austauschbar ist. Ich hatte in der Diskussion um die Möglichkeit einer Freundschaft, die allein auf dem Streben nach eigenem Nutzen beruht, herausgestellt, dass eine solche Position die Bedeutung von *Freundschaften* einfangen kann, nicht aber die Bedeutung der spezifischen *Freundin*. In engen Freundschaften aber, diesen Anspruch stellen wir sicher auch heute noch, ergibt sich der Wert der Beziehung für uns auch aus der spezifischen Person, mit der wir befreundet sind. Eine enge Freundin ist für uns nicht durch eine andere Freundin ersetzbar.

Eine mögliche Antwort auf dieses Problem liegt in der Annahme, dass die Frage nach einer Basis unserer Wertschätzung an sich falsch gestellt ist. Harry Frankfurt verweist darauf, dass die Frage nach Gründen der Liebe immer voraussetzt, dass wir Liebe als eine Form der rationalen Beurteilung einer Person auffassen. Dieser Beurteilungskonzeption stellt Frankfurt eine Zuschreibungskonzeption der Liebe entgegen:

> The lover does invariably and necessarily perceive the beloved as valuable, but the value he sees it to possess is a value that derives from and that depends upon his love. (Frankfurt 2009, 39)

Frankfurt geht nicht davon aus, dass zwischen Liebe und der Wahrnehmung des Wertes einer Person überhaupt keine Verbindung besteht, sondern er behauptet, dass dieses Verhältnis in umgekehrter Richtung verstanden werden muss: Nicht weil wir den Wert einer Person schätzen, lieben wir sie, sondern weil wir sie lieben, schreiben wir ihr einen Wert zu. Frankfurt nimmt also an, dass Liebe ohne einen Bezug auf den Wert einer Person entstehen kann. Die konzeptionelle Lücke, die dadurch im Hinblick auf die Frage entsteht, *wie* Liebe zustande kommt, schließt er etwas unbefriedigend mit einem knappen Verweis auf vielfältige und kaum durchschaubare natürliche Ursachen (Frankfurt 2009, 38).

Die Position von Frankfurt betont die *Bedingungslosigkeit* der Liebe, die gerade in Eltern-Kind-Beziehungen einen bekannten Topos darstellt. Von Frankfurt wird diese Implikation seiner Theorie als Stärke gewertet, andere Autoren bringen Einwände vor. Troy Jollimore verweist darauf, dass die Bedingungslosigkeit der Liebe in Bezug auf Kinder zwar weitgehend unseren Intuitionen entsprechen mag, dass Frankfurt jedoch auch beansprucht, mit seiner Konzeption Liebe zu Gegenständen einfangen zu können. Der Verweis auf die bedingungslose Liebe zu einer Baseball-Sammelkarte erscheine jedoch erheblich weniger überzeugend (Jollimore 2011, 22). Ähnliche Kritik wie Jollimore übt auch Bennett Helm. Er legt dabei die Unterscheidung von kognitiven und konativen mentalen Zuständen zugrunde: Allein kognitive Zustände können danach beurteilt werden, ob sie mit der Welt übereinstimmen oder nicht und sind in diesem Sinne als rational oder irrational einzuordnen. Konative Zustände können nur nach einem sehr viel schwächeren Rationalitätskriterium beurteilt werden: insofern sie in sich selbst und in Bezug auf andere konative Zustände kohärent sind.[1] Das Standardbeispiel für konative Zustände sind Wünsche, die eben nicht beanspruchen, die Welt abzubilden wie sie ist, sondern darstellen, wie wir sie gerne hätten (Helm 2009b: 20). Helm geht davon aus, dass Zuschreibungsansätze wie der von Frankfurt die Liebe als einen konativen Zustand einordnen. Daraus würde folgen, dass sich nach einer umfassenden Rechtfertigung von Liebe nicht sinnvoll fragen lässt. Auch Helm bemüht zur Stützung seiner Position Alltagsintuitionen:

> Could it be, for example, mere historical accident that I love my wife rather than someone else or no one at all? Moreover, if love does involve a commitment to your beloved, why *should* that commitment be sustained? Why shouldn't I dump my wife when she develops Alzheimer's and so becomes an inconvenient burden on me? Conversely, am I required to stand by my wife come what may, including her transformation into a serial killer or some other kind of inhuman monster? (Helm 2009b, 23)

Hier werden insgesamt drei Intuitionen gegen den Zuschreibungsansatz ins Feld geführt: (1) Helm greift zum einen den Punkt auf, dass eine Erklärung, die die Gründe für unsere Liebe außerhalb der geliebten Person sucht, am Ende dazu führt, dass es als historischer Zufall erscheinen muss, wen wir lieben. Ich mag eine Person dann *als diese Person* schätzen, und sie erscheint mir nicht als austauschbar durch eine andere Person, die dieselben Eigenschaften verwirklicht. Aber wenn ich sie nicht *aufgrund* ihrer Eigenschaften schätze, erscheint die Liebe anderer Menschen auch nicht mehr als Bestätigung unseres individuellen Wertes – sie ist im Zweifelsfall den glücklichen Umständen zu verdanken, oder vielleicht einer rein biologischen Disposition. (2) Zum anderen stellt Helm in Frage, ob sich die normative Verbindlichkeit, die wir persönlichen Beziehungen in der Regel zuschreiben, überzeugend herleiten lässt, wenn wir uns nicht auf gute Gründe für unsere Liebe beziehen können. Wenn keinerlei *Werturteil* möglich ist, das entweder die geliebte Person, meine Liebe zu ihr, oder unsere Beziehung als wertvoll erkennen lässt, woraus sollte sich dann eine normative Verbindlichkeit ergeben? (3) Zuletzt nimmt Helm auf das Problem der Unbeständigkeit Bezug, referiert hier jedoch eine Intuition mit umgekehrten Vorzeichen: Wenn man die Einstellung der Liebe zur anderen im vollen Sinne als bedingungslos versteht, wie Frankfurt es tut, müsste daraus folgen, dass wir einer Person zur Seite stehen, egal wie sehr sie sich verändert. Während Frankfurt dies in Bezug auf die Beziehung von Eltern zu ihren Kindern als plausiblen Gedanken darstellt, verweist Helm darauf, dass es im Kontext einer Partnerschaft und Freundschaft sehr viel weniger plausibel erscheinen mag, die andere noch zu lieben, wenn sie zur Massenmörderin geworden ist. Eine *vollständige Bedingungslosigkeit* der Liebe scheint unsere Intuitionen hier nicht angemessen einfangen zu können. In ähnlicher Weise kritisiert auch Angelika Krebs das Modell von Frankfurt, wenn sie darauf verweist, dass die Betonung der Selbstlosigkeit der Liebe immer mit der Gefahr einhergeht, Unterdrückung und Ausbeutung nicht mehr kritisierbar erscheinen zu lassen (Krebs 2009, 739).[2] Die Eltern-Kind-Beziehung, die Frankfurt als paradigmatisches Beispiel für ein breiteres Phänomen herausgreift, erweist sich hier als unbrauchbare Schablone schon in Bezug auf die Liebe der Partnerschaft. Noch viel weniger kann die Betonung der Bereitschaft zu bedingungsloser Selbstaufgabe im Kontext von Freundschaften überzeugen.

Verteidigen wir die Auffassung, dass sich eben doch Gründe der Liebe benennen lassen, müssen wir uns mit dem Problem der damit scheinbar implizierten Austauschbarkeit auseinandersetzen. Eine ausführliche Darstellung des Problems der Austauschbarkeit liefert Jollimore:

> *The trading-up problem:* if Alighieri loves Beatrice for her lovable properties and along comes Carmen, who has all of Beatrice's lovable properties plus a few more, then reason will require Alighieri to abandon Beatrice in favor of Carmen (on the assumption, at any rate, that he cannot love them both). (Jollimore 2011, 17)

Wenn wir aus Gründen lieben und diese Gründe darin zu sehen sind, dass wir in einer Person B bestimmte Eigenschaften (E, F) schätzen, dann scheint daraus zu folgen, dass wir eine andere Person C genauso lieben müssten, sofern sie nur dieselben Eigenschaften hat, bzw. wir diese Person mehr lieben müssten, sofern wir in ihr eine weitere positive Eigenschaft (E, F und G) erkennen. Wir müssten dann entweder sehr viele Personen lieben, oder aber ständig bereit sein, unsere Liebe auf eine andere Person zu übertragen, die wir als *noch besser* als das frühere Objekt unserer Liebe betrachten.

Das Problem der Austauschbarkeit lässt sich zurückweisen, wenn wir eine Klasse von Gründen als Basis zwischenmenschlicher Liebe identifizieren können, die keine Austauschbarkeit impliziert. Niko Kolodny vertritt einen Beurteilungsansatz, mit dem er das Problem der Austauschbarkeit zu lösen versucht, indem er annimmt, nicht Merkmale einer Person, sondern die *Merkmale unserer Beziehung zu dieser Person* könnten als eine Begründung für unsere Liebe herangezogen werden:

> We will not get beyond this impasse [das Problem der Austauschbarkeit, Anm. S.W.] so long as we assume that any reason for loving a person would have to be a nonrelational feature that she has. This is because, as I will argue, one's reason for loving a person is one's relationship to her: the ongoing history that one shares with her. (Kolodny 2003, 135–136)

Es gibt also durchaus Eigenschaften, die wir als Gründe für eine Beziehung anführen können, ohne dass diese Austauschbarkeit implizieren. Dabei handelt es sich jedoch nicht um generelle Eigenschaften wie Freundlichkeit, Loyalität, Ehrlichkeit etc., die potentiell von vielen Menschen verwirklicht werden können. Gründe für unsere Liebe seien hingegen Merkmale unserer tatsächlich gelebten Beziehungen, und diese sind so spezifisch, dass sie von anderen nicht in gleicher Weise verwirklicht werden können.

Der Verweis auf Beziehungseigenschaften stellt nur dann eine Lösung unseres Problems dar, wenn sich in der Tat aufzeigen lässt, dass diese keine Austauschbarkeit implizieren. Wir könnten als Beziehungseigenschaften angeben, dass wir in unserer Freundschaft gemeinsam tiefgründige Gespräche führen und uns gegenseitig zum Lachen bringen. Unser Treffen am letzten Wochenende ließ uns all diese Beziehungseigenschaften verwirklichen. Du bist als meine Freundin dann insofern nicht austauschbar, als ich mit niemand anderem solche Gespräche führe und so viel lache. Du *bist* nunmal meine Freundin. Hier bleibt aber die Möglichkeit, das *Potential* noch nicht bestehender Beziehungen in Bezug auf die Verwirklichung der gleichen Werte einzuschätzen. Ich kann jemanden, mit dem ich nicht befreundet bin, nicht aufgrund gleicher Beziehungseigenschaften schätzen, ich könnte aber einen Grund haben, eine Freundschaft aufzugeben, wenn ich zu der Annahme komme, dass eine Beziehung mit einer anderen Person, wenn ich sie verwirklichen würde, die gleichen Beziehungseigenschaften in höherem Maße verwirklichen könnte. Das Problem der Austauschbarkeit erscheint hier weniger dringend, weil wir zunächst einmal feststellen können, dass wir *de facto* nicht in einer solchen Beziehung sind, und jede Einschätzung des Potentials einer Beziehung eine Schätzaufgabe bleibt, in Bezug auf deren Ergebnis wir uns nicht sicher sein können. Die Nichtaustauschbarkeit der Freundin besteht dann aber nur als Ergebnis eines pragmatischen Problems, insofern wir nicht wissen, welche Beziehungsmerkmale wir mit anderen möglicherweise verwirklichen könnten. Die Besonderheit der geliebten Person, die unsere Alltagsintuition so betont, scheint hier noch nicht angemessen eingefangen zu sein.

Robert Solomon (2002) geht auf diesen Einwand ein und weist ihn zurück. Er betont die narrative und historische Dimension von Beziehungen, die hier erneut ausgeblendet wird, wenn Beziehungsgründe so allgemein formuliert werden, dass es erscheint, als könnten sie in verschiedenen Beziehungen auf gleiche Weise verwirklicht werden. Zum anderen weist Solomon daraufhin, dass es Beziehungszwillinge in diesem Sinne tatsächlich gibt, insofern beispielsweise Menschen, deren Partnerin gestorben ist, nach einer neuen Beziehung suchen: Sie suchen einen Menschen, mit dem sie genauso gut zusammenpassen, wie mit der Verstorbenen – trotzdem werden sie nie Gefahr laufen, die alte und die neue Beziehung zu verwechseln. In gleicher Weise können wir zwei Freundinnen – egal ob die Beziehungen gleichzeitig oder nacheinander bestehen – gleichermaßen für ihren Humor schätzen, der so gut zu unserem passt, dass wir uns gegenseitig oft zum Lachen bringen. Sie sind deshalb nicht austauschbar, insofern wir den Humor jeder einzelnen in einer ganz spezifischen Weise erlebt haben, die einen Teil der Geschichte unserer Freundschaft darstellt (Solomon 2002, 21, 23).

Wir können über diese Antwort hinaus noch den Zusammenhang zwischen allgemeinen Eigenschaften und Beziehungsmerkmalen deutlicher herausstellen. Ich hatte zwei Lesarten des Tugendbezugs in der Rekonstruktion von Aristoteles unterschieden. Krebs (2015) kritisiert die aristotelische Konzeption dafür, dass sie keine plausible Antwort auf das Problem der Austauschbarkeit biete. Sie versteht dabei die Tugenden als eine endliche Liste von Eigenschaften, die prinzipiell jeder Mensch verwirklichen kann. Ich hatte in meiner Auseinandersetzung mit Aristoteles eine zweite Lesart vorgeschlagen, die betont, dass die Tugenden als Mitte nach Aristoteles nicht intersubjektiv bestimmbar sind, sondern dass diese Mitte für jede Person individuell und anders sein wird. Mein Mut gleicht nicht deinem Mut, sofern wir zu unterschiedlichen Graden und in unterschiedlichen Hinsichten zu Feigheit oder zu übermütigem Verhalten neigen. Nehmen wir den Gedanken hinzu, dass mein ganz individueller Mut nur erfassbar ist, wenn er sich in meinen Handlungen äußert. Mut, wie alle anderen Tugenden, besteht auch als Disposition. Für eine Freundin wird er aber nur wahrnehmbar, wenn ich mich in einer konkreten Situation mutig verhalte. Ganz in diesem Sinn bringt auch Alexander Nehamas ein Beispiel, um zu erläutern, was einen Freund unaustauschbar werden lässt:

On a cold, wet, gray November morning, as I was getting ready to drive my ten-year-old son to school, Tom decided to come along and, since we were in a hurry and he wasn't going to get out of the car, he threw a raincoat over his pajamas and jumped in. [...] When we finally came to the front, as I got out of the car to speed things up for those waiting behind me, I saw that one of my tires was flat. As I stood by the car, cold, wet, and horrified because I had no idea how to change it, under the eyes of many annoyed parents in their cars behind us, Tom – in dark-blue pajamas, a gray raincoat, and bare feet – leaped out of the car and took over. (Nehamas 2016, 125)

Diese Geschichte lässt deutlich werden, wie sich unsere positiven Eigenschaften in einer Freundschaft in konkreten geteilten Erlebnissen zeigen. Wenn wir die Eigenschaften, auf deren Grundlage wir eine Person lieben, in diesem Sinne verstehen, müssen wir uns auch keine Gedanken mehr über mögliche Beziehungsklone machen – sofern diese Eigenschaften an gemeinsame Erlebnisse geknüpft sind, wird eine Person für uns einzigartig, weil wir mit niemand anderem *diese* Erlebnisse geteilt haben: „These historical qualities are still qualities, or things true of your partner, and you can love her for having them. But they are also qualities that, once she has them, no one else can share." (Hurka 2013, 205–207)

Wenn ich eine Person aufgrund von Erlebnissen wertschätze, die wir in der Vergangenheit geteilt haben, dann ist wirklich ausgeschlossen, dass es eine andere Person gibt, die *diese* Eigenschaften teilt. Das Problem der Austauschbarkeit erhält eine plausible Antwort, wenn wir nicht die Rolle der Zeit übersehen, die Aristoteles im Kontext der Entstehung von Freundschaften betont hatte: Einen Scheffel Salz müssen wir zusammen essen, bevor wir die andere hinreichend kennen, um ihren Charakter einschätzen zu können. Aristoteles mag hier übertreiben, trifft aber einen wichtigen Punkt: Die Eigenschaften einer Person sind für uns nicht auf einer Charakterkarte ablesbar, als handele sich um die Figur in einem Computerspiel, deren Werte wir im Menü nachschlagen können. Um zu *wissen*, ob eine Person bestimmte Eigenschaften hat (oder um zumindest begründet daran zu glauben), müssen wir sie *kennen*. Kennen lernen wir einen Menschen im Gespräch, in der gemeinsamen Interaktion, im regelmäßigen Austausch. Wir kennen seine Eigenschaften, oder glauben diese zu kennen, gerade durch diese Interaktion. Wenn wir mit Kolodny betonen wollen, dass es plausibel ist, Beziehungsmerkmale als Grundlage unserer liebenden Einstellung zu betrachten, dann müssen wir diese also nicht strikt von anderen Eigenschaften trennen. Kolodnys Position wird im Gegenteil erheblich plausibler, wenn wir den bestehenden Zusammenhang zwischen allgemeinen Eigenschaften und konkreten Erlebnissen betonen.

Nehmen wir an, dass eine auf Eigenschaften bezogene Wertschätzung die zugrundeliegende Einstellung von Freundschaften ist, dann ergibt sich daraus auch der Wert der Freundschaft als Anerkennungsbeziehung. Der Begriff der

Anerkennung verweist darauf, dass Freundschaften zum Selbstwertgefühlt der Freundinnen beitragen. Unterscheiden wir mit Honneth verschiedene Muster von Anerkennung, dann geht es hier klarerweise nicht um die Anerkennung im Sinne einer allgemeinen Solidarität und auch nicht um die Anerkennung als Rechtssubjekt, sondern um Anerkennung im Modus der Liebe: Eine Anerkennung, die stark affektiven Charakter hat, die die gegenseitige Bedürftigkeit anerkennt und Selbstvertrauen schafft (Honneth 1994, 153–174). Freundschaft kann uns in unserem Selbstwert bestätigen, insofern sie Ausdruck einer Wertschätzung unserer Person in ihren besonderen Eigenschaften ist. Gegenseitige Anerkennung ist ein zentraler Wert von Freundschaften, der ansonsten allein in anderen Formen persönlicher Beziehungen in ähnlicher Weise verwirklicht wird, denn *diese* Form der Anerkennung kann nicht ohne enge persönliche Bindung erfahren werden.

4.3 Identifikation

Ein anderes Problem betrifft die Verwobenheit von Liebe und Beziehung. Freundschaft ist notwendig gegenseitig, die Einstellung der Liebe, wie sie hier bisher vorgestellt wurde, ist jedoch durchaus einseitig denkbar. Es ist möglich, die Gegenseitigkeit der Freundschaft allein auf der Praxisebene zu verorten, und die Einstellung ohne einen Aspekt der Reziprozität zu denken. Angelika Krebs (2015) befasst sich ausführlich mit der Reziprozität der Freundschaft und stellt diese scharfe Trennung in Frage. Krebs stellt dem Fürsorgemodell, dem die bisher dargestellte Konzeption zuzurechnen ist, das Verschmelzungsmodell und das Dialogmodell der Liebe gegenüber.

Im Verschmelzungsmodell wird Liebe als Einswerdung mit der anderen gedacht. In seiner klassischen Variante geht dieses Modell auf den Mythos des Kugelmenschen zurück, der sich bei Platon findet. Nach diesem Mythos waren die Menschen ursprünglich aus zwei Hälften zusammengesetzt, wurden von Zeus jedoch in zwei Teile geschnitten, um ihnen die Kraft zu nehmen, die Götter anzugreifen. Die Liebe sei nun das Bedürfnis, die eigene zweite Hälfte wiederzufinden, um wieder ganz zu werden (Krebs 2015, 24–25, Platon 2011b). Solomon als moderner Vertreter eines Verschmelzungsmodells betont im Unterschied zur klassischen Version, dass die Einswerdung einen Prozess darstellt, auf den sich die Liebenden zunächst einlassen müssen, und der ihnen einige Anstrengung abverlangt. Durch diesen Prozess der Einswerdung kommt es zur Herausbildung eines gemeinsamen Selbst, das für Solomon die Liebesbeziehung gerade im Unterschied zur Freundschaft ausmacht. Das dieser Vereinigung entgegenstehende Bedürfnis nach Autonomie führt letztlich zu einem Paradox der Liebe: die Unabhängigkeit der Liebenden sei einerseits die Voraussetzung für ihre Liebe, andererseits ziele die Liebe gerade darauf ab, diese Unabhängigkeit aufzugeben (Krebs 2015, 26–28, Solomon 2006, 24–25, 194–216). Zentrale Gedanken dieses Modells finden sich in der Idee der Seelenverwandtschaft, die sich bis heute in Literatur und Film großer Beliebtheit erfreut. Nimmt man die Prämissen und Implikationen dieser Vorstellung ernst, erweist sie sich jedoch als kaum haltbar. Krebs kritisiert treffend, dass das Verschmelzungsmodell entweder nur metaphorisch zu verstehen ist, oder aber sein Anspruch der Einswerdung unmöglich verwirklicht werden kann – die Grenze zwischen zwei Personen in zwei Körpern, die potentiell immer in der Lage sind, individuelle Entscheidungen zu treffen, kann auch die Liebe nicht auflösen. Das Modell wird gerade deshalb problematisch, weil es konzeptionell keinen Raum für die Autonomie der Einzelnen innerhalb der Liebesbeziehung lässt. Forderungen der Gerechtigkeit, insbesondere der Gleichberechtigung zwischen Mann und Frau, sind in diesem Modell gar nicht erst abbildbar (Krebs 2015, 49–51). Eine weitere Schwäche besteht darin, dass wir im Sinne der Einswerdung immer nur *einen* anderen Menschen lieben können. Gegebenenfalls mag es noch plausibel sein, dass Eltern ein gemeinsames Selbst ausbilden, das wiederum Subjekt der Liebe zu den eigenen Kindern ist. Aber schon die Liebe zu den Kindern, die eindeutig nicht in diesem Sinne auf ein Aufgeben von Unabhängigkeit abzielen kann, lässt sich in diesem Modell nicht mehr verstehen. Unabhängig von der Frage, ob das Verschmelzungsmodell also plausibel ist oder nicht, ist es mindestens ungeeignet zu erklären, wie wir Liebe als grundlegende Einstellung in Freundschaften verstehen können.

In dem von ihr selbst vertretenen dialogischen Modell der Liebe bezieht sich Krebs auf den Gedanken von Aristoteles, dass Liebe und Freundschaft als ein Zusammenleben verstanden werden müssen. Insofern man zusammen auf einen gemeinschaftlichen Zweck hinarbeitet, werde die andere in diesem Modell nicht instrumentalisiert, sondern als Partnerin betrachtet. Statt der Einswerdung oder einem Füreinander-Dasein steht hier das Miteinander der Liebenden sowie das Teilen im Vordergrund.

> Wenn wir einen anderen Menschen lieben, dann *teilen* wir unser empfindendes und tätiges Leben mit ihm in seiner *Besonderheit* oder möchten dies zumindest tun. Wir teilen Freud' und Leid, wir verfolgen zusammen Projekte: eine große Reise, den Garten, die Musik, Kinder. Das Teilen des Lebens steht in der Liebe nicht im Dienste anderer Güter, der eigenen Lust oder Charakterentwicklung zum Beispiel, sondern ist ein Gut um seiner selbst willen. Liebe gehört *intrinsisch* zu einem guten menschlichen Leben. (Krebs 2009, 729, Hervorhebung i. O.)

Obwohl Krebs hier noch das tatsächliche Teilen und den bloßen Wunsch danach als Alternativen formuliert, macht sie im Verlauf ihres Textes deutlich, dass gemeinsames Handeln und Fühlen notwendige Aspekte ihrer Konzeption von Liebe als Dialog darstellen. Liebe soll hier zunächst als Beziehung verstanden werden und nur abgeleitet davon stellt sie auch eine emotionale Einstellung dar:

> Eine Person liebt eine andere, wenn sie Gefühle und Handlungen mit ihr in ihrer ganzen Besonderheit selbstzweckhaft teilt. Liebe ist primär eine Beziehung, sekundär ist sie eine auf dieser Grundlage zugeschriebene emotionale und praktische Einstellung, eine Bereitschaft der Beteiligten zum Teilen von Emotionen und Handlungen. (Krebs 2009, 741)

Krebs beansprucht, auf diese Weise die Stärken des Verschmelzungsmodells einfangen zu können, ohne dessen nicht plausible Idee der Einswerdung übernehmen zu müssen. Gemeinsames Fühlen und Handeln stellen für sie zentrale Aspekte der Liebe dar. Sofern wir Liebe jedoch zunächst nicht als Partnerschaft, sondern als Einstellung verstehen wollen, kann Krebs' dialogisches Modell nicht überzeugen. Zwar betont sie, dass es in der Liebe beide Ebenen – die der emotionalen Einstellung und die der gemeinsamen Praxis – gibt, aber sie ist nicht mehr in der Lage, diese Ebenen zu trennen. Eine Liebe *ohne* Beziehung ist bei Krebs keine Liebe mehr, der (ggf. auch auf beiden Seiten) vorhandene Wunsch nach gemeinsamem Handeln reicht für Krebs nicht aus. Nehmen wir ähnlich wie Aristoteles an, dass eine der Partnerinnen durch äußere Umstände gezwungen ist, eine Reise anzutreten, die die vorher bestehende gemeinsame Praxis unterbricht, dann müsste Krebs konsequenterweise davon sprechen, dass auch die Liebe der beiden unterbrochen ist. Noch problematischer ist die logische Schlussfolgerung, dass in einer Beziehung zwischen zwei Personen A und B jede von beiden in der Lage ist, die Liebe der anderen zu beenden: Wenn A aus beliebigen Gründen aus der Praxis aussteigt, dann ist es vielleicht plausibel, davon zu sprechen, dass A nicht mehr liebt. Aus dem dialogischen Modell folgt jedoch auch, dass wir B absprechen müssen, nun noch zu lieben, weil die Praxis aufgrund der Entscheidung von A notwendig für beide endet. Der einzige Ausweg bestünde hier darin, irgendwie aufzuzeigen, dass B allein in der Lage wäre, die früher gemeinsame Praxis aufrechtzuerhalten. Allerdings ist fraglich, in welchem Sinne diese Praxis dann noch als eine *dialogische* und *gemeinsame* Praxis gelten kann. Zurecht verweist die Position von Krebs jedoch darauf, dass eine *Beziehung* nicht allein auf die gegenseitige Einstellung der Involvierten reduziert werden kann.

Einen Vorschlag, wie der Kerngedanke des Verschmelzungsmodells einzufangen sein könnte, ohne die Konsequenz eines vollständigen Verlusts von Autonomie hinnehmen zu müssen, bietet Bennett Helm. Wie Krebs lehnt Helm die Vorstellungen von Liebe als Verschmelzung auf der Basis ab, dass die Grenze zwischen den Interessen der Einzelpersonen zu stark verwischt wird. Trotzdem liefert er über seine Ausarbeitung eines Konzepts der *innigen Identifikation* einen

Ansatz zu verstehen, was mit dem Verschmelzungsmodell im übertragenen Sinne gemeint sein kann.

Helm grenzt die Liebe von einer allgemeinen Einstellung des Wohlwollens gerade über die Bedingung der Identifikation mit der Person ab. Die Sorge, die in beiden Fällen vorliegt, wird genau dadurch zu einer innigen (wörtlich übersetzt: intimen) Sorge: „your concern for another is intimate just in case it involves your identifying with him by blurring, in your mind at least, any distinction between his interests and your own" und er fährt fort: „it is in terms of such sharing of another's identity that we can understand the distinctive intimacy of love" (Helm 2009b, 147–148). Helm stellt fest, dass wir trotz Identifikation mit einer anderen Person in der Lage sind, zwischen ihren Interessen und den eigenen Interessen zu unterscheiden. Er erläutert am Beispiel von Stolz und Scham, dass Emotionen einen Fokus haben, insofern sie auf ein Objekt bezogen sind, dessen Bedeutsamkeit für die fühlende Person die in der Emotion enthaltene Beurteilung erst verständlich macht. Im klassischen Beispiel der Angst vor einem Hund ist der Fokus der Emotion etwa die Sorge um die eigene Gesundheit. Bei Emotionen, die auf eine andere Person als Ziel gerichtet sind, können dennoch wir selbst der Fokus der Emotion sein. So kann ich mich für meine Freundin schämen, weil ihr Verhalten mich in einem schlechten Licht dastehen lässt. Helm bezeichnet dieses Gefühl von Scham als reflexiv. Ich kann mich aber auch für eine Freundin schämen, sofern mir wichtig ist, wie sie sich selbst darstellt, gemessen an *ihrer* selbstbestimmten Identität. In diesem Fall spricht Helm von nicht-reflexiver Scham. Der zweite Fall setzt nach Helm innige Identifikation im oben erläuterten Sinn voraus: Ich muss mit der Identität meiner Freundin vertraut sein, und sie muss mir um ihrer selbst willen wichtig sein, damit ich in nicht-reflexiver Weise eine Emotion empfinden kann, die nicht mich, sondern meine Freundin als Fokus hat. Jemanden zu lieben bedeutet für Helm, ein rationales Muster von Emotionen zu zeigen, die jeweils die geliebte Person als Fokus haben (Helm 2009c). Eine gegenseitige Liebe in diesem Sinne setzt gegenseitige Kenntnis und Verständnis voraus. Kenntnis und Verständnis ergeben sich aus der gemeinsamen Beziehungspraxis, eine echte (oder vermeintliche) Identifikation kann jedoch auch gegeben sein, ohne dass aktuell eine gemeinsame Praxis besteht. Die Bedeutung einer gemeinsamen Praxis wird damit in diesem Modell verständlich, ohne dass der Unterschied zwischen Einstellung und Praxis aufgehoben wird.

4.4 Gegenseitigkeit

Die Konzeption inniger Identifikation stellt einen Vorschlag dar, wie die Relationalität der Freundschaft zu denken ist. Sie beantwortet die Frage, wie genau *der*

Bezug auf die Freundin in dieser Beziehungsform verstanden werden muss. Unter dem Stichwort Relationalität ist außerdem die Frage zu diskutieren, was genau es mit der *Gegenseitigkeit* der Freundschaft auf sich hat. Dean Cocking und Jeanette Kennett (1998) bieten eine hilfreiche Systematik dazu an, wie genau das Verhältnis von eigener Identität (dem eigenen Selbst) zur Anderen in Freundschaften zu verstehen ist. Dabei geht es auch um die Frage, wie gegenseitige Kenntnis der Freundinnen zustande kommt und wie gegenseitige Identifikation in der Praxis funktioniert. Sie unterscheiden zwischen Spiegelmodell, Offenbarungsmodell und Lenkungsmodell der Freundschaft.

Das *Spiegelmodell* betont, dass Freundschaften uns eine neue Perspektive auf das eigene Selbst ermöglichen. Sofern wir uns in einer Freundin spiegeln, ermöglicht sie es uns, uns selbst zu sehen, aber aus einer anderen, uns äußeren Perspektive. Cocking und Kennett beschreiben den zentralen Gedanken des Spiegelmodells in Anlehnung an Aristoteles wie folgt:

> Friendship is based on self-love; as such our choice of the friend is based on an appreciation of the similarity of the other to oneself. (Cocking/Kennett 1998, 506)

Das Spiegelmodell baut also zentral auf dem Gedanken auf, dass Freundschaft auf Gleichheit beruht. Es lässt sich aber auch noch auf eine andere Weise interpretieren. Nach Aristoteles schätzen wir im Kontext einer echten Freundschaft in der anderen immer ihre Tugendhaftigkeit und als gute Menschen sind wir gleichsam bestrebt, die Tugenden, die wir für die wertvollsten halten, in uns selbst zu verwirklichen. Wenn wir annehmen, dass wir zumindest teilweise erfolgreich darin sind, die Tugenden zu verwirklichen, die wir am meisten schätzen, und dass uns dieselben Tugenden auch in anderen Menschen mit am meisten anziehen werden, dann ergibt sich eine gewisse Gleichheit schon allein daraus, dass wir eben an die Freundin und an uns Selbst die gleichen Maßstäbe anlegen, die keine von uns vollständig verfehlen kann, wenn die Freundschaft gelingen soll. Die Freundin wird also zum Spiegelbild auch deshalb, weil wir beide in der Praxis die Verwirklichung des gleichen Ideals (der Tugendhaftigkeit) anstreben.

Cocking und Kennett bringen zwei Kritikpunkte gegen das Spiegelmodell vor: Zum einen geht es ihnen nicht weit genug im Hinblick auf die Rolle der Freundin für die Entwicklung der eigenen Identität. Zum anderen ziehen sie den Gedanken in Zweifel, der zentral ist, um Aristoteles auf diese Weise zu lesen: dass wir Freundinnen immer auch eine Vorbildfunktion zuschreiben.

> For the idea that it is in any way constitutive of friendship that the friend provides a positive role model for one to emulate seems clearly false. The drawing that takes place in friendship need have nothing to do with character improvement, as parents despairing over their adolescent children's friendships will readily attest. (Cocking/Kennett 1998, 514)

Das gegebene Beispiel soll die Annahme in Frage stellen, Freundinnen müssten für uns notwendig eine Vorbildfunktion erfüllen. Aber ist dieses Beispiel überzeugend? Die Autorinnen beziehen sich auf die Meinung der Eltern, die die Freundinnen ihrer jugendlichen Kinder nicht als geeignete Vorbilder betrachten. Aber hier handelt es sich um die Perspektive einer dritten Partei, die als völlig unabhängig von der Perspektive der Freundinnen selbst betrachtet werden kann. Sicher ist es sinnvoll anzunehmen, dass Freundinnen für uns nicht immer ein Vorbild in jeder Hinsicht sind. Aber die Auffassung von Liebe, die ich oben erläutert habe, setzt zumindest voraus, dass wir einige Eigenschaften unserer Freundinnen, und die Art, wie sich diese im alltäglichen Leben manifestieren, wertschätzen. Sollten wir diese Eigenschaften dann nicht auch bewundern, und ihnen (zumindest in begrenztem Umfang) nacheifern, wenn wir sie an uns selbst vermissen? Ich halte es für sehr plausibel anzunehmen, dass unsere Wertschätzung der anderen uns notwendig dazu verleitet, in der einen oder anderen Hinsicht gerne ein wenig mehr wie sie sein zu wollen. Zwar ist innige Identifikation, wie ich unter Bezug auf Helm aufgezeigt habe, nicht so zu verstehen, dass wir die Interessen und Ziele der geliebten Person notwendig als unsere eigenen begreifen. Aber eine innige Identifikation mit einer Person dürfte uns schwerfallen, wenn diese nur Werte und Ziele verfolgt, die wir für uns selbst als irrelevant betrachten, und gleichzeitig nur positive Eigenschaften verkörpert, die wir zwar schätzen, für uns selbst aber nicht für erstrebenswert halten. Klarerweise falsch ist die Ansicht, Freundinnen seien für uns ein Vorbild nur dann, wenn wir sie so lesen, dass damit gemeint ist, dass wir diese in ganzer Breite als Vorbild für uns begreifen.

Eine Alternative zum Spiegelmodell bietet das *Offenbarungsmodell* der Freundschaft.[3] Es betont die Rolle des Teilens von Geheimnissen, die als Basis von Intimität und Vertrauen gesehen werden:

> A long-standing and influential strand in the philosophical literature on friendship claims that companion friendship is marked by the great extent to which the self is disclosed in her relationship to the other. This self-disclosure is thought to cement the bonds of trust and intimacy that exist between close friends. (Cocking/Kennett 1998, 502–503)

Als Vertreter dieser Auffassung führen Cocking und Kennett Laurence Thomas an. Thomas entwirft ein Modell enger Freundschaften, das er selbst als ‚Companion Friendship' bezeichnet. Er betont zunächst Vertrauen als konstitutives Merkmal solcher Freundschaften und verweist dann auf die Rolle, die Selbstoffenbarung in Bezug auf die Ausbildung eines solchen Vertrauens spielt. Thomas unterscheidet zwischen öffentlichen und privaten oder intimen Informationen und stellt die These auf, dass das gegenseitige Teilen privater Informationen ein wesentliches

Element zur Herstellung des besonderen Vertrauens ist, das Freundschaften auszeichnet. Damit dies gelingen kann, sei es zunächst notwendig, dass wir zumindest einige Informationen in dieser Weise als privat ansehen:

> We can be public about virtually everything in our lives or we can be exceedingly private. While perhaps both extremes are to be avoided, what is true, surely, is that deep friendships are very nearly impossible in the former instance. (Thomas 1987, 223–224).

Cocking und Kennett halten fest, dass es nicht notwendig sei, *alle* Geheimnisse mit Freundinnen zu teilen. Es gibt Geheimnisse, die für eine Freundschaft wenig relevant sind:

> I regard, for example, my morning bathroom routine as fairly private. And if I had a choice between exposing my private sexual activities to friends or to strangers I may very likely choose to reveal them to strangers. [...] The practice of confessing our shameful secrets to strangers or professionals (such as to priests, psychologists, or chance companions in bars or on planes) rather than to friends might be crucially motivated by our concern that such revelations would serve to alienate rather than increase intimacy. (Cocking/Kennett 1998, 517)

Diese Beobachtung ist richtig, aber kein überzeugender Kritikpunkt am Offenbarungsmodell. Wenn ich es vorziehe, mit einer Fremden über meine sexuellen Vorlieben zu sprechen, dann gerade *weil* ich mich hier nicht verletzbar mache – ihre Meinung kann mir egal sein und sie wird nie Gelegenheit bekommen, diese Information gegenüber den Menschen preiszugeben, die mir wichtig sind. Die Forderung, dass wir bereit sind, *alle* unsere Geheimnisse mit einer Freundin zu teilen, muss das Offenbarungsmodell nicht stellen.

Cocking und Kennett kritisieren das Offenbarungsmodell jedoch vor allem im Hinblick auf die Voraussetzung, dass die Informationen, die wir mit anderen teilen, Geheimnisse sein müssten, ihre Brauchbarkeit zur Selbstoffenbarung also daran gemessen wird, ob wir sie vorher bereits mit Dritten geteilt haben. Sie geben die Position von Thomas wie folgt wieder:

> [I]n giving another access to our secrets we make ourselves vulnerable to them in a way in which we are not vulnerable to those not in possession of our secrets. (Cocking/Kennett 1998, 515)

Nicht allein weil die Informationen, die wir teilen, von intimer Natur sind, sondern auch, weil wir sie nicht mit anderen geteilt haben – weil sie also außerhalb der Freundschaft Geheimnisse bleiben –, sollen sie die Intimität und das Vertrauen der Freundschaft herstellen. In Frage gestellt wird nicht das Phänomen, dass wir in Freundschaften intime Informationen austauschen, sondern ob es dafür relevant ist, dass wir diese Information anderen gegenüber geheim halten.

In einem neueren Artikel betont Thomas, dass zum Aufbau von Vertrauen keine langen Offenbarungsgespräche notwendig sind, sondern dass dieses Vertrauen oft auch im alltäglichen Umgang miteinander aufgebaut wird:

> What will typically be the case, however, is that through any given routine conversation between them their self-disclosing trust in one another will manifest itself in some way or the other. After all, we can reveal much about ourselves without talking about ourselves but by commenting upon (making observations about) the things that go on around us. (Thomas 2013, 33).

Hier wird deutlicher, worum es geht: Eine allgemeine Offenheit der anderen gegenüber, ein geringeres Maß an Selbstzensur und Reflexion darüber, wie das eigene Verhalten ankommen könnte, auf der Basis von einem festen Vertrauen darauf, dass die Freundin eigene Äußerungen nicht missverstehen wird. Ausschlaggebend ist dann nicht, ob wir dieselbe Information bereits mit einer Ärztin, unseren Eltern, oder einer Fremden geteilt haben – sofern es Informationen sind, die wir selbst als relevant betrachten, und bei denen wir das Gefühl haben, uns jemandem anzuvertrauen, wenn wir sie teilen, können diese eine vertrauensbildende Funktion erfüllen. Was das Offenbarungsmodell außerdem adäquat einfängt, ist der Gedanke, dass wir private Informationen, die uns anderen gegenüber verletzbar machen, *typischerweise* nicht mit vielen Menschen teilen, und dass es genau solche Informationen sind, die in einer Freundschaft besonderes Vertrauen schaffen können. In dieser Selbstoffenbarung liegt auch immer ein Moment der Reziprozität von Freundschaften. Wird im Kontext von Freundschaften ein Akt der Selbstoffenbarung dauerhaft nicht erwidert, dann interpretieren wir dieses Ausbleiben typischerweise in einer von zwei Weisen: Entweder die andere Person bringt zum Ausdruck, dass sie uns nicht vertraut; oder wir müssen davon ausgehen, dass sie unsere Perspektive auf ihr Leben nicht wertschätzt. Beides widerspricht dem, was wir von Freundinnen erwarten. Hier ist der zusätzliche Hinweis wichtig, dass dabei keineswegs notwendig die gleiche Art von Information angeboten werden muss. Es geht nicht um den Inhalt, sondern um den potentiell entblößenden Charakter der Information (Thomas 1987, 225–226).

Freundschaft wird hier also in zentraler Weise als Vertrauensbeziehung konzipiert. Wenn wir mit Annette Baier davon ausgehen, dass Vertrauen immer als *Anvertrauen* von etwas zu verstehen ist, dann ist es in der Freundschaft vor allem das Wissen über die eigene Identität, zu dem wir Freundinnen privilegierten Zugang gewähren (Baier 1996, 100–103). *Diese spezifische Form des Vertrauens scheint einen wesentlichen Aspekt von dem einzufangen, was wir im Alltag als*

Intimität bezeichnen. Und eine solche intime Kenntnis wiederum kann als notwendig für eine gelingende innige Identifikation betrachtet werden.

Mit dem *Lenkungsmodell* formulieren Cocking und Kennett ein Modell, das ihrer Ansicht nach den anderen beiden Modellen überlegen ist. Sofern sich zwischen dem Offenbarungsmodell und dem Lenkungsmodell keine Widersprüche ergeben, können diese jedoch auch als ergänzende Modelle verstanden werden, die jeweils wichtige Aspekte von Freundschaften einfangen. Das Lenkungsmodell beschreibt die Formung der eigenen Identität in Abhängigkeit von der Freundin. Wie im Spiegelmodell nimmt das Lenkungsmodell an, dass Freundinnen uns eine Außenperspektive auf unser eigenes Selbst bieten. Aufgegeben wird die Annahme, eine Übereinstimmung zwischen den Freundinnen ginge der Freundschaft voraus, die Freundschaft käme überhaupt auch deshalb zustande, weil sich die Freundinnen von Beginn an ähnlich seien. Entgegen dieser Annahme wird die Entwicklung der Persönlichkeiten innerhalb einer Freundschaft in den Blick genommen (Cocking/Kennett 1998, Fn 5). Was die Perspektive einer Freundin auf uns selbst uns bietet ist kein einfaches Spiegelbild, sondern eine Perspektive, die sich von unserer eigenen notwendig unterscheidet: Sie bietet uns Zugang zu *ihrer* Interpretation *unserer* Identität (Cocking/Kennett 1998, 509). Das Besondere an Freundschaften ist dabei nicht, dass die andere uns eine Interpretation unseres selbst anbietet – in der Tat werden die meisten Menschen, mit denen wir in Kontakt treten, solch eine Interpretation von uns haben –; das Besondere ist, dass wir selbst dieser Interpretation gegenüber offen sind.

Das Lenkungsmodell betont außerdem, dass wir uns in Freundschaften im Hinblick auf unsere Interessen von unserer Freundin leiten lassen:

> It is a common feature of close friendships that within them, each person is receptive to developing interests or activities, which they do not already pursue, primarily because they are the interests and activities of the other. (Cocking/Kennett 1998, 503–504)

Statt gemeinsame Interessen vorauszusetzen, wird hier betont, dass wir im Kontext von Freundschaften den Interessen anderer eine besondere Offenheit entgegenbringen, wobei auf dieser Basis gemeinsame Interessen entstehen können, die wir allein nicht entwickelt hätten. Was nach Ansicht von Cocking und Kennett beide Aspekte verbindet und somit als zentrales Merkmal von Freundschaften gesehen werden kann, ist die *Responsivität*, die die Freundinnen einander in diesen beiden Hinsichten entgegenbringen. Das Lenkungsmodell stellt heraus, dass wir in Freundschaften in besonderer Weise offen sind, und zwar zunächst für die Interpretation unseres Selbst, die eine Freundin uns bietet. Und mit dieser Offenheit geht in aller Regel einher, dass wir bereit sind, unser Verhalten aufgrund der Urteile unserer Freundin zu ändern. Zum anderen treten wir in einer

Freundschaft auch den Interessen der anderen mit einer besonderen Offenheit entgegen, so dass gemeinsame Interessen nicht immer im Vorfeld der Freundschaft schon bestehen müssen, sondern sich gerade auch aus der Offenheit für gegenseitige Beeinflussung ergeben können.

Aus diesen Modellen ergeben sich einige Antworten auf die oben erörterten Streitfragen: Umfassende Übereinstimmung muss in einer Freundschaft nicht vorausgesetzt werden, vergleichsweise umfassende gegenseitige Kenntnis jedoch schon. Zudem muss eine hinreichende Übereinstimmung angenommen werden, um eine innige Identifikation zu ermöglichen. Der Annahme von Lewis, Freundschaft könne allein aufgrund eines einzigen gemeinsamen Interesses entstehen, können wir dann nur bedingt zustimmen. Andererseits zeigt sich auch, dass Freundschaften typischerweise Gemeinsamkeiten hervorbringen werden: Die Freundinnen werden einander mit der Zeit ähnlicher, wenn sie sich kennenlernen, und die entsprechende Offenheit entgegenbringen.

4.5 Gemeinsame Tätigkeit

> Wenn aber das Leben selbst gut und angenehm ist [...]; wenn weiter derjenige, der sieht, wahrnimmt, dass er sieht, und ebenso wer hört, dass er hört, und wer geht, dass er geht, und es ebenso bei allem anderen etwas gibt, das wahrnimmt, dass wir tätig sind, sodass wir, wenn wir wahrnehmen, dass wir wahrnehmen oder denken, heißt, wahrnehmen, dass wir sind (denn das Sein sollte gerade Wahrnehmen oder Denken sein); wenn ferner wahrnehmen, dass man lebt, zu den als solchen angenehmen Dingen gehört [...]; und wenn das Leben wählenswert ist [...]: dann ist es für jeden Menschen, wie es für ihn wählenswert ist, dass er selbst existiert, ebenso oder ähnlich wählenswert, dass der Freund existiert. Das Sein aber war wählenswert, weil man sich selbst als gut wahrnimmt und die so beschaffene Wahrnehmung als solche angenehm ist. Daher muss man zugleich auch vom Freund wahrnehmen, dass er ist; *und das wird geschehen im Zusammenleben und im Teilen von Worten (logos) und Gedanken (dianoia). Denn dies dürfte die Rede vom Zusammenleben bei Menschen bedeuten, und nicht wie beim Vieh das Grasen auf derselben Weide.* (Aristoteles 2013, 1170b11–14, Hervorhebung S.W.)

Wir haben gesehen, dass die Freundschaft nicht als reine Einstellung verstanden werden kann. Gegenseitige Liebe und Wohlwollen genügen nicht. Schon Aristoteles stellt den Zusammenhang zwischen Einstellung und Tätigkeit dar. Die Einstellung der Freundschaft überdauert nicht lange, wenn ihr keine korrespondierende Praxis zur Seite steht. Die Einstellung bedingt unsere Disposition, *füreinander* und *miteinander* zu handeln, aber sie braucht selbst die konkrete gemeinsame Tätigkeit, um als Einstellung zu überdauern.

Wie oben gezeigt, führt die Annahme, Liebe im Sinne der gegenseitigen Wertschätzung müsse notwendig immer eine gemeinsame Praxis umfassen, zu kontraintuitiven Implikationen. Nicht aber die Annahme, dass Liebe notwendig den Wunsch nach einer solchen Praxis umfasst. Zudem setzt sowohl die gelungene Identifikation mit der geliebten Person als auch der Bezug auf Beziehungsgründe eine gemeinsame Praxis voraus. Was aber können wir über diese Praxis aussagen, abgesehen davon, dass sie in gemeinsamen Handlungen besteht? Einige Antworten lassen sich aus der Einstellung der Freundinnen ableiten: Wenn wir Liebe als Fürsorge auf Basis inniger Identifikation begreifen, dann umfasst sie notwendig die Bereitschaft, die Interessen der Freundin als Handlungsgründe anzuerkennen. Wir können damit annehmen, dass es mindestens gelegentlich zu altruistischen Handlungen kommen wird, die eine Freundin nicht aus Eigeninteresse sondern im Interesse der anderen ausführt. Die oben vorgestellte Konzeption von Epikur, die annimmt Freundschaft könne auf rein egoistischen Motiven beruhen, wird damit zurückgewiesen. Sie stellt vielleicht eine Form der Freundschaft dar, aber nicht im Sinne der hier vertretenen normativen Konzeption, weil sie die beschriebene Einstellung der Liebe nicht verwirklichen kann.

Monika Betzler verweist darauf, dass sich die Normativität von gemeinsamen Handlungen in Freundschaften zudem auf die Art und Weise bezieht, *wie* diese Handlungen ausgeführt werden:

> Neben dem, was normenabhängige Gründe jeder Person zu tun gebieten, legen sie auch nahe, wie dies zu tun ist. Das heißt, um den Wert dieser Beziehung zu realisieren, bedarf es nicht nur bestimmter Verhaltensweisen und Handlungen. Diese müssen vielmehr so erfolgen, dass sie nicht ausschließlich als Mittel zu einem weiteren Zweck betrachtet werden. (Betzler 2007, 448)

Was also die Liebe als Einstellung zur anderen kennzeichnet, nämlich die Beziehung als Selbstzweck zu betrachten, gilt dann analog auch für Handlungen, die als Ausdruck dieser Beziehung verstanden werden sollen. Das bedeutet nicht, dass Freundinnen nicht *auch* gemeinsame Handlungen ausführen können, die für eine oder beide allein als Mittel zu einem Zweck dienen. Aber nur in Handlungen oder Projekten, in denen das gemeinsame Handeln zumindest *auch* als Selbstzweck erscheint, verwirklicht sich im engen Sinne die Beziehung der Freundschaft.

Versuchen wir den Wert, der für Freundinnen im gemeinsamen Handeln liegt, mit einem einzelnen Begriff zu fassen, dann müssen wir auf den Begriff der Freude zurückgreifen. Freude kann in diesem Sinne aber nicht als das Ziel des gemeinsamen Handelns in Freundschaften begriffen werden wie bei Epikur, bei dem die Freundschaft am Ende im Hinblick auf die eigene Lust einen Gewinn bringen muss. Das Ziel ist in diesem Fall die gemeinsame Tätigkeit selbst, und die Freude ergibt sich aus der intrinsischen Wertschätzung dieses gemeinsamen

Tätigseins. Freude am gemeinsamen Handeln ist also klarerweise auch ein konstitutives Merkmal von Freundschaften. Freundinnen haben berechtigte Erwartungen, dass die andere die gemeinsame Tätigkeit als angenehm empfindet. Aber sofern es sich um eine enge Freundschaft handelt, kann nicht allein die eigene Freude als Grund der Wertschätzung der Beziehung auftreten. Der Wunsch, die Freundin glücklich zu sehen – also die Freude einer anderen Person zu ermöglichen – ist ebenso konstitutiv für die Beziehung.

4.6 Freundschaft als Prozess

Die Praxis der Freundschaft kann immer auch unter einer zeitlichen Perspektive betrachtet werden: Freundschaften sind nicht einfach da, sie entstehen über eine Zeitspanne hinweg. Für Aristoteles folgt auf diesen Prozess der Entstehung die an sich als dauerhaft zu betrachtende Beziehung, eine Perspektive, die oben bereits unter Bezug auf Derrida problematisiert wurde. Eine realistische Sicht auf Freundschaften kann die bestehende Beziehung nicht als einen zeitlosen Zustand betrachten – sowohl die Beziehung selbst, als auch die Freundinnen verändern sich. Einige Freundschaften bestehen trotz Veränderungen bis an das Lebensende der Freundinnen, andere Freundschaften enden zu Lebzeiten. Drei Stadien sollen hier jeweils kurz in den Blick genommen werden: Entstehen, Bestehen, Beenden.

In Bezug auf die *Entstehung* der Freundschaft stellt Aristoteles die Bedeutung von Vertrauen und Vertrautheit heraus: Freundinnen müssen sich erst als solche beweisen, „[d]enn der Wunsch nach Freundschaft entsteht schnell, die Freundschaft hingegen nicht" (Aristoteles 2013, 1156b31–32). Hannah Arendt sagt: „Freundschaft ist wesensmäßig abhängig von ihrer Dauer – eine zwei Wochen alte Freundschaft existiert nicht" (Arendt 2002, 51). Wir können nicht auf den ersten Blick erkennen, ob eine Person unsere Vorstellung des guten Lebens teilt oder nicht. Daher müssen wir potentielle Freundinnen zunächst prüfen, auf ihren Charakter und auf ihre Verlässlichkeit. Dieser Prozess nimmt notwendig Zeit in Anspruch.

Was wissen wir sonst über den tatsächlichen Entstehungsprozess von Freundschaften? Es gibt heute eine Reihe empirischer Untersuchungen zu dieser bzw. zu einer verwandten Frage: Soziologie und Sozialpsychologie haben sich weniger mit der Entstehung von Freundschaften, umso umfassender aber mit der verwandten Frage der Partnerinnenwahl befasst. Dabei wurde lange Zeit zunächst eine statische Perspektive vertreten, die sich bemüht hat, summarisch relevante Faktoren aufzuzählen. Im Zentrum stehen dabei zum einen Befunde zur Homogamie bei bestehenden Paaren, vor allem in Bezug auf Bildung und soziale Herkunft (Lenz 2009, 72–76). Darüber hinaus wurden interpersonale Anziehung, körperliche Attraktivität und Ähnlichkeit in der Einstellung als zentrale Aspekte in den Fokus gerückt – wobei wir davon ausgehen können, dass die körperliche Attraktivität in der Partnerschaft eine wesentlich größere Rolle spielt als in der Freundschaft (Lenz 2009, 79–81). Als aktueller Trend lässt sich ein Wechsel von statischen hin zu dynamischen Perspektiven feststellen, die stärker den Prozesscharakter der Beziehung in den Blick nehmen. In Bezug auf die Ähnlichkeit von Einstellungen beispielsweise wird die Einsicht hervorgehoben, dass diese überhaupt erst eine Rolle spielen kann, wenn wir miteinander ins Gespräch gekommen sind und damit in einer Position sind, die Einstellungen der anderen Person zu erfahren – eine bestimmte Form der Interaktion ist wichtig, um solche Ähnlichkeiten überhaupt entdecken zu können. Ganz wie im Lenkungsmodell wird darüber hinaus das Wandlungspotential von Personen in den Blick genommen. Wir können etwa in der Anfangsphase der Entstehung einer Beziehung Interesse an Tätigkeiten bekunden, denen wir zuvor nie ernsthaft nachgegangen sind. Evtl. erweist sich eine solche Interessensbekundung hinterher als Selbsttäuschung oder Lüge, aber es ist genauso möglich, dass wir besagtes Interesse im Laufe der Zeit für uns entdecken und es zu einem wichtigen Bestandteil unseres Lebens machen.

> Anstatt einen festen Bestand an Interessen, Wertorientierungen, Vorstellungen, Eigenschaften und Bedürfnissen anzunehmen, erscheint es angemessener, von einer Mehrschichtigkeit und Wandlungsfähigkeit der Person auszugehen. In der Aufbauphase einer Beziehung [...] ist [es] auch möglich, dass es zu Neubildungen im Persönlichkeitssystem und in den Handlungsorientierungen kommt. (Lenz 2009, 83).

Nach der ersten Phase des Kontaktaufbaus und des Kennenlernens folgt eine Phase, in der die Beziehung gegebenenfalls gefestigt wird. Hierfür ist zunächst eine etablierte Regelmäßigkeit der Interaktion notwendig. Darüber hinaus wird der Beziehungsstatus, und damit auch der Grad der Verbindlichkeit der Beziehung, ausgehandelt. In der Begegnung zwischen potentiellen Partnerinnen wird hier unter anderem die Frage entschieden, ob nun eine Freundschaft oder eine Partnerschaft etabliert wird. Auch wenn früh feststeht, dass „nur" die Freundschaft in Frage kommt, wird in dieser Phase das gemeinsame Bild der Beziehung ausgehandelt und damit auch die Identität der Freundinnen in ihrer Beziehung als Freundinnen – was nicht bedeutet, dass dieser Aushandlungsprozess dann an einem bestimmten Punkt als abgeschlossen betrachtet werden kann (Lenz 2009, 84–85).

Auch der wechselseitig stattfindende Prozess der Selbstenthüllung, wie er im Offenbarungsmodell betont wird, hat in seiner vertrauensbildenden Wirkung einige Beachtung gefunden (Lenz 2009, 89). Die Entstehung der Freundschaft kann nicht auf eine einzelne Begegnung festgelegt werden, in der die Aufeinandertreffenden beschließen, jetzt Freundinnen zu sein. Auch wenn Facebook heute suggeriert, es genüge eine Anfrage zu schicken und eine positive Antwort zu erhalten, so erscheint der Vorschlag, den Prozess als eine „komplexe Wahlhandlung" (Jeske 2008) zu begreifen, erheblich plausibler.

In der Soziologie liegt auch bei der Untersuchung von *bestehenden* Beziehungen der Fokus auf romantischen Partnerschaften. Dennoch lassen sich auch hier einige Einsichten plausibel auf Freundschaften übertragen. Karl Lenz (2009) stellt zunächst fest, dass nicht klar ist, an welchem Kriterium überhaupt festgemacht werden kann, dass die Entstehungsphase abgeschlossen ist und es sich jetzt um eine etablierte Beziehung handelt. Der Aushandlungsprozess ist in der Entstehungsphase nicht abgeschlossen, sondern setzt sich in der bestehenden Beziehung fort, wenn auch in geringerem Maße. Selbstverständnis der Beziehung, geteilte Projekte etc. werden in Aspekten stetig neu verhandelt. Insofern sowohl die Beziehung selbst, als auch die Freundinnen sich ständig entwickeln, wäre es verkehrt, die bestehende Beziehung einfach als ein statisches Gebilde zu betrachten. Die Entwicklung der Freundinnen erfolgt nicht unabhängig von der bestehenden Beziehung, sondern die Freundschaft trägt zu dieser Entwicklung bei. Trotz einer Tendenz zu gemeinsamer Entwicklung sind aber auch Konflikte und Krisen ein verbreitetes Phänomen bestehender Beziehungen und damit Gegenstand der soziologischen Forschung. Von Konflikten, worunter alle Arten von Auseinandersetzungen über inkompatible Auffassungen oder Ziele zu verstehen sind, lassen sich Krisen unterscheiden. Lenz bezeichnet als Krise „eine subjektiv als belastend wahrgenommene Veränderung der Beziehung [...], die eine Unterbrechung der Kontinuität des Handelns und Erlebens und eine Destabilisierung im emotionalen Bereich zur Folge hat" (Lenz 2009, 135). Interessant sind darüber hinaus die drei typischen Ursachen von Krisen, die er benennt: (1) „reale Veränderung der Person(en)", (2) die „Veralltäglichung" – es tritt in den Hintergrund, was den Wert der Beziehung ausmachte, (3) „Veränderungen im Verhältnis zur Außenwelt" (Lenz 2009, 139). Hier werden drei Faktoren genannt, die die Entwicklung von bestehenden Beziehungen notwendig beeinflussen, obwohl sie nicht notwendig zu Konflikten und Krisen führen. Und auch nicht jede Krise führt zum Ende einer Beziehung. Sowohl Krisen als auch Konflikte können überwunden werden.

Einen genaueren Blick auf Konflikte in Freundschaften wirft auch Michal McCall, der die Ansicht vertritt, dass sich Freundschaften als Beziehungen über einen Fokus sowie sogenannte *Boundary Rules*, also begrenzende Regeln, erfassen lassen. Als Fokus nennt er die gegenseitige Unterstützung der Beteiligten in Bezug auf ihre Rollenidentitäten. Diese Festlegung erscheint arbiträr – statt den Fokus aller Freundschaften als festgelegt anzunehmen, lässt sich auch dieser selbst als Ergebnis eines Aushandlungsprozesses innerhalb von Freundschaften verstehen. Auf die Frage, auf die Verwirklichung welcher Werte sich Freundschaften fokussieren können, werde ich im sechsten Kapitel vertieft eingehen. Die begrenzenden Regeln hingegen legen fest, welche Tätigkeiten Bestandteil der Freundschaft sind – und damit auch, welche Themen besprochen werden, insofern der kommunikative Austausch eine Tätigkeit der Freundschaft darstellt. McCall schreibt über Veränderungen von Beziehungen:

> Such changes occur when one or more of the individuals engaged in the encounter or relationship becomes dissatisfied with the boundary rules. These individuals break the boundary rules accidentally or purposefully, and the break signals a desire for change. But the individual can only *break* the boundary rules by himself; to *change* them requires social effort. Thus, if the other participants agree that a change is necessary or even acceptable, a new phase begins. If the others fail to agree, there is a break with no remedy. In this case, we speak of a *crisis* occurring in the encounter or relationship. One method of solving the crisis is to end the encounter or relationship; another is to exclude the offender. [...] Of course, anything short of ending the encounter or relationship means that some change occurs [...]. But the enacted change may not be the one desired by the offender. The encounter or relationship has not entered a new phase. Not quite as it was before the break but unable to be anything else, the encounter or relationship simply limps along with a makeshift focus and makeshift boundary rules to protect it. (McCall 2011, 49)

Nach McCall ist es plausibel anzunehmen, dass jeder Verstoß gegen die bestehenden begrenzenden Regeln eine Krise verursacht, dass jedoch genau solche Krisen für die Beziehung auch notwendig sind, um eine neue Phase zu erreichen, für die Fokus und Grenzen neu ausgehandelt werden können.

Die hier dargelegten Überlegungen beanspruchen in keiner Weise, den dynamischen Charakter von Freundschaften vollständig einzufangen, sollten aber hinreichend deutlich machen, warum auch bestehende Freundschaften notwendig als Prozess – nämlich als wandelbare und sich ständig wandelnde Beziehungen – begriffen werden müssen. Der Hinweis auf Konflikte und Krisen und ihren möglichen Beitrag zur Anpassung der Beziehung an veränderte Bedürfnisse ist auch notwendig, um das Verhältnis von Beziehung und Ideal zu beleuchten: Selbst für Beziehungen, die einem angestrebten Ideal einer Freundschaft für einen gewissen Zeitraum sehr nahe kommen, ist es plausibel anzunehmen, dass sie Konflikte und Krisen durchlaufen. Sofern ständige Veränderung ein notwendiges Faktum jeder Beziehung darstellt, ist anzunehmen, dass kaum eine Beziehung *dauerhaft* gleich harmonisch und stabil abläuft. Die Qualität einer konkreten Beziehung kann daher immer aus mindestens zwei Perspektiven bewertet werden – wir können die historische Perspektive auf das, was diese Freundschaft bisher war, mindestens theoretisch von der Momentaufnahme unterscheiden, die versucht in den Blick zu nehmen, welche Ziele die Beziehung aktuell verwirklichen kann. Hinzu käme als Drittes eine zukunftsgewandte Perspektive, die von unseren Erwartungen bestimmt ist, wie sich die Beziehung absehbar entwickeln wird oder entwickeln könnte.

Auch in Bezug auf das mögliche *Ende* von Freundschaften lässt sich festhalten, dass sich dieses üblicherweise besser als Prozess, denn als Ereignis beschreiben lässt. Am ehesten einem Ereignis gleicht sicher das Ende einer Freundschaft durch den Tod einer der Freundinnen. Die Soziologie betrachtet gerade dieses Ende der aus aristotelischer Sicht gelungenen Freundschaft als uninteressant und befasst sich mit der willentlichen Auflösung von Beziehungen (Duck 1982, 2, vgl. Lenz 2009, 159–168).

Steve Duck kritisiert an der gängigen Forschungspraxis seines Fachs nicht nur die tendenziell statische Perspektive, sondern auch die Tendenz, das Ende einer Beziehung als einen geordneten und willentlich gesteuerten Prozess zu verstehen:

> We must also plainly acknowledge that the activity leading to relationship dissolution is not necessarily consciously 'driven' [...]. It is undesirable to assume that disengagement is necessarily orderly, predictable and certain. Most often it is messy, uncontrolled and uncertain. (Duck 1982, 3)

Duck schlägt vor, den Prozess der Auflösung in vier Phasen zu begreifen:

> It begins with an emphasis on the private decisions that must be faced by a person wishing to foreclose on a relationship, goes on to discuss communicative and strategic matters within the dyad, focuses on the social negotiations that follow, and finally addresses the issue of publicly accounting for the break. (Duck 1982, 13)

Die Feststellung, dass bei einem selbst die passende Einstellung nicht mehr vorhanden ist, wird hier als Ausgangspunkt der Entscheidung verstanden, auch der Partnerin mitzuteilen, dass man diese Beziehung nicht fortsetzen möchte. Dieses Auseinandergehen muss jedoch in einigen Aspekten selbst wiederum ausgehandelt werden. Hinzu kommt die Aufgabe, Dritte über den geänderten Stand der Dinge zu informieren, sowie den neuen Status quo ggf. gegen sozialen Druck durchzusetzen. Zuletzt muss eine rückblickende Erklärung gefunden werden, warum die Beziehung gescheitert ist. Lenz weist daraufhin, dass diese Phasen nicht als strenge Folge verstanden werden sollten, sondern sich häufig gleichzeitig abspielen (Duck 1982, 13–14, Lenz 2009, 164–168). Diese Phasen mögen zu einem höheren Grad typisch für Partnerschaften sein, da Partnerschaften einen größeren gesellschaftlichen Stellenwert einnehmen, sie werden jedoch zumindest auch in einigen endenden Freundschaften durchlaufen.

Zwei typische Modelle des Endens von Freundschaften schlägt auch Laurence Thomas (1987) vor – das graduelle Ende der Freundschaft wird bei ihm als aus normativer Perspektive unproblematisches Szenario dem Verrat gegenübergestellt. Das graduelle Ende der Freundschaft hatte schon Aristoteles betrachtet, als er darüber sprach, dass die Freundschaft als reine Disposition ohne Praxis nicht lange überdauern kann. Thomas nimmt aber nicht an, dass allein räumliche Trennungen zu einem solchen Ende führen können. Freundinnen können sich seiner Ansicht nach auch trotz räumlicher Nähe in einem übertragenen Sinne voneinander entfernen, bis sie zu einem bestimmten Zeitpunkt feststellen, dass sie vielleicht noch eine verarmte gemeinsame Praxis teilen, diese aber kaum noch als Freundschaft verstanden werden kann. Denn die dabei vorausgesetzte Einstellung ist auf mindestens einer Seite nicht mehr vorhanden und die Person erwartet auch nicht, dass sich ihre Einstellung zur Freundin und zur Beziehung in näherer Zukunft wieder wandeln wird. Was zunächst vielleicht nur als schlechte Phase oder durch äußere Umstände bedingte Pause der Beziehung wahrgenommen wurde, erweist sich als ihr mindestens vorläufiges Ende. Typisch ist in diesem Fall, dass die Möglichkeit, die Beziehung zu einem späteren Zeitpunkt wiederzubeleben, offen bleibt.[4]

Als zweiten Fall benennt Thomas den Verrat:

> to betray another is to give the person in question good reason to believe that one fully embraces and is committed to the continued realization of that shared ideal and then to turn around and do with unquestionable deliberateness and intentionality that which is unequivocally contrary to the realization of that very goal. (Thomas 2013, 41)

Thomas beschreibt hier den Verrat als ein unzweifelhaft feststellbares Ereignis, mit Duck können wir ihn der intra-psychischen Phase zuordnen. Duck betont, dass wir in dieser Phase unsere eigene Einstellung zur Partnerin in Frage stellen und schließlich für unzureichend erklären. Im Fall des Verrats erscheint es auf den ersten Blick so, als wäre nicht ich selbst es, die die Entscheidung fällt, die Beziehung zu beenden, sondern die andere. Diese Perspektive trügt. Ein Verrat muss zunächst einmal als solcher wahrgenommen werden – die Situation, die als Verrat empfunden wird, bedarf einer Interpretation. Und insofern wir Freundinnen in der Regel wohlwollend gegenübertreten, sollten wir davon ausgehen, dass wir in einer gelingenden Freundschaft nicht dazu neigen, eine Situation als Verrat zu verstehen. In einer gelungenen Vertrauensbeziehung ist anzunehmen, dass wir zunächst im Gegenteil geneigt sind, den Verrat als Option auszuschließen, weil wir vom Wohlwollen der anderen Person uns gegenüber zweifelsfrei überzeugt sind.

Thomas spricht allerdings vom unzweifelhaften Verrat. Um den Verrat festzustellen, müssen wir zunächst in der Lage sein, der anderen einen solchen zuzutrauen. Ist dieser Punkt einmal erreicht, mag der Verrat, sofern er in der Tat unzweifelhaft erscheint, notwendig zu einem Konflikt in der Freundschaft führen.

Aber dieser Konflikt führt nicht notwendig zum Ende der Beziehung. Die auftretende Differenz mag sich als überwindbar erweisen, weil etwa plausibel dargelegt wird, dass das als Verrat interpretierte Verhalten aus einer momentanen menschlichen Schwäche heraus zustande kam. Auch Entschuldigen und Verzeihen sind weit verbreitete soziale Praktiken, die in Freundschaften eine besondere Rolle spielen. Auch wenn ich aus meiner subjektiven Perspektive heraus verraten wurde, bleibt es also immer noch an mir, die Entscheidung zu treffen, aufgrund dieses Verrats die Freundschaft zu beenden.

4.7 Eine Konzeption enger Freundschaften

Ich habe der Diskussion um zentrale Merkmale von Freundschaften Streitfragen vorangestellt, ohne auf diese jeweils eine eindeutige Antwort zu geben. Denn worum hier gestritten wird, ist nicht die Beschreibung eines eindeutig in der Welt vorliegenden Phänomens, sondern die Verwendung des Begriffs „Freundschaft" in einem moralphilosophischen Kontext. Es lässt sich keine der vorgestellten Konzeptionen als *falsch* zurückweisen, lediglich konzeptionsinterne Widersprüche müssen als problematisch eingeordnet werden. Die im Folgenden genannten konstitutiven Merkmale einer Konzeption enger Freundschaften müssen entsprechend als Setzungen betrachtet werden, die beanspruchen, eine sinnvolle Unterscheidung zwischen engen Freundschaften und anderen, teilweise ähnlichen Beziehungen zu ermöglichen, ohne jedoch den Anspruch zu stellen, die einzig richtige Unterscheidung zu sein, die sich treffen ließe.

Ich schlage vor, folgende Merkmale als konstitutiv für enge Freundschaften zu betrachten:
(1) Ein Verständnis der Beziehung als *frei gewählt* mindestens im Hinblick auf ihre Entstehung.
(2) Eine gegenseitige Einstellung der *Liebe*, gekennzeichnet durch das Bemühen um innige Identifikation auf Basis umfassender Kenntnis der anderen.
(3) Eine beiderseitige Bereitschaft zur (partiellen) *Selbstoffenbarung*, um eine solche gegenseitige Kenntnis zuzulassen.
(4) Eine korrespondierende Praxis der Freundschaft, in der
   a) *Freude* in der Verfolgung gemeinsamer Projekte verwirklicht wird und
   b) die grundlegende Bereitschaft zum Ausdruck kommt, zumindest in einigen Hinsichten die *Interessen* der Freundin *als Handlungsgründe anzuerkennen*.

Aus diesen Merkmalen ergeben sich folgende Antworten auf die in Kapitel 3 aufgeworfenen Streitfragen:

Insofern wir annehmen, dass die Liebe als Einstellung der Freundschaft die Bereitschaft umfasst, Interessen der Freundin zumindest manchmal als Handlungsgründe anzuerkennen, müssen wir eine rein egoistische Freundschaftskonzeption zurückweisen. Die Interessen der Freundin als Handlungsgründe anzuerkennen bedeutet nichts anderes, als in einer Freundschaft zumindest gelegentlich altruistisch zu handeln. Das bedeutet nicht, dass es typisch für Freundschaften ist, sich aufopferungsvoll umeinander zu kümmern: Im Gegenteil sollten wir annehmen, dass Freundinnen vor allem solchen Tätigkeiten nachgehen, die beiden Freude bereiten und dass das gemeinsame Tätigsein weitgehend als in sich wertvoll empfunden wird.

Die Wertschätzung der Freundinnen beruht auf inniger Identifikation im Sinne einer Kenntnis der Freundin, die zumindest teilweise Aspekte ihrer Persönlichkeit umfasst, die anderen verborgen bleiben. Umfassende Übereinstimmungen in Ansichten und Interessen sind als Ergebnis einer langjährigen Freundschaft zu erwarten, sie stellen jedoch keine notwendige Voraussetzung für die Entstehung einer Freundschaft dar. Ein gewisses Maß an Übereinstimmung kann jedoch als notwendig angenommen werden, um umfassende Kenntnis und innige Identifikation überhaupt erst zu ermöglichen.

Eine Begrenzung der möglichen Zahl von Freundinnen ergibt sich auf Basis der hier vorgestellten Überlegungen eher aus der Praxis als aus der Einstellung: Wir können unsere Zeit nicht unendlich aufteilen, bevor die gemeinsam verbrachte Zeit kaum noch hinreicht, um uns ein Gefühl von Vertrautheit miteinander zu geben. Noch können wir mit beliebig vielen Menschen gleichzeitig gemeinsam handeln, dabei den Interessen aller gleichermaßen Aufmerksamkeit schenken und auf sie als Individuen eingehen. Steigern wir die Zahl der Freundinnen, dann wird irgendwann wegen der Vielzahl der an der Praxis Beteiligten jede Einzelne in der Anonymität der Masse untergehen.

Das Spannungsverhältnis zwischen einem Anspruch auf Dauerhaftigkeit und einer bestimmten Auffassung von Freiwilligkeit der Beziehung hatte ich oben bereits ausführlicher thematisiert. Die hier vorgestellten Überlegungen lösen diese Spannung nicht auf: Wir können versuchen, in unserer Beziehung maximale Sicherheit oder maximale individuelle Freiheit zu verwirklichen, nicht jedoch beides zugleich. Der Verweis auf den Prozesscharakter der Freundschaft ist noch einmal geeignet darzustellen, inwiefern der Anspruch an Dauerhaftigkeit einer Beziehung immer zum Teil als Illusion verstanden werden muss – sofern in Freundschaften Personen aufeinandertreffen, die sich schon allein durch die Beziehung selbst notwendig verändern, kann diese nicht als statisch vorgestellt werden. Um zu überdauern muss sie sich im Gegenteil trotz Veränderungen und Konflikten als wandlungsfähig unter Beweis stellen.

5 Freundschaften und andere Beziehungsformen

Freundschaften sind eine soziale Praxis und eine Form persönlicher Beziehungen. Wie unterscheiden sich Freundschaften von anderen persönlichen Beziehungen, und wie unterscheiden sie sich als *persönliche* Beziehung von eher *unpersönlichen* Beziehungen? Zur Beantwortung der ersten Frage werden im Folgenden Unterschiede zwischen Freundschaften und Familienbeziehungen, sowie Unterschiede zwischen Freundschaften und Partnerschaften thematisiert. Zur Beantwortung der zweiten Frage wird eine Abgrenzung zwischen Freundschaften und Bekanntschaften vorgeschlagen.

5.1 Freundschaft und Familienbeziehungen

Das zentrale Unterscheidungskriterium für Freundschaften im Unterschied zu Familienbeziehungen liegt im Verständnis der Beziehung als *freiwillig gewählt*. Unsere Familie wählen wir der alltäglichen Auffassung nach gerade nicht, in sie werden wir hineingeboren. Unsere Eltern, Geschwister, Tanten und Kinder haben wir uns nicht ausgesucht – einzelne Ausnahmen bestätigen hier nur die Regel, etwa im Fall der Adoption. Verwandtschaftsbeziehungen sind äußerst vielfältig und es bleibt hier nicht der Platz, sie im Einzelnen zu behandeln. Die Unterscheidung in symmetrische und asymmetrische Beziehungen bietet sich jedoch an, um weitere Gemeinsamkeiten und Unterschiede zu Freundschaften herauszustellen.

Es gibt Verwandtschaftsbeziehungen, in denen wir uns mehr oder weniger als gleiche gegenüberstehen und die als symmetrische Beziehungen zu betrachten sind: Ich bin notwendig die Schwester meiner Schwester und die Cousine meiner Cousine. Solche symmetrischen Verwandtschaftsverhältnisse können in ihrer Praxis Freundschaften stark ähneln, müssen es aber nicht. Denn wenn es zur Ausgestaltung der vorgegebenen Verwandtschaftsbeziehung kommt, dann ergibt sich auch hier die Dimension der Freiwilligkeit: Die größere Familie, in die die Beziehung eingebettet ist, wird vielleicht Begegnungen mehr oder weniger häufig notwendig bedingen. Ob wir über diese bedingten Begegnungen hinaus eine umfassendere Praxis pflegen und ein größeres Maß an Intimität aufbauen, bleibt uns überlassen. Dies gilt für Geschwister eingeschränkt, solange sie im Elternhaus leben. Die gemeinsame Praxis ist hier durch die Lebensumstände weitgehend vorgegeben. Diese kann auch hier zu einem gewissen Grad von den Geschwistern gestaltet werden. Aber die Option, sich aus der gemeinsamen Praxis ganz zurückzuziehen, wird in der Regel nicht gegeben sein. Spätestens im Erwachsenenalter haben jedoch auch Geschwister die Wahl, die gegebene Nähe aufrechtzuerhalten und eine größere Distanz zueinander aufzubauen. Symmetrische Familienbeziehungen und Freundschaft können somit zusammenfallen, wenn das tatsächlich vorhandene Maß an Intimität dem einer Freundschaft entspricht und der gemeinsame Umgang so gestaltet ist, dass er von beiden Seiten als frei gewählt aufgefasst wird. Viele symmetrische Familienbeziehungen werden jedoch hinter dem Anspruch enger Freundschaften zurückbleiben, sowohl in Bezug auf die Einstellung als auch in Bezug auf die Praxis. Sie ähneln in Bezug auf Einstellung und Praxis eher Bekanntschaften als Freundschaften.

Viele andere Verwandtschaftsverhältnisse sind als asymmetrische Beziehungen einzuordnen. Mutter und Tochter, Tante und Nichte, Großmutter und Enkelin. Sie umspannen verschiedene Generationen und sind damit mindestens zu Beginn der Beziehung, wenn die eine Partei noch Kind, die andere bereits Erwachsen ist, als in signifikantem Sinne ungleiche Beziehungen einzuordnen. Der Altersunterschied bedingt ein Machtgefälle und oft eine einseitige Abhängigkeit. Als stellvertretend für diese Kategorie werde ich im Folgenden die Eltern-Kind-Beziehung näher betrachten.

In der Entstehung der Eltern-Kind-Beziehung ist auf der einen Seite eine begrenzte, auf der anderen Seite gar keine Freiwilligkeit anzunehmen. Eltern können sich entscheiden, Kinder zu bekommen. Sie können sich jedoch (abgesehen wieder vom Sonderfall der Adoption) nicht aussuchen, welches Kind sie bekommen. Sie werden ihr Kind nicht erst kennenlernen und dann eine Beziehung mit ihm eingehen, sondern die Beziehung selbst ist primär. Die Kinder können in gar keiner relevanten Weise wählen, ob sie diesen Eltern geboren werden möchten. Geboren werden bedeutet für uns als Menschen gerade, in eine Situation hineingeboren zu werden, die wir nicht selbst gewählt haben. Zu Beginn unseres Lebens stehen wir in Beziehungen zu anderen, die durch Ohnmacht und Abhängigkeit, statt durch Macht und Autonomie geprägt sind (vgl. Schües 2008).

Insofern die Beziehung zu unseren Eltern mit der Frage nach unserer Herkunft, nach unserem Anfang in dieser Welt verbunden ist, lässt sie sich auch nicht so einfach beenden. Die biologische Elternschaft gibt Auskunft über unseren Ursprung als biologische Wesen, die soziale Elternschaft gibt Auskunft über unsere Sozialisation. Wir können uns später im Leben entscheiden, keine aktive Beziehung zu unseren Eltern zu pflegen und uns darum bemühen, auf Distanz zu ihnen zu gehen. Dies alles führt aber nicht dazu, dass wir keine Eltern mehr haben, oder uns andere Eltern aussuchen können. Mindestens sofern sie für unsere Herkunft bestimmend sind, bleiben sie unsere Eltern. In einem abstrakten Sinne ist die Beziehung damit unkündbar und in einem praktischen Sinne prägt sie notwendig unsere Identität (vgl. Foth 2019). Damit ist allerdings nichts über die Qualität der Beziehung ausgesagt. Ich habe den Begriff der persönlichen Beziehungen bisher für solche Beziehungen reserviert, in denen eine gegenseitige Wertschätzung *der Person als solcher und in ihrer Besonderheit* zum Ausdruck kommt. Dieses Kriterium werden Eltern-Kind-Beziehungen nicht notwendig erfüllen. Unser Ideal dieser Beziehung ist sicher eines der persönlichen Beziehung, in der Praxis kann diese Beziehung jedoch auch zu einer unpersönlichen, zu einer distanzierten, oder zu einer stark belasteten und belastenden Beziehung werden. Die Liebe ist keine konstitutive, aber eine umso stärker verankerte evaluative Norm der Eltern-Kind-Beziehung. Die Liebe von Eltern zu ihren Kindern wird häufig als die stärkste Form von Liebe angeführt und gerade hier wird ihre Bedingungslosigkeit betont. Sie kann als die aufmerksamste und anspruchsvollste Form der Liebe verstanden werden (Hoffmann 2014, 193 202–205).

Ungleichheit im Sinne einer hierarchischen Beziehung ist ein offensichtliches Merkmal der Beziehung von Eltern zu jungen Kindern. Das Kind ist nicht nur in der täglichen Versorgung, sondern auch in der persönlichen Entwicklung in einem starken Maß von seinen Eltern abhängig. Die Eltern treten als Autoritätspersonen auf. Dem entsprechen unterschiedliche Pflichten auf beiden Seiten: Fürsorgepflichten auf Seiten der Eltern und eventuell Dankbarkeitspflichten auf Seiten der Kinder. Die Asymmetrie der Beziehung drückt sich zudem in einer Asymmetrie des Wissens über das Leben der anderen aus und geht mit einem diese Asymmetrie begründenden *Recht* auf größeres Wissen auf Seiten der Eltern einher: Solange die Kinder Kinder sind, ist ein umfassendes Wissen auch über privateste Angelegenheiten ggf. notwendig, um Entscheidungen im Sinne ihres Wohlergehens treffen zu können (Thomas 2013, 38).

In Bezug auf die Ziele der sozialen Praxis der Eltern-Kind-Beziehung lässt sich feststellen, dass diese mindestens ein zentrales Ziel verfolgt, das in Freundschaften keine besondere Rolle spielt, nämlich die Sozialisation des Kindes. Mit diesem Ziel geht einher, dass sich eine Ungleichheit auch in Bezug auf die Erwartungen klar aufzeigen lässt, die beanspruchen, sich an den je individuellen Bedürfnissen auszurichten. Eltern werden dann primär als verantwortlich für die Entwicklung ihrer Kinder adressiert, während diese mindestens in jungen Jahren zunächst einmal primär als *Empfänger* von Liebe verstanden werden (Honneth 2011, 278, 294–295). Gerade in dieser asymmetrischen Beziehung sehen Harry Brighouse und Adam Swift (2008) auch einen besonderen Wert für die Eltern: Es stellt sich für diese als in spezifischer Weise wertvoll dar, die Rolle einer Vertrauensperson für ein von ihnen abhängiges Kind übernehmen zu können.

Unter den beschriebenen Umständen sind die Unterschiede zwischen Eltern-Kind-Beziehung und Freundschaft zu groß, als dass ein Zusammenfallen von beiden angenommen werden kann. Ernsthaft wird die Möglichkeit einer Freundschaft zwischen Eltern und Kindern erst im Erwachsenenalter diskutiert, wenn die einseitige Abhängigkeit nicht mehr besteht. Thomas ordnet eine solche

Freundschaft als möglich, aber unwahrscheinlich ein (Thomas 2013, 39). Eine weit optimistischere Perspektive auf diese Option bzw. auf die Möglichkeit einer zunehmenden Entwicklung hin zu freundschaftlichen *Aspekten* in einer Eltern-Kind-Beziehung im Erwachsenenalter entwickelt Hannes Foth (2020). Um eine konkrete Beziehung zwischen erwachsenen Kindern und ihren Eltern im hier vertretenen Sinne als Freundschaft zu fassen, ist es mindestens notwendig zu zeigen, dass trotz der Ausgangsbedingungen die Beziehung als gewählt betrachtet werden kann, insofern zwischenzeitlich die Option bestand, sie zu beenden oder zumindest nicht in der tatsächlich vorliegenden Intensität weiterzuführen. In ähnlicher Weise müssen auch in anderen Verwandtschaftsbeziehungen, die zunächst asymmetrisch sind, Abhängigkeiten und Ungleichheiten überwunden werden, um von einer Freundschaft im engen Sinne sprechen zu können. Viele Werte der Freundschaft, wie gemeinsame Freude, Unterstützung, Nutzen etc. werden jedoch auch ohne eine Annäherung an Freundschaften in diesen Beziehungen in ähnlicher Weise verwirklicht, sofern sie nicht allein in einem abstrakten Verwandtschaftsverhältnis bestehen, sondern sich durch eine gemeinsame Praxis auszeichnen, die der der Freundschaft in vielen Hinsichten ähneln kann.

5.2 Freundschaft und Partnerschaft

Die Abgrenzung zwischen Freundschaften und Partnerschaften ist nicht leicht zu greifen, obwohl sie uns im Alltag als wenig problematisch erscheint. Beide Beziehungsformen werden als gegenseitig und symmetrisch vorgestellt, sind mindestens in Bezug auf ihre Entstehung frei gewählt und setzen gegenseitige Kenntnis und Zuneigung voraus. Als naheliegende Kandidaten für die Abgrenzung erscheinen sexuelle Intimität bzw. sexuelles Verlangen, ein Anspruch auf Exklusivität, die verbindliche Festlegung auf eine gemeinsame Zukunft, sowie die Familienplanung. Auf den zweiten Blick erweisen sich alle diese Kriterien jedoch als erläuterungsbedürftig.

Die Bedeutung von sexueller Intimität erfährt in unserer Gesellschaft einen Wandel. Sexuelle Begegnungen finden zunehmend außerhalb fester Partnerschaften statt, in Form von kurzfristigen Affären oder One-Night-Stands, aber auch in Freundschaften, die gelegentliche sexuelle Kontakte umfassen können. Sexuelle Intimität ist also kein hinreichendes Kriterium, um das Vorliegen einer Partnerschaft festzustellen. Mindestens bräuchte es dazu eine Theorie darüber, was eine sexuelle Intimität in Partnerschaften auszeichnet, im Unterschied zu einer Sexualität, die auch in Affären oder im Kontext von Freundschaften ausgelebt werden kann.

Es muss zudem in der heutigen Zeit als falsch erscheinen, Sexualität als notwendig für das Vorliegen einer Partnerschaft zu betrachten. Formen menschlicher Sexualität jenseits der vorherrschenden Heterosexualität geraten zunehmend in den Blick der Öffentlichkeit und zu diesen gehört auch die Asexualität. Asexuelle Menschen haben kein Bedürfnis nach sexueller Intimität. Das bedeutet jedoch nicht, dass sie kein Bedürfnis nach Intimität hätten – und so sagen viele asexuelle Menschen von sich selbst, dass sie durchaus auf der Suche nach einer lebenslangen romantischen Partnerschaft sind oder eine solche führen.[1] Und auch nicht grundlegend asexuelle Menschen mögen ihre Sexualität in verschiedenen Lebensphasen als unterschiedlich wichtig für ihr Selbstverständnis betrachten: Auch ihre Partnerschaften können über Jahre hinweg ohne eine wesentliche sexuelle Komponente bestehen, ohne deshalb aufzuhören, Partnerschaften statt Freundschaften zu sein. Sexuelle Intimität als notwendiges Merkmal von Partnerschaften würde also eine Reihe von Beziehungen aus diesem Begriff ausschließen, die wir im Alltag ganz selbstverständlich als Partnerschaften begreifen, und würde Menschen, die sich als asexuell begreifen, das Bedürfnis nach einer Partnerschaft absprechen.

Ähnlich problematisch ist die Annahme, eine gemeinsame Familienplanung sei ein notwendiges Merkmal von Partnerschaften. In Anknüpfung an Auffassungen von Familie als Ort, an dem Kinder großgezogen werden, könnte man Partnerschaft als die Beziehung begreifen, die auf die Familiengründung abzielt. Aber wieder würden wir eine schwer zu verteidigende Engführung vornehmen: All jene Paare, die keinen Kinderwunsch hegen, würden plötzlich nichtmehr als Paare gelten (vgl. Archard 2010, 10). Als hinreichendes Merkmal mag die Familienplanung uns weiterhelfen – zwei Menschen, die eine gemeinsame Familie planen, werden in unserer Gesellschaft als Paar, nicht als Freundinnen begriffen. Aber über dieses Kriterium können wir nur einen Teil der Beziehungen einfangen, die es zu beschreiben gilt.

Ein Kriterium, das zumindest eine graduelle Abgrenzung von Beziehungen erlaubt, die wir eher als Freundschaften oder eher als Partnerschaften verstehen, wäre die Freiwilligkeit. Dieses Kriterium ist zum Beispiel für Hoffmann zentral, die Freundschaft als die flexibelste Art der Liebe begreift:

> Since friendship allows for great leeway in terms of voluntariness and non-exclusiveness, I consider friendship to be *the most relaxed and flexible kind of love*. However, the other side of the coin is that friendship is highly exposed to the danger of estrangement. (Hoffmann 2014, 198)

Die Freiwilligkeit der Partnerschaft bezieht sich je nach Konzeption allein oder aber zumindest primär auf ihren Entstehungskontext – spätestens die Ehe wird trotz aller Scheidungsraten in ihrem Anspruch als verbindliche Beziehung konzipiert. Insofern der Anspruch in Partnerschaften gelegentlich auf den Anspruch einer Lebens-Abschnitts-Gemeinschaft reduziert wird, wird die Auffassung der Partnerschaft typischen Vorstellungen von Freundschaften angenähert. Zudem ist bei den Streitfragen um die Freundschaft aufgezeigt worden, dass es Konzeptionen von Freundschaft gibt, die die Verbindlichkeit stärker betonen, als dies bei Hoffmann der Fall ist. Auch Freundschaften, insbesondere langjährige Freundschaften, können einen hohen Anspruch an Verbindlichkeit stellen. Obwohl dieses Kriterium zur Abgrenzung also für die meisten von uns plausibel sein mag, können wir gelegentlich auf Freundschaften treffen, die mehr Verbindlichkeit beanspruchen als eine konkrete Partnerschaft, die diesen Anspruch gerade nicht betont.

Hoffmann verweist zudem auf den Anspruch auf Exklusivität als Unterscheidungsmerkmal von Partnerschaften und Freundschaften. Aber auch dieses Kriterium ist mindestens erläuterungsbedürftig. Der Verzicht auf Exklusivität in Freundschaften ist zunächst so zu verstehen, dass prinzipiell das Bestehen mehrerer Beziehungen gleichen Typs akzeptiert wird, welches in verbreiteten Vorstellungen von Partnerschaft gerade ausgeschlossen wird. Die Exklusivität der Partnerschaft kann aber auch nicht absolut verstanden werden: Wir fordern selbst in den engsten Partnerschaften nicht von unserer Partnerin, sie dürfe *keine weiteren persönlichen Beziehungen* pflegen. (Sofern diese Erwartung im Einzelfall doch vorkommt, betrachten wir sie als verfehlt und pathologisch.) Der Anspruch bezieht sich lediglich auf weitere persönliche Beziehungen vom gleichen Typ. Dann aber müssen wir Typen von Beziehungen erst unterscheiden können, bevor wir den Anspruch auf Exklusivität überhaupt stellen können – eine Unterscheidung über dieses Merkmal wäre zirkulär. Anders können wir den Anspruch an Exklusivität so verstehen, dass alle weiteren Beziehungen *dieser* Beziehung nachgeordnet werden müssen. Dieser Anspruch ist aber auch diskussionswürdig: in vielen Partnerschaften mag es akzeptiert sein, die Beziehung zu den gemeinsamen Kindern über die Beziehung zur Partnerin zu stellen. Sofern die Abgrenzung zur Eltern-Kind-Beziehung jedoch über andere Merkmale erfolgen kann, ist es vielleicht plausibel, diesen Anspruch als Abgrenzungskriterium von Partnerschaften zu Freundschaften zu verstehen: Partnerschaften beanspruchen dann, im Leben der Partnerinnen einen höheren Stellenwert einzunehmen als Freundschaften, während Freundschaften weitere Beziehungen gleicher oder höherer Bedeutsamkeit dulden. Aber ist es wirklich auszuschließen, dass es Menschen gibt, die Freundschaften über ihre Partnerschaft stellen, ohne diese damit zu gefährden?

Plausibler ist die Annahme, dass der Exklusivitätsanspruch der Partnerschaft als ein Anspruch auf Exklusivität in Bezug auf Teilbereiche der Beziehung zu verstehen ist. Ein typischer Teilbereich, in dem die Partnerschaft meist Exklusivität beansprucht, ist die oben schon diskutierte sexuelle Intimität. Selbst wenn sexuelle Exklusivität in einer Beziehung nicht beansprucht wird, kann sich der Exklusivitätsanspruch ggf. auf andere Bereiche der Beziehung beziehen. So mag es plausibel erscheinen, dass in einer Partnerschaft die Regel formuliert wird, dass Sex mit anderen in Ordnung ist, dass dieser jedoch niemals in der gemeinsamen Wohnung stattfindet. Auf diese Weise wird dann ein Ort geschaffen, der ein Maß an Exklusivität der Beziehung symbolisiert. Oder es kann zur Partnerschaft, die auf Sexualität vollständig verzichtet, der Anspruch gehören, dass man möglichst jede Nacht im gemeinsamen Bett schläft und auf diese Weise einen Raum für eine andere Art von Intimität schafft.

In anderen Hinsichten können aber auch Freundschaften Exklusivitätsansprüche in Bezug auf bestimmte Teilbereiche umfassen (Hoffmann 2014, 194–201). Am weitesten geht ein solcher Exklusivitätsanspruch vielleicht in den ‚besten' Freundschaften der späten Kindheit. Auch in anderen Freundschaften kommt es vor, dass wir eine bestimmte gemeinsame Tätigkeit zu *unserer gemeinsamen Sache* erklären und zu Recht enttäuscht sind, wenn die andere dieser Tätigkeit ohne uns nachgeht: Ein simples und alltägliches Beispiel wäre eine gemeinsame Fernsehserie, die man eben nur *gemeinsam* weiter anschaut, oder ein bestimmtes Urlaubsziel, das man im Leben immer und ausschließlich gemeinsam besucht hat. Selbst wenn der Anspruch auf Exklusivität nicht geeignet ist, eine scharfe Grenze zwischen Freundschaften und Partnerschaften zu ziehen, erscheint er als das plausibelste Kriterium. Hoffmann stellt zudem heraus, dass gerade der Anspruch auf Exklusivität es ermöglicht, in Partnerschaften auch den höheren Grad an Intimität zu erreichen, den wir ihnen oft zuschreiben:

> However, unlike friendship, romantic love allows for even more intimacy and thus may be regarded as *the most intense kind of love*. (Hoffmann 2014, 201)

Sofern sich Intimität, Exklusivität und Freiwilligkeit als abstufbar verstehen lassen, kann nach diesen Kriterien ein fließender Übergang zwischen Freundschaften und Partnerschaften angenommen werden. Die zugrundeliegende Einstellung der Liebe bewegt sich sowohl in Partnerschaften als auch in Freundschaften auf einem Kontinuum zwischen Flexibilität und Intensität, wobei Freundschaften *typischerweise* stärker zur Flexibilität neigen, Partnerschaften hingegen zur Intensität. Im Alltag fällt es uns daher in der Regel nicht schwer, zwischen Freundschaften und Partnerschaften zu unterscheiden, obwohl die Festlegung eindeutiger notwendiger und hinreichender Bedingungen scheitert, wenn man ein weites Verständnis von Partnerschaft zugrunde legt. In Bezug auf die jeweils verwirklichten Werte ist anzunehmen, dass Freundschaften tendenziell einen größeren Spielraum zur Verwirklichung unterschiedlicher Dimensionen der Freiheit gewähren, während Partnerschaften über den Anspruch an Verbindlichkeit ein höheres Maß an Sicherheit bieten. Zudem umfasst die Partnerschaft mindestens die Option, die Gründung einer gemeinsamen Familie als ein Ziel der Beziehung zu setzen.

Eine klare Unterscheidung über die genannten weichen Kriterien hinaus ist dann möglich, wenn wir die institutionalisierte Partnerschaft, also die Ehe betrachten. Hier wird der Anspruch auf Exklusivität *dieser* Beziehungsform und die lebenslange Verbindlichkeit vor Zeuginnen zugesichert. Die Ehe in Deutschland begründet einen Anspruch auf eine Lebensgemeinschaft, eine Vertretungsmacht in Geschäftsverhältnissen, einen gegenseitigen Unterhaltsanspruch und vieles mehr. Auch über rechtlich festgelegte Scheidungsgründe werden Ansprüche und Exklusivität der Beziehung teilweise geregelt: Die (nicht mehr) bestehende Lebensgemeinschaft ist das zentrale Kriterium, über das in Deutschland ein Recht auf Scheidung geregelt wird. Selbst über eine Scheidung hinaus bleiben möglicherweise begrenzte Ansprüche der Partnerinnen gegeneinander bestehen. Dieses Abgrenzungskriterium ist auch über tatsächlich geschlossene Ehen hinaus wirksam, sofern Partnerschaften mit Blick auf diese institutionalisierte Form als spätere Option gestaltet werden. Eine vergleichbare Möglichkeit, Freundinnen durch institutionalisierte Praktiken einen besonderen Status zukommen zu lassen, gibt es in unserer Gesellschaft nicht.

5.3 Freundschaft und Bekanntschaft

Die Abgrenzung zwischen Freundschaften und Bekanntschaften kann nur als eine graduelle Unterscheidung verstanden werden. Freundschaften entstehen notwendig aus Bekanntschaften und sie können auch erneut zu ‚bloßen' Bekanntschaften werden, wenn sich die Beziehung im Laufe der Zeit verändert. Enge Freundschaften, so habe ich herausgearbeitet, stellen eine Form persönlicher Beziehungen dar. Bekanntschaften hingegen ordnen wir als eher unpersönliche Beziehungen ein. Sie sind bei weitem nicht der paradigmatische Fall einer unpersönlichen Beziehung – als Beispiel dafür würde besser die Beziehung zwischen mir und einer Verkäuferin im Supermarkt dienen –, aber dennoch geht es uns in Bekanntschaften weit weniger um die Bekannte *als ganze Person* und *in ihrer Individualität*, als wir das in engen Freundschaften voraussetzen. Die Abgrenzung von engen Freundschaften zu losen Bekanntschaften stellt damit gleichzeitig eine Abgrenzung zwischen persönlichen und unpersönlichen Beziehungen dar.

Das Merkmal der Freiwilligkeit ist zentral für die Freundschaft. Es kann nicht nur auf die Entstehung und Ausgestaltung der Freundschaft in ihrem Charakter als enge Freundschaft begriffen werden. Wir können zudem davon ausgehen, dass sich die freiwillige Dimension der Freundschaft in der Freiwilligkeit einzelner Interaktionen ausdrückt und ständig aktualisiert. Diesen Aspekt der Freiwilligkeit schlägt Suzanne Kurth (2011) als Merkmal zur Abgrenzung von Freundschaften und freundschaftlichen Bekanntschaften vor. In der Einleitung hatte ich darauf hingewiesen, dass persönliche Beziehungen in Abgrenzung zu Rollenbeziehungen gefasst werden können. Viele Bekanntschaften stellen solche Rollenbeziehungen dar:

> In a complex society such as ours, we are involved in relationships with many people. Many are prescribed role relationships. We form friendly relations with many people in such role relationships. A friendly relation may facilitate the interaction associated with fulfilling formal role requirements. (Kurth 2011, 137).

Kurth verweist mit diesem Zitat darauf, dass es in westlichen Gesellschaften heute für uns selbstverständlich ist, aufgrund unserer Rollen in einer vergleichsweise engen Verbindung mit vielen Menschen zu stehen. Um die hier notwendigen Interaktionen angenehmer zu gestalten, bemühen wir uns um einen freundschaftlichen Umgang miteinander. Insofern es sich aber weiterhin um Rollenbeziehungen handelt, zeichnen sich diese Beziehungen dadurch aus, dass die Interaktionen auf einen engen Kontext begrenzt sind, in dem sich die Personen in nur einer Rolle, oder zumindest in wenigen Rollen, begegnen. Es ist möglich, dass aus einer solchen Beziehung eine Freundschaft erwächst, aber dies ist bei weitem nicht immer erwünscht. Denn freundschaftliche Bekanntschaften sind in einigen Situationen einer engen Freundschaft vorzuziehen:

> Also, friendly relations are desirable *because* they lack many characteristics of friendships while still providing us with a pleasant basis of association. We are frequently ambivalent about intimate relationships such as friendships, for we encounter in them considerable costs as well as considerable rewards. One can sustain friendly relations with several others at one time, but many friendships are difficult to maintain because considerable expenditures are involved in each. (Kurth 2011, 138)

Was hier unter anderem aufgegriffen wird, ist die begrenzte Zahl möglicher Freundschaften: Wir können vielleicht mit einigen, aber nie mit vielen Menschen eng befreundet sein. Wenn wir aber im Alltag mit vielen Menschen regelmäßigen Umgang pflegen, und diesen so angenehm wie möglich gestalten wollen, ist die freundschaftliche Bekanntschaft der Freundschaft vorzuziehen, weil sie uns weniger abverlangt. In der Ausdrucksweise einer Abwägung von Kosten und Nutzen zeigt sich bei Kurth die Tendenz einer nutzenorientierten Perspektive auf Freundschaften – zu viele Freundschaften würden sich aus dieser Perspektive als zu kostspielig erweisen. Anders betrachtet könnte man davon sprechen, dass unsere Konzeption guten Lebens deshalb nicht viele enge Freundschaften umfasst, weil wir schlicht nicht in der Lage sind, innige Identifikation sowie eine darauf basierende umfassende Wertschätzung zu vielen Menschen gleichzeitig aufzubauen.

Worauf verweist dann im Begriff der ‚freundschaftlichen Bekanntschaft' das Adjektiv *freundschaftlich*? Auch ohne die Basis einer innigen Identifikation können wir mit anderen Menschen wertschätzend umgehen. Wir können uns um ein Verständnis der Anderen, um ein Maß an Offenheit, um eine für beide angenehme Gestaltung gemeinsamer Tätigkeiten sowie um gegenseitige Unterstützung bemühen. Wir bemühen uns dann in der Gestaltung der vorgegebenen Kontexte gemeinsamer Praxis diese so nah wie möglich am Modell der Freundschaft auszurichten, ohne dass dieses Bemühen jedoch über den gegebenen Kontext gemeinsamer Tätigkeit hinausreicht.

Die Freundschaft lässt sich in Abgrenzung zu dieser bloß freundschaftlichen Bekanntschaft dadurch fassen, dass sie den Rahmen der vorgegebenen Rollenbeziehung überschreitet:

> A friendly relation lacks the sense of uniqueness there is in friendship. If we had a friendly relation with the occupant of a counterposition, when the former one leaves we generally will try to establish a friendly relation with the new occupant of the position. (Kurth 2011, 139).

Die Interaktion der Bekannten bleibt üblicherweise an die jeweiligen Rollen gebunden und es ist typisch, dass wir in dem Fall, dass die Rolle durch eine andere Person neu besetzt wird, uns um eine vergleichbare Beziehung bemühen. So bemühen wir uns typischerweise um freundschaftliche Bekanntschaften mit zumindest einigen Personen, mit denen wir täglich zusammenarbeiten. Scheidet eine Kollegin aus und eine neue Kollegin übernimmt ihre Position, so bemühen wir uns um eine vergleichbar gute Beziehung zu ihr wie zu ihrer Vorgängerin. In ihrer Rolle sind die Kolleginnen für uns austauschbar. Austauschbarkeit bedeutet hier nicht, dass die Kolleginnen für uns nicht unterscheidbar sind. Natürlich können wir sie aufgrund unterschiedlicher Eigenschaften wertschätzen. Aber die freundschaftliche Beziehung, die wir führen, hängt zentral von der Rolle der anderen ab. Die Bekanntschaft zur früheren Kollegin wird sich typischerweise mit der Zeit auflösen. Ist dies nicht der Fall, und wir bemühen uns um ein Aufrechterhalten der Beziehung jenseits unserer jeweiligen Rollen als Arbeitskolleginnen, dann ist der Schritt von der freundschaftlichen Bekanntschaft zur Freundschaft getan, weil die Beziehung jetzt über erkennbar freiwillige Interaktionen gepflegt wird. Und um aus einer freundschaftlichen Bekanntschaft eine Freundschaft zu machen, ist es nach Kurth gerade notwendig, dass eine Partei signalisiert, dass sie an einer Interaktion außerhalb des typischen Kontextes dieser Beziehung interessiert ist, die als eindeutig freiwillig gewählt verstanden werden kann:

> Friendship relationships necessitate interaction that is more unambiguously voluntary. To indicate to ourselves and others that we have established an intimate, enduring relationship such as friendship, we get involved in activities and situations at times clearly beyond those associated with formal role positions. (Kurth 2011, 139).

Mit Arbeitskolleginnen zu Mittag zu Essen wäre nicht eindeutig, weil hier nur begrenzte Möglichkeiten zur Verfügung stehen und vielleicht einfach keine bessere Gesellschaft zu haben ist. Jemanden hingegen für das Wochenende zum Essen einzuladen, wäre ein klares Signal für ein Bemühen um die Vertiefung der Beziehung.

Ist das Kriterium der freiwilligen Interaktion im Sinne der gemeinsamen Tätigkeit über einen fest umgrenzten und vorgegebenen Kontext hinaus erfüllt, handelt es sich jedoch noch nicht notwendig um eine enge Freundschaft im hier vorgestellten Sinne. Es ist ja erst eines von vier vorgestellten Merkmalen erfüllt. Die Freiwilligkeit der Interaktion sagt nichts aus über das Maß an Wertschätzung und gegenseitiger Kenntnis, die Bereitschaft zur Selbstoffenbarung, oder die Bereitschaft, sich von der Freundin beeinflussen zu lassen. Kurths Vorschlag muss daher als Vorschlag einer Abgrenzung von freundschaftlichen Bekanntschaften zu Freundschaften in einem weiter verstandenen als dem hier vertretenen Sinne von Freundschaft begriffen werden. Diese weite Verwendung des Freundschaftsbegriffs ist nicht abwegig und entspricht in vieler Hinsicht unserem Alltagsverständnis. Um den unterschiedlichen Anspruch herauszustellen, werde ich im Folgenden von *begrenzten Freundschaften* im Unterschied zu engen Freundschaften sprechen. Beispiele von Formen begrenzter Freundschaft werde ich im folgenden Kapitel darstellen. Hier sei nur angedeutet, dass diese typischerweise auf eine klar umrissene gemeinsame Praxis beschränkt sind. In dieser gemeinsamen Praxis kommt eine gegenseitige Wertschätzung zum Ausdruck, die jedoch wiederum – und zum Teil bedingt durch die eng umrissene Praxis – nur als Wertschätzung eines engen Aspekts der Persönlichkeit der Anderen verstanden werden kann. Es wird keine umfassende Kenntnis angestrebt und damit auch keine innige Identifikation ermöglicht. Das Bestehen der begrenzten Freundschaft ist typischerweise Abhängig vom Weiterbestehen jenes geteilten Interesses der Freundinnen, welches in der gemeinsamen Praxis zum Ausdruck kommt. Von den vorgeschlagenen Merkmalen sind die Merkmale (1) und (4) erfüllt, Freiwilligkeit und Praxis, nicht jedoch (2) und (3), innige Identifikation und Offenheit, die das Vorliegen einer persönlichen Beziehung ausmachen.

Die Übergänge zwischen allen drei Beziehungsformen müssen als fließend angenommen werden. In einer freundschaftlichen Bekanntschaft kann ein hohes Maß an gegenseitiger Kenntnis und Wertschätzung aufgebaut werden, so dass mit einer Anpassung der gemeinsamen Praxis der Übergang in eine enge Freundschaft möglich ist. Wird aus der freundschaftlichen Bekanntschaft hinaus ohne den Aufbau einer breiteren Basis gegenseitiger Wertschätzung eine Freundschaft entwickelt, insofern die gemeinsame Tätigkeit auf einige freiwillige Kontexte ausgedehnt wird, so haben wir es nun mit einer begrenzten Freundschaft zu tun. Die Übergänge sind nicht leicht zu benennen, wenn gemeinsame Tätigkeiten nicht eindeutig als freiwillig oder vorgegeben eingeordnet werden können. Der Unterschied zwischen begrenzter Freundschaft und enger Freundschaft ist an der gegenseitigen Kenntnis, dem Bemühen um innige Identifikation, der Bereitschaft zur Selbstoffenbarung sowie der Lenkungsoffenheit festzumachen. All diese Merkmale können natürlich graduell mehr oder weniger erfüllt werden, so dass eine gegebene Freundschaft in jeder der genannten Hinsichten als eher begrenzt oder eher eng verstanden werden kann. Eine scharfe Abgrenzung zu treffen ist hier nicht möglich.

6 Formen der Freundschaft

Bisher habe ich Freundschaften weitgehend so behandelt, als hätten wir es mit einem einheitlichen Phänomen zu tun, als wäre es notwendig sinnvoll, von *der Freundschaft* zu sprechen. Im Alltag unterscheiden wir jedoch Freundschaftsformen mit vielfältigen Begriffen wie „Schulfreundin", „Tennisfreundin" oder „beste Freundin". Versuche solche Differenzierungen von Freundschaftsformen zu systematisieren finden sich vielfach in der sozialwissenschaftlichen Forschung.

6.1 Enge Freundschaften und begrenzte Freundschaften

In ihrem Buch „Rethinking Friendship. Hidden Solidarities Today" (2006) stellen Liz Spencer und Raymond Pahl die Ergebnisse einer Studie vor, die der Frage nachgeht, ob ein Rückgang oder Qualitätsverfall von Freundschaften empirisch nachgewiesen werden kann. Grundlage der Untersuchung sind 60 qualitativ ausgewertete Interviews mit Frauen und Männern aus Großbritannien. Fokus der Studie sind nicht nur Freundschaften, sondern informelle persönliche Beziehungen allgemein und mikro-soziale Welten, die Spencer und Pahl mit dem Begriff der ‚persönlichen Gemeinschaften' (engl. *personal communities*) bezeichnen (Spencer/Pahl 2006, 32–56). Um nicht über eine begriffliche Festlegung die Antworten der Teilnehmerinnen zu beeinflussen, beginnen die beiden die Befragungen mit einer sehr simplen Ausgangsfrage: „Wer ist wichtig für Sie?" In der Auswertung der Ergebnisse unterscheiden die Autorin und der Autor dann zwischen ‚given ties' und ‚chosen ties', als Unterscheidung zwischen eher familiären und eher freundschaftlichen Bindungen (Spencer/Pahl 2006, 42–45). In Bezug auf ihre eigene übergeordnete Frage kommen die beiden zu dem Ergebnis, dass sich ein Verfall von Freundschaften nicht aufweisen lässt – Freundschaftsbeziehungen sind in vielfältigen Formen auch in der heutigen Gesellschaft präsent (Spencer/Pahl 2006, 128–155).

Im Hinblick auf die gewählten Bindungen, die unter den Begriff Freundschaft gefasst werden, stellen Spencer und Pahl die Vielfältigkeit ihrer Ausprägungen heraus:

> Understanding that friendship can take many different forms and that the term ‚friend' is used to refer to very different relationships goes some way towards helping us appreciate why personal communities vary so much in the number of people who are designated as friends. (Spencer/Pahl 2006, 58)

Obwohl sich erhebliche Übereinstimmungen zwischen den Qualitäten feststellen lassen, die die Befragten Freundschaften abstrakt zuschreiben, finden sich bei weitem nicht alle diese Qualitäten in den konkret beschriebenen Freundschaften wieder:

> In practice, we find the word ‚friend' used to describe a wide range of ties, many of which are based on only a few of these ingredients. It seems that actual friendships are valued for particular attributes, and these attributes can compensate for other shortcomings, so that friends may be fun but unreliable, trustworthy but dull and so on, and it is the particular combination of qualities [...] which gives each friendship its distinctive character. (Spencer/Pahl 2006, 59)

Die Autorin und der Autor arbeiten in der Auswertung ihrer Ergebnisse vier einfache und vier komplexe Formen von Freundschaft als typische und häufig vertretene Formen heraus.

Gefährtinnen

> Associates are friends whose relationship is based entirely on sharing a particular interest or activity, for example, golf, tennis, bridge, darts, model boats, meeting in a particular context such as the workplace or pub, or belonging to a particular organization such as a club or church. (Spencer/Pahl 2006, 61).

Die Beschreibung dieser Form von Freundschaften erinnert an die Konzeption von Lewis, in der *ein* gemeinsames Interesse oder *eine* geteilte Wahrheit ausreicht, um darauf eine Freundschaft zu gründen. Als Beispiel beschreiben Spencer und Pahl die Freundschaft von drei Männern, die sich regelmäßig im Modellboot-Club treffen. Sie treffen sich häufig für gemeinsame Aktivitäten, aber immer nur im Kontext des einen gemeinsamen Hobbys. Offenbar ist diese Freundschaft klar auf einen eng umrissenen Bereich gemeinsamer Tätigkeit fokussiert. Das gemeinsame Projekt der Freundinnen ist die Verfolgung eines geteilten Hobbys.

Nützliche Kontakte

> *Useful contacs*, on the other hand, are relationships which are based on exchanging information or using influence on a friend's behalf. (Spencer/Pahl 2006, 62)

Was hier als Freundschaft beschrieben wird, scheint vor allem ein nützlicher und wohlgesonnener Kontakt in einem beruflichen Netzwerk zu sein. Als Beispiel beschreiben Spencer und Pahl die Beziehung zwischen einem Mann Mitte vierzig und seinem früheren Professor, den er bewundert, und der sich in der Vergangenheit als hilfreich für seine Karriere erwiesen hat. Basis der Freundschaft ist dabei offensichtlich ein gewisses Maß an gegenseitiger Wertschätzung, der in der Praxis vor allem verwirklichte Wert der Beziehung ist der gegenseitige Nutzen.

Gefälligkeits-Freundschaften

> With *favour* or *neighbourly friends* doing good turns for each other is also the basis of the friendship, but in this case the good turn is usually some form of practical help. Although these friends are not always neighbours, they usually live locally and play a good neighbourly role, for example, lending household items, watering plants, putting out rubbish, taking in parcels, giving lifts, or helping with occasional DIY jobs. (Spencer/Pahl 2006, 62–63)

Die Gefälligkeits-Freundschaft ist eine weitere Form der Nutzen-fokussierten Beziehung. Der Nutzen wird dabei auf andere Weise realisiert als im Fall der nützlichen Kontakte, in Form von praktischen Hilfestellungen statt in der Vermittlung von Kontakten und der Weitergabe von beruflich relevanten Informationen. Als Beispiel dient Spencer und Pahl hier eine ältere alleinstehende Dame und ein in der Nachbarschaft lebendes Ehepaar, das ihr in praktischen Fragen beisteht, mit dem sie jedoch nicht über persönliche Dinge spricht oder gemeinsam ausgeht. Zentral für das Bestehen dieser Freundschaft sind räumliche Nähe und Hilfsbereitschaft.

Spaß-Freundschafen

> Finally, *fun friends*, or sociable companions, are simple friendships that revolve around enjoying each other's company, but, unlike associates, these friends socialize in a range of different ways and are not dependent on a single activity or context. (Spencer/Pahl 2006, 64).

Wie bei *Gefährtinnen* liegt der Fokus hier auf der geteilten Praxis und der daraus gewonnenen Freude. Im Unterschied zu diesen ist diese Form der Freundschaft jedoch nicht eng auf ein gemeinsames Projekt beschränkt. Mit Bezug auf die zuvor verhandelten grundlegenden Merkmale der Freundschaft kann man annehmen, dass hier im Unterschied zu den *Gefährtinnen* ein gewisses Maß an Lenkungsoffenheit in Bezug auf Vorschläge für gemeinsame Unternehmungen gegeben ist. Fast alle von Spencer und Pahl Befragten gaben an, diese Art von Freundin zu haben. Die Interviewpartnerin, die in diesem Kontext das Beispiel liefert, betont den geringen Grad an Verpflichtung und damit die Anspruchslosigkeit dieser Freundschaft, die aus einer Bekanntschaft am Arbeitsplatz heraus entstanden ist.

Hilfe-Spaß-Freundschaften

> Although they provide practical help, helpmates are not the kind of friends who act as confidants, nor are they looked to for emotional support. Sometimes this is simply because people already have a number of other friends to whom they can turn. Sometimes it is because the friend is seen as ‚a frightful gossip', or too easily ‚shockable'. (Spencer/Pahl 2006, 66)

Als Freundschaftsform, die über einen einzelnen Interaktionskontext hinausreicht, werden von Spencer und Pahl zunächst die *Helpmates* angeführt. Die begriffliche Kombination aus *help friend* und *mate (fun friend)* lässt sich schlecht übersetzen. ‚Hilfreiche Kumpel' wäre vielleicht ein Äquivalent. Es geht um das Zusammenfallen genau dieser beiden einfachen Freundschaftsformen in einer Beziehung. *Hilfe-Spaß-Freundinnen* verfolgen gemeinsame Unternehmungen und haben Spaß zusammen, sind aber gleichzeitig auch bereit, sich gegenseitig praktisch zu unterstützen.

Tröster

> By comparison, *comforters* or *rocks* are friends who not only socialize and help each other in practical ways, but also give each other emotional support, and it is the friend's sympathetic qualities that are particularly valued. (Spencer/Pahl 2006, 67)

Als Beispiel wird eine Freundin genannt, die während der Krankheit und beim Tod des Partners ihres Freundes erheblichen Beistand leistete. Spencer und Pahl betonen, dass bei weitem nicht in allen Freundschaften das Vertrauen und die Offenheit vorliegen, die in solch einer Beziehung notwendig sind. Einige Menschen sehen bevorzugt Familienmitglieder in dieser Funktion, wenige sagen sogar von sich selbst, überhaupt nicht in dieser Weise Emotionen mit anderen zu teilen.

Vertraute

Bei Vertrauten steht im Unterschied zu Tröstern weniger die emotionale Unterstützung in konkreten Situationen im Vordergrund, als das Teilen persönlicher Informationen. Spencer und Pahl beobachten, dass diese Freundschaften auch ohne betont emotionale Kommunikation auskommen können:

> Sometimes confiding tends to be *cool*, with the friend acting as a sounding board for a discussion of problems and possible solutions rather than engaging on an emotional level; at other times it is *hot*, where emotional support is also sought or given. In either case, a confiding friendship is one which requires a degree of intimacy and trust. (Spencer/Pahl 2006, 68)

Als Beispiel benennen Spencer und Pahl den Freund, der im Falle eines Jobverlusts als erster informiert wird. Solche Freundschaften bestehen typischerweise schon über mehrere Jahre hinweg und in ihnen werden der Freundin spezifische Qualitäten wie Vertrauenswürdigkeit zugeschrieben.

Seelenverwandtschaft

> Finally, soulmates are the most multistranded friendships of all. These are friends who confide, provide emotional support, help each other, and enjoy each other's company. They also share a similar outlook on life, feeling they are ‚on the same wavelength'. There is a strong emotional bond, a high degree of commitment, and a keen sense of connection, of knowing the other ‚inside out'. (Spencer/Pahl 2006, 69)

Diese Form der Freundschaft umfasst alle bisher genannten Dimensionen, also das Sich-Anvertrauen und die emotionale Unterstützung, aber auch die geteilte Freude und die praktischen Hilfeleistungen, die die bisherigen Formen der Freundschaft ausgezeichnet haben. Spencer und Pahl stellen heraus, dass sich diese Freundschaften darüber hinaus durch ein starkes Gefühl der Verbundenheit auszeichnen, das auf der Annahme der Freundinnen beruht, dass sie eine ähnliche Sicht auf die Welt haben und vergleichbare Wertvorstellungen vertreten. Diese Freundschaften seien zudem die verbindlichsten Freundschaften, die sich am ehesten tatsächlich auf die Persönlichkeit der anderen in der ganzen Breite beziehen, und weder auf *ein* geteiltes Interesse, noch auf *ein* zu verwirklichendes Gut reduziert werden können (Spencer/Pahl 2006, 70–71). Hier liegt eine innige Identifikation der Freundinnen in hohem Maße vor.

Freundschaftsformen werden hier primär über ihre Praxis voneinander unterschieden: Kontexte und Ziele der Interaktion bilden den Ausgangspunkt der Unterscheidung. Die Einstellung der Freundschaft, die emotionale Bindung, Vertrautheit und Offenheit, wird nur in den letzten drei Formen überhaupt thematisiert. Es erscheint naheliegend, die ersten fünf Formen in Abgrenzung zu der oben vorgeschlagenen Konzeption enger Freundschaften als *begrenzte Freundschaften* einzuordnen. Insbesondere Offenbarungsbereitschaft und Lenkungsoffenheit sind hier nicht gegeben. Von Bekanntschaften sind sie zu unterscheiden, insofern hier typischerweise klar freiwillige Interaktionen vorliegen. Was sie mit diesen gemeinsam haben, ist der Verzicht, den Ansprüchen enger Freundschaften überhaupt gerecht werden zu wollen. Zentrales Merkmal dieser Beziehungen ist eben die klare Fokussierung auf *einen* bestimmten Aspekt der Praxis der Freundschaft. Die Praxis der begrenzten Freundschaften scheint primär auf die Verwirklichung von Spaß und Nutzen (oder beidem) ausgerichtet. Tröster und Vertraute zeichnen sich in der von Spencer und Pahl beschriebenen Weise offensichtlich dadurch aus, dass ihre Praxis auf weitere Ziele ausgerichtet ist, nämlich auf emotionalen Beistand, bzw. den Austausch persönlicher Erfahrungen. Die Seelenverwandtschaft schließlich erinnert am stärksten an das Ideal der Tugendfreundschaft und scheint das Gefühl inniger Vertrautheit und geteilter Einstellungen zu umfassen.

Während sich die einfachen Formen der Freundschaft als distinkte soziale Praktiken verstehen lassen, erscheinen die Beziehungen von Tröstern, Vertrauten und Seelenverwandten als nicht hinreichend ausbuchstabiert, um eine solche Unterscheidung zu tragen. Wie gestaltet sich die Praxis der Tröster, wenn gerade kein Anlass besteht, Trost zu spenden? Welche Erwartungen stellen Vertraute in Bezug auf die Dauer ihrer Beziehung aneinander? Erweisen sich die Freundinnen gegenseitig auch Gefälligkeitsdienste? Oder gehen sie gemeinsam aus, wenn es gerade nichts zu bereden gibt? Es erscheint nicht plausibel, davon auszugehen, dass die Praxis der jeweiligen Beziehungen *allein* darin besteht, Trost zu spenden oder private Informationen auszutauschen.

Die scharfe Unterscheidung der Formen ist zudem dem aktiven Bemühen um eine Differenzierung geschuldet. Spencer und Pahl verweisen darauf, dass es Freundschaften gibt, die in ihrem primären Fokus wie die Beziehungen zwischen *Gefährtinnen*, *Spaß-Freundinnen* oder *Gefälligkeits-Freundinnen* erscheinen, die sie jedoch nicht dort einordnen, weil sie nicht auf diesen einen Fokus zu reduzieren sind. Diese Beobachtung lässt vermuten, dass es in der Praxis nicht immer leicht fällt, zwischen den einfachen und den komplexen Formen der Freundschaft zu unterscheiden. Enge Freundschaften, die mit einem hohen Grad an wahrgenommener Verbindlichkeit einhergehen, sind offensichtlich weniger leicht auf ein Ziel zu reduzieren. Dennoch werden unterscheidbare Schwerpunkte gesetzt, die im Anvertrauen von Erlebnissen, im Spenden von Trost, dann aber eben doch auch in der gegenseitigen praktischen Hilfeleistung oder in der gemeinsamen Freude liegen können. Insofern komplexe Freundschaften auch einer Spaß-Freundschaft zu einem hohen Grad gleichen können, wäre es falsch davon auszugehen, dass eine Freundschaft im anspruchsvollen Sinn notwendig den Fokus auf Selbstoffenbarung oder emotionale Sicherheit setzen muss, obwohl sie diese Aspekte notwendig *umfasst*. Sofern eine Beziehung mehrere Ziele verfolgt und Werte verwirklicht, kann ein Ziel oder ein Wert das Verständnis der Beziehung prägen, ohne dass die anderen deshalb ausgeschlossen sind.

6.2 Freundschaften und Lebensphasen

Einen zusammenfassenden Blick auf die Unterschiede von Freundschaften in verschiedenen Lebensphasen bietet das Buch „Friendship Matters" (1992) von William Rawlins. Der Autor fasst dabei die Forschungsergebnisse einer ganzen Reihe von Studien zusammen, die sich vorwiegend auf die US-amerikanische Mittelschicht in den 50er bis 90er Jahre beziehen. Wir müssen also im Blick behalten, dass die hier vorgestellten Ergebnisse Ausdruck eines bestimmten gesellschaftlichen Kontextes sind und genauso wenig wie die Ergebnisse von Spencer und Pahl problemlos verallgemeinert werden können. Rawlins legt bei seinen Betrachtungen eine Auffassung der typischen engen Freundschaft zugrunde, die den in dieser Arbeit dargestellten Merkmalen nahekommt:

> First, friendship is a voluntary attachment that cannot be forced on anyone. Throughout life people choose who they will treat *and* who they will allow to treat them as friends. Next, friendship involves a person-qua-person regard for the other [...]. Friends care about each other as specific individuals and not as members of a particular category or role. Third, friends view and deal with each other as equals. Accordingly, they seldom patronize or play up to each other, respecting the integrity and validity of their individual experiences and situations. Fourth and relatedly, friendships include mutual trust, support, and help. Over time there are fairly symmetrical inputs into the relationship and to each other's welfare. Finally, friends feel and express shared and abiding affection. (Rawlins 1992, 229)

Rawlins verwendet diese Bestimmung nicht als Maßstab, um bestimmte Beziehungen aus dem Begriff der Freundschaft auszuschließen, sondern diskutiert vielfältige Formen, die diese Kriterien nur teilweise erfüllen. Rawlins betrachtet fünf Lebensphasen: Die Kindheit, die Jugend, das junge Erwachsenenalter, das (mittlere) Erwachsenenalter und das späte Erwachsenenalter.

Freundschaften der Kindheit
Mit Blick auf die Kindheit macht Rawlins Freundschaften zunächst am Kriterium der Interaktion fest. Schon in den ersten achtzehn Monaten lassen Kleinkinder Präferenzen in Bezug auf ihre Interaktionspartnerinnen erkennen. Die Fähigkeiten des Aufeinandereingehens in der Interaktion verbessern sich wesentlich bei Drei- bis Siebenjährigen. Die Dauer einer Freundschaft ist jedoch zunächst auf den Zeitraum der Interaktion beschränkt, ein einfacher Streit um ein Spielzeug kann diese „Freundschaft" beenden. Bis zum neunten Lebensjahr bleibt sie von der Gelegenheit zur gemeinsamen Aktivität abhängig und beschränkt sich weitgehend auf das gemeinsame Spiel, gewinnt jedoch an Stabilität über einzelne

Interaktionen hinaus. Freundschaften sind hier zentral auf die Freude an der gemeinsamen Interaktion ausgerichtet.

Erst etwa ab dem achten Lebensjahr wird die Freundin als eine Person mit psychologischen Eigenschaften wahrgenommen, und in dieser Zeit gewinnt auch die Gleichheit der Befreundeten zunehmend an Bedeutung. Es werden Kinder als Freundinnen gewählt, die als ähnlich wahrgenommen werden und die eigene Weltsicht bestätigen. Zeitgleich entsteht ein Bewusstsein für Gerechtigkeit – Kinder betonen zunehmend die Gegenseitigkeit im Austausch und sind in der Lage, die Interessen der Freundin im Unterschied zu eigenen Interessen wahrzunehmen. Dabei bleibt der Fokus auf dem eigenen Interesse und Wohlergehen, eine echte Orientierung an den Interessen der anderen ist nicht erkennbar (Rawlins 1992, 26–36; 53–54).

Eine Bereitschaft, altruistisch im Interesse der Freundin zu handeln, zeigt sich in der Kindheit nur da, wo es zur Herausbildung „bester" Freundschaften kommt, was etwa ab dem neunten bis vierzehnten Lebensjahr der Fall ist. Hier nimmt die Stabilität der Beziehung zu, die nun auch über längere Abwesenheiten und Konflikte hinaus bestehen kann. Gleichzeitig entwickeln Kinder erstmals ein echtes Einfühlungsvermögen, das die Interessen der Freundin in den Blick nimmt. Erst ab diesem Alter umfasst Freundschaft also eine Einstellung zur anderen, die gekennzeichnet ist durch die Bereitschaft, emotionale Unterstützung zu bieten und im Interesse der anderen zu handeln, auch dann, wenn dieses dem eigenen Interesse widerspricht. Damit entsteht auch die typische Verletzlichkeit, und Freundschaften werden zu Vertrauensbeziehungen:

> As friendship begins to involve revealing and discussing personal thoughts and feelings, each friend's vulnerability to criticism by the other and risk of embarrassing exposure to persons outside the friendship increase greatly. Especially for girls at this juncture, private revelations, confidence, and mutual trust begin to distinguish close or best friends from other less involved companions. Thus, the definitive customs of dyads as well as cliques begin to involve not merely collectively doing things, but talking together and sharing secrets, gossip, and personal knowledge. (Rawlins 1992, 56)

Freundschaften bei Jugendlichen
Jugendfreundschaften erfüllen vor allem eine zentrale Funktion im Prozess der Selbstfindung. Sie ermöglichen sowohl die Abgrenzung von Familienbeziehungen, als auch die Loslösung von gesellschaftlichen Vorstellungen und Erwartungen. Die Praxis der Beziehung ist auf Kommunikation ausgerichtet, es werden stärker als in anderen Lebensphasen Selbst- und Weltbild verhandelt (Rawlins 1992, 62–65).

In der Abgrenzung zu den gegebenen Familienbeziehungen wird die Freiwilligkeit der Freundschaft betont, insofern sie die soziale Akzeptanz durch andere darstellt und gleichzeitig Ausdruck der eigenen Wahl ist (Rawlins 1992, 77–78). Gleichzeitig wird ein zu hohes Maß an Abhängigkeit von Freundinnen häufig als einschränkend empfunden. Insofern mit der Freiwilligkeit auch die Bedeutsamkeit des Gewähltwerdens im Fokus steht, gewinnen Jugendliche durch die Beziehung an Selbstwertgefühl. Eine Spannung besteht zwischen dem Wunsch nach Wertschätzung und Bestätigung und dem gleichzeitigen Bedürfnis nach einer ehrlichen Meinung: Insofern Jugendliche darum ringen, nicht nur in Freundschaften, sondern auch in einem weiteren sozialen Kontext anerkannt zu werden, kann auch die Korrektivfunktion zu einem Wert der Beziehung werden, indem Freundinnen gerade nicht alle Entscheidungen gut finden sollen, sondern ehrliche Kritik wertgeschätzt wird. In Zusammenhang mit der Suche nach der eigenen Identität und sozialer Anerkennung spielt auch Vertrauen eine große Rolle, denn wer sich in einer Freundschaft anvertraut, riskiert öffentliche Bloßstellung. Vertrauenswürdigkeit wird daher als besonders wichtig empfunden. Gleichzeitig zeigt sich in dieser Phase de facto eine sehr hohe Fluktuation in Bezug auf freundschaftliche Bande, so dass auch der Vertrauensbruch eine typische Erfahrung darstellt (Rawlins 1992, 98–100).

Freundeskreise junger Erwachsener
Etwa zwischen dem siebzehnten und zweiundzwanzigsten Lebensjahr spielt die Orientierung in Bezug auf Lebensstil und Karriereweg eine besondere Rolle. Häufig werden durch einen Ortswechsel bedingt Freundschaften der Jugendzeit in Frage gestellt und teilweise aufgelöst. Auch die Beziehungen, die bestehen bleiben, werden in Bezug auf ihre Praxis in der Regel neu verhandelt. Das Bedürfnis nach neuen sozialen Kontakten ist groß (Rawlins 1992, 103–106). In dieser Zeit werden zunehmend Freundschaften geschlossen, die auch langfristig eine wichtige Rolle im Leben der Freundinnen spielen:

> It is an auspicious period for forming both deep and zestful friendships – a potential window of availability, vitality, and hearty, shared concern for personal essences. (Rawlins 1992, 104)

Ähnlich wie in der Jugend sind diese Freundschaften typischerweise noch auf die Formung der eigenen Identität fokussiert, das Selbstbild wird hier jedoch zunehmend stabiler und die geformten Beziehungen verbindlicher und haltbarer.

Im Fall von Heirat und Familiengründung werden Freundeskreise der Partnerinnen häufig zusammengeführt, oder es werden neue Paarfreundschaften geschlossen. Tendenziell verlieren Freundschaften jedoch an Bedeutung gegenüber der neu gegründeten Familie (Rawlins 1992, 120–121). Hier gerät vor allem der höhere Grad an Intimität und Verbindlichkeit von romantischen Partnerschaften im Vergleich zu Freundschaften in den Blick. Freundschaften werden nicht nur kontextabhängig geschlossen, sondern auch entsprechend gepflegt und damit eher aufgegeben, wenn Lebensumstände sich ändern. Gerade in jungen Familien werden die Werte, die sowohl in Freundschaften als auch in Partnerschaften und Familien verwirklicht werden können, vor allem innerhalb der Familie gesucht.

Freundschaften am Arbeitsplatz
Der Paarfreundschaft als der Freundschaft im Privaten stehen die Freundschaften gegenüber, die außerhalb und neben der Familie gepflegt werden. Rawlins beleuchtet die Bedeutung von Freundschaften am Arbeitsplatz sowohl in der Gruppe der jungen Erwachsenen bis etwa Anfang dreißig als auch im späteren Berufsleben. Insbesondere Erwachsene ohne Familie identifizieren sich stark über ihre Berufstätigkeit und durch die gemeinsame Arbeit sind bereits viele Voraussetzungen für eine Freundschaft erfüllt:

> People in similar jobs often share physical proximity, overlapping work schedules, common interests and projects, and allied values, which, taken together, can facilitate routine contact and friendship formation. Further, the culture and traditions of an organization may enhance its affiliative climate by permitting or encouraging joking relations, convivial break times, and light-hearted lunches, and by sponsoring ceremonies and activities outside of work, such as picnics, seasonal parties, and company sports teams. (Rawlins 1992, 161)

Weitere Faktoren spielen für die Wahrscheinlichkeit des Zustandekommens von Freundschaften am Arbeitsplatz eine Rolle. Ein hoher Grad an Identifizierung mit der eigenen Tätigkeit begünstigt die Entstehung von freundschaftlichen Beziehungen, auch ein auf Kooperation ausgerichtetes Arbeitsklima erhöht die Chancen. Eine große Rolle spielt darüber hinaus eine kompatible zeitliche Verfügbarkeit. Positive kollegiale Beziehungen werden dabei bei Rawlins nicht automatisch mit Freundschaften gleichgesetzt, die herangezogenen Studien zeigen jedoch, dass enge Freundschaften häufig aus diesen heraus entstehen (Rawlins 1992, 117–120, 159–168).

Freundschaften am Arbeitsplatz können verschiedene Werte verwirklichen, sie haben typischerweise aber *auch* die Funktion, die eigene Karriere zu befördern. Im Sinne von Spencer und Pahl erfüllen solche Freundinnen also in der Regel auch die Funktion von *nützlichen Kontakten*. Freundschaften am Arbeitsplatz bringen spezifische Herausforderungen mit sich, insofern die Erwartungen von Freundinnen in einem Spannungsverhältnis zu den Anforderungen der eigenen Arbeit stehen können – wenn es zum Beispiel um die gerechte Beurteilung und Unterstützung von Kolleginnen geht. Daher neigen einige Menschen dazu, zwar einen freundschaftlichen Umgang zu pflegen, jedoch die Grenze zur engeren Freundschaft nicht zu überschreiten, sondern die Beziehung im Status der Bekanntschaft zu belassen, um derartige Verpflichtungen zu vermeiden.

Sonstige Freundschaften im Erwachsenenalter
Unter das Erwachsenenalter fasst Rawlins in etwa das dreißigste bis fünfundsechzigste Lebensjahr. Was diese Lebensphase auszeichnet, sind seiner Ansicht nach die diversen Rollen und Beziehungen, die erwachsene Menschen einnehmen:

> As the adult years unfold, numerous choices regarding marital, parental, family, work, and community roles and performance define one's day-to-day possibilities and responsibilities while also restricting one's options for alternative life paths. (Rawlins 1992, 157).

Neben der Freundschaft am Arbeitsplatz behandelt Rawlins für diese Lebensphase die Ehe, die häufig beansprucht, die wichtigste und engste Freundschaft der Partnerinnen zu sein. Ehen, so hält er fest, bleiben in der Verwirklichung dieses Ideals jedoch häufig hinter anderen engen Freundschaften zurück. Ehepartnerinnen neigen dazu, sich gegenseitig in ihrer Rolle als Ehefrau/Mutter und Ehemann/Vater zu betrachten, statt als individuelle Personen. Auch die Sicht auf die andere als Sexualpartnerin kann den Blick auf die individuelle Persönlichkeit verstellen, wenn hier eine Komponente der Objektifizierung ins Spiel kommt. Zudem können Ziele der gemeinsamen Haushaltsführung und Familiengründung zu einer stärkeren Strukturierung der Beziehung führen, die dann weniger Freiräume umfasst und daher auch weniger die Freude an gemeinsamen Interessen in den Vordergrund stellen kann – es geht die Offenheit in Bezug auf neue Projekte verloren, weil die Festlegung auf *ein* Projekt, die Familie, Priorität beansprucht (Rawlins 1992, 168–171).

Wie schon bei den jungen Erwachsenen spielen auch in dieser Phase für verheiratete Paare Paarfreundschaften eine besondere Rolle, die im Gegensatz zu den Arbeitsfreundschaften zum Rückzug aus Alltag und Arbeitsleben dienen, und in denen Räume der Entspannung geschaffen werden. Häufig sind Kinder in gemeinsame Aktivitäten mit einbezogen. Vor allem Frauen pflegen über Ehe, Arbeitsbeziehungen und Paarfreundschaften hinaus in der Regel mindestens eine enge Freundschaft, in der persönliche Kommunikation und Vertrauen betont werden (Rawlins 1992, 171–174).

Neben der Ehe hat auch eine Scheidung erheblichen Einfluss auf Freundschaften. Rawlins stellt fest, dass hier die Freundinnen oft ‚aufgeteilt' werden. Die veränderten Umstände führen langfristig häufig zum Ende von Freundschaften und Geschiedene suchen meist nach neuen Kontakten (Rawlins 1992, 177–181).

Eine zentrale Herausforderung für alle Freundschaften dieser Lebensphase ist – durch die vielfältigen rollenbezogenen Ansprüche bedingt, die sich in Beruf, Familie und Gesellschaft stellen – die verfügbare Zeit:

> How available can friends be for each other during adulthood, especially when they are dispersed geographically? Some dyads develop patterns of frequent, even daily, contact; others ‚touch base' monthly, seasonally, or even less often. What constitutes regular and satisfactory contact sustaining the emotional commitment between active (as opposed to dormant or recollected) friends is mutually negotiated on an ongoing basis, and usually recognizes developments and demands in other spheres of their lives. Yet if individuals cannot reconcile the tugs and pulls of their everyday schedules with the requirements of their friendship, a single incident or extended neglect may weaken or eventually dissolve their attachment. (Rawlins 1992, 214)

Während in Kindheit und Jugend meist viel Zeit für Freundschaften bleibt, werden im Erwachsenenalter zunehmend Freundschaften gepflegt, die in früheren Lebensjahren entstanden, jetzt jedoch ohne einen durch Kontexte vorgegebenen gemeinsamen Alltag weiterbestehen sollen. Offensichtlich sind hier erneute Aushandlungsprozesse notwendig, die darauf abzielen, eine regelmäßige gemeinsame Praxis zu entwickeln, die die Freundschaft erhält, ohne unerfüllbare zeitliche Ansprüche zu stellen. Wie viel gemeinsam verbrachte Zeit dafür tatsächlich notwendig ist, hängt von den Erwartungen und Bedürfnissen der Freundinnen ab. Solche Veränderungen stellen jedoch notwendig eine Herausforderung dar, an der viele Freundschaften scheitern.

Freundschaften im Alter

Das späte Erwachsenenalter betrachtet Rawlins als gekennzeichnet durch den Rückzug aus dem Arbeitsleben und zunehmend auch aus dem aktiven öffentlichen Leben. Großen Einfluss auf bestehende Freundschaften im Alter hat oft der Tod der Ehepartnerin, der häufig mit dem Verlust von Paarfreundschaften einhergeht. Rawlins verweist auf die besondere Bedeutung von langjährigen Freundschaften, die solche Veränderungen überdauert haben:

> As the years pass, the continuity of specific friendships *documents* the persistence of selves and/or images of selves, as well as the concrete (or imagined) social settings in which these persons were viable participants. These enduring friendships connect adults with still meaningful versions of their possibilities as human beings and rejected alternatives, transcending the finitude of ‚real time'. As reservoirs of common histories and shared experi-

ences, old friends are the narrators and curators of the long-term coherence and significance of each other's lives. (Rawlins 1992, 218)

Ähnlich wie in der Jugend und im jungen Erwachsenenalter spielen Freundschaften also auch spät im Leben wieder eine besondere identitätsstiftende Rolle – diesmal nicht in Bezug auf die Gestaltung von Lebensentwürfen und im Sinne eines auf die Zukunft gerichteten Sich-Ausprobierens, sondern in der Rückschau, als die Zeitzeuginnen, die Zeugnis ablegen darüber, wer wir waren und sind. Während neue Freundschaften durch neue Gegebenheiten entstehen, sind die alten Freundschaften zunehmend unersetzlich, weil sie die Kontinuität der eigenen Persönlichkeit dokumentieren. Hierfür ist aber die Dauer der Beziehung von zentraler Bedeutung. Während eine neu geformte Beziehung in der Jugend für die Identitäts*findung* wichtig sein kann, muss zur Bestätigung der *Kontinuität* der eigenen Persönlichkeit eine geteilte Geschichte vorausgesetzt werden. Erst dann können Freundinnen zu Zeuginnen unserer eigenen Lebensgeschichte werden.

Ältere Menschen verbringen in ihren Freundschaften viel Zeit im Gespräch, wobei hier der Fokus oft auf Ereignissen der Vergangenheit und Erinnerungen an das eigene Leben liegt. Die gegenseitige Anerkennung bietet Schutz vor negativen Urteilen in Bezug auf die eigenen Fähigkeiten und den eigenen Wert, denen ältere Menschen häufig ausgesetzt sind. Nicht zuletzt unterstützen sich gerade langjährige Freundinnen häufig gegenseitig in der Urteilsbildung und bei wichtigen Entscheidungen. Die Anforderungen gegenseitiger praktischer Hilfeleistungen werden Rawlins zufolge in Freundschaften in der späten Lebensphase mit Sorge und Bedacht verhandelt – dem vielleicht gestiegenen Bedürfnis nach praktischer Unterstützung steht die individuelle Wertschätzung der eigenen Autonomie entgegen. Die Bereitschaft zur praktischen Hilfeleistung wird hier in der Regel nur sporadisch und kurzfristig in Anspruch genommen – die Familie wird für praktische Hilfe bevorzugt beansprucht (Rawlins 1992, 230 – 233).

Rawlins orientiert sich in seiner Darstellung an den Lebensphasen, unterscheidet Freundschaften jedoch insgesamt in verschiedenen Hinsichten. In der Kindheit zunächst vor allem im Hinblick auf ihre Dauerhaftigkeit (periodisch, episodisch oder stabil) und die darin zum Ausdruck gebrachte Einstellung zur anderen (egoistisch, hilfsbereit, einfühlend). Darüber hinaus finden sich im Text Unterscheidungen im Hinblick auf die Funktion von Freundschaften – identitätsbildend in der Jugend, identitätssichernd im Alter, nutzenorientiert am Arbeitsplatz und so weiter. Quer dazu verläuft die Unterscheidung nach Interaktions- bzw. Kommunikationsformen: Freundschaften, die emotionale Unterstützung und Fürsorge betonen, zeichnen sich durch ein hohes Maß an persönlicher Kommunikation aus und werden von handlungsorientierten Freundschaften unterschieden, in denen auch die Kommunikation vorwiegend auf gemeinsame Aktivitäten bezogen ist.

Freundschaften werden außerdem im Hinblick auf den Kontext ihrer Entstehung oder ihres Weiterbestehens unterschieden, etwa wenn wir von Arbeitsfreundschaften, Schul- und Studienfreundschaften, aber auch, wenn wir von der Ehe als Freundschaft sprechen. Nicht zuletzt kann die Personenkonstellation eine Rolle spielen: Typischerweise werden Freundschaften als dyadische Beziehungen betrachtet, so auch überwiegend bei Rawlins, Abweichungen gibt es jedoch in Form der Clique oder der Paarfreundschaft. Diese können nicht einfach als ein Netzwerk von mehreren Freundschaften betrachtet werden, weil die Verbindungen zwischen Einzelpersonen vom Bestehen der Gruppe abhängig sind, und, wie sich am häufigen Abbruch von Paarfreundschaften bei Scheidungen zeigt, auch praktisch oft nicht weiterbestehen, wenn die Gruppenkonstellation zerbricht.

Insofern die von Rawlins vorgenommene Zuordnung von Freundschaftsformen und Lebensphasen überzeugend erscheint, wird hier deutlich, wie unwahrscheinlich es ist, dass eine langjährig bestehende Freundschaft konkret *einer* Freundschaftsform zugeordnet werden kann. Denn jede der Freundinnen durchläuft ja diese Lebensphasen. Je mehr Lebensphasen eine Beziehung überdauert, desto höher ist daher die Wahrscheinlichkeit, dass sie selbst sich in zentralen Hinsichten verändert. Die auf Selbstfindung ausgerichtete Jugendfreundschaft wird vielleicht in der Phase der Familiengründung zu einer Paarfreundschaft ausgebaut. Die am Arbeitsplatz entstandene Freundschaft des Erwachsenenalters verändert sich notwendig, wenn die Freundinnen in den Ruhestand eintreten. Insofern nicht alle Freundschaften tatsächlich verschiedene Lebensphasen überdauern und auch innerhalb einer Lebensphase von Rawlins vielfältige Unterscheidungen gemacht werden, können aber mindestens einige der vorgestellten Freundschaftsformen dennoch als Alternativen zueinander begriffen werden.

6.3 Frauenfreundschaft – Männerfreundschaft

Eine weitere Unterscheidung, die häufig vorgenommen wird, ist die Unterscheidung von Freundschaften zwischen Frauen und Freundschaften zwischen Männern. In den Sozialwissenschaften wird die Frauenfreundschaft als eine Beziehung von Angesicht zu Angesicht (*face-to-face*) beschrieben, die Männerfreundschaft hingegen als ein Seite-an-Seite (*side-by-side*): Das typische Bild der einen Freundschaft sei die Unterhaltung am Kaffeetisch, bei der sich zwei Frauen in die Augen schauen und über sich selbst und ihr Leben sprechen. Männer hingegen seien eher auf ein gemeinsames Interesse außerhalb der Beziehung selbst fokussiert. Auch die Unterscheidung von Gelegenheitsfreundschaften und verbindlichen Freundschaften wird gelegentlich auf die Geschlechter bezogen. Das dominante Freundschaftsmuster bei Männern sei stärker von der gemeinsamen Aktivität abhängig, Frauen betonten hingegen in ihren Freundschaften stärker die emotionale Involviertheit und neigten auch zu einem höheren Anspruch an Verbindlichkeit (vgl. z. B. Nardi 1992, Rawlins 1992, 113–119).

Auch die Soziolinguistin Deborah Tannen betont, dass Frauen im Kontext von Beziehungen generell zu mehr Kommunikation neigen und im Besonderen mehr über persönliche Themen sprechen als Männer (Tannen 2017, x). Dies äußert sich auch in Freundschaften, in denen potentiell größere Intimität und Nähe hergestellt werden, in denen andererseits aber auch genau dieser Drang zu persönlicher Kommunikation zu Konflikten führen kann. Schon in Bezug auf die Kindheit stellt Tannen einen Unterschied zwischen den Geschlechtern fest:

> For girls, your best friend is the one you tell everything to. For boys, your best friend is the one you do everything with – and the one who will stick up for you if there's a fight. (Tannen 2017, 8)

Tannen zeigt auf, dass Frauen insbesondere solche Freundschaften schätzen, in denen sie eine besondere Nähe fühlen. Diese Nähe analysiert Tannen unter Bezug auf die Ausdrucksweise "über alles reden können" und stellt heraus, dass damit potentiell zwei Dinge gemeint sind: Einmal bezieht sich dieser Ausdruck auf die Möglichkeit, keine Geheimnisse zu haben und über all die Ding zu sprechen, die wichtig sind. Zum anderen kann der Ausdruck sich aber auch auf die Erwartung beziehen, gerade über unwichtige Dinge reden zu können, wie beispielsweise die Kleidung, die man zu einem bestimmten Anlass trägt:

> Knowing that somewhere in the world is someone who cares what you wore, an insignificant detail of your life that would seem unimportant to anyone else, makes you feel more connected to that person and less alone in the world. (Tannen 2017, 222)

Nähe durch Kommunikation wird hier dadurch hergestellt, dass sich gerade in den Fragen nach scheinbar unwichtigen Details das umfassende Interesse am Leben der anderen Person ausdrückt.

Der kommunikationsorientierten Frauenfreundschaft steht in unserer Zeit als Schablone die emotionsentleerte Männerfreundschaft entgegen. Peter Nardi beschreibt diese folgendermaßen:

> The thinness of men's relationships with each other and the ways that they seem to be constantly undermined through competition and jealousy are distinctive features of modern society. [...] [T]here are significant processes within modernity that have their source in the particular identification between masculinity and reason. Within modernity men have learned to see reason as their own possession. It is partly because of this that we learn to feel easy in thinking about friendship in terms of shared interests that seem to be objective. It is harder for us to focus upon the emotional dimensions of friendship.

> [...] Our relationships with men are often about *doing things* with them. This is not to underestimate the importance in male friendships of shared activities. It is often an important quality of men's relationships with each other that we have the ability to ‚hang out' with each other without apparent pressure. But we often feel uncomfortable when emotional issues emerge in our relationships with men and we will often stay silent about them. (Nardi 1992, 17–18)

Scheinbar ist es ein geschlechtsneutrales, die Emotionalität betonendes Freundschaftsideal gepaart mit einem Männlichkeitsideal, das die Emotionalität als minderwertigen Gegenpart der Rationalität markiert, das zu diesem Mangel an *echten* Männerfreundschaften in der jüngeren Vergangenheit geführt hat. Nardi zeigt, welche Spannungen sich zwischen dem vorherrschenden Freundschaftsideal und verschiedenen Männerbildern aufzeigen lassen. Er nennt zunächst eine Neigung zum Wettstreit, dann eine Skepsis gegenüber Abhängigkeit und nicht zuletzt stellt er fest, dass Männer in unserer Gesellschaft nicht lernen würden, Beziehungen aktiv zu *pflegen* (Nardi 1992, 18–21).

Dennoch sind emotionsbetonte Freundschaften zwischen Männern heute bei weitem nicht ausgeschlossen und werden von vielen Männern gesucht. Tobias Rüther schreibt dazu:

> Ich hatte Freunde, mit denen ich so eng war, dass ich heute, wo es vorbei ist, nicht mehr mit ihnen reden kann, eben weil es vorbei ist. Als seien es Liebesbeziehungen gewesen, wie die mit den Frauen, mit denen ich heute, wo es vorbei ist, auch nicht mehr rede. Aber es sind ja auch Liebesbeziehungen gewesen, randvoll mit sentimentalem Quatsch, großen Schwüren und noch größeren Plänen, was man aus seinem Leben machen kann, wenn man erwachsen ist. Und jetzt, wo ich erwachsen bin, habe ich immer noch so einen Freund, und der sentimentale Quatsch ist nicht weniger geworden, im Gegenteil, er wird eher mehr. (Rüther 2013, 13)

Ein wiederkehrendes Motiv der Darstellung von Männerfreundschaften in der Literatur ist das des Aufbruchs und Ausbruchs, des Zurücklassens von Zwängen, um die eigene Freiheit zu erproben. Rüther stellt fest, dass sich in diesem Motiv des Ausbrechens eine Möglichkeit ausdrückt, die vielen Frauen über Jahrhunderte hinweg gar nicht offen stand. Der eventuell zu machende Unterschied zwischen beiden ergibt sich für ihn dann auch aus einer historischen Perspektive:

> Ich bezweifle auch, dass eine neue Definition von Maskulinität etwas wäre, was die Menschheit irgendwie weiterbrächte, denn mit jeder Definition, was zu so einer neuen Maskulinität gehört und was nicht – mal richtig reden, mal richtig heulen –, schafft man ja wieder Außenseiter: Denn sind dann die, die das nicht tun, keine richtigen Männer? Was sind überhaupt richtige Männer? Sich aber klarzumachen, dass die eine über Jahrhunderte hinweg immer zu Hause bleiben musste, während der andere aufbrechen konnte, auch wenn er oft nicht weit kam, schärft den Blick für das, was in den Geschichten von den Männern und

ihren Freunden fehlt. Beziehungsweise oft als gegeben und selbstverständlich hingenommen wird: der Vorsprung, den Männer bei ihrer Selbstentfaltung immer schon hatten. Auch den Vorsprung, in Geschichten etwas vorgeschrieben zu bekommen, was sie dann nachleben können: Freundschaft, Abenteuer. (Rüther 2013, 99)

Mag also die Männerfreundschaft in der Moderne konfrontiert worden sein mit einem Männlichkeitsideal, das dieser emotionalen Beziehung einige Bürden auferlegt, so haben wir bei der Behandlung der Frauenfreundschaft ein anderes, viel weiter zurückreichendes Problem: Wirft man einen Blick in die klassischen Quellen zur Freundschaft, seien sie literarisch oder philosophisch, dann taucht die Frauenfreundschaft zunächst einmal nicht auf: „Almost all the documents on friendship during the first two thousand years of Western history – from 600 BCE to 1600 CE – pertain to men." So stellt Marilyn Yalom fest, und sie fährt fort: „Indeed, as late as the mid-nineteenth century, the British *Saturday Review* posed the question of whether women were even capable of friendships within their own sex" (Yalom 2015 3). Wir haben also auf der einen Seite eine relativ junge Skepsis gegenüber der Männerfreundschaft, die zu Defizitdiagnosen führt – Männer seien nicht in der Lage, sich emotional zu öffnen und könnten daher auch keine echten, engen Freundschaften schließen. Dem gegenüber steht eine Geschichte des Zweifels, ob denn das andere Geschlecht überhaupt in der Lage sei, diese Beziehung zu verwirklichen.

Man muss das Fehlen von Zeugnissen nicht als Anzeichen dafür deuten, dass es um die Frauenfreundschaft in der Vergangenheit tatsächlich schlecht bestellt war – was nicht dokumentiert wurde, von dem können wir uns nicht sicher sein, dass es nicht dennoch bestand. Aber die Annahme, Frauen hätten schon über Jahrhunderte enge Freundschaften geführt, allein auf der Basis der Beobachtung, dass sie es jetzt tun, ist ebenfalls problematisch. Yalom sucht entsprechend nach Belegen für die Freundschaften von Frauen, die nicht zu Klassikern der Literatur geworden sein mögen, die aber dennoch dokumentieren, welche engen Bindungen zwischen Frauen zu verschiedenen Zeiten bestanden. Und sie findet diese im Kontext der frühen Nonnenklöster, in denen Frauen Lesen und Schreiben lernten und somit Gelegenheit hatten, Zeugnisse ihrer Beziehungen zu hinterlassen. So existiert unter anderem eine umfangreiche Sammlung von Briefen von Hildegard von Bingen, in denen ihre Beziehungen zu einer Reihe von anderen Nonnen dokumentiert sind (Yalom 2015, 49 – 81). Etwa ab dem 16. Jahrhundert finden sich zunehmend auch Zeugnisse von Frauenfreundschaften außerhalb der Klöster, und ab dem 18. Jahrhundert dominieren Frauenfreundschaften zunehmend unser Bild der Freundschaft:

> If 1600 marked the beginning of a grudging social recognition of women's claim to friendship in Europe, 1800 was the turning point that changed the public face of friendship in both Europe and the United States. [...] Girls and women began to write letters to one another in a language of love not so different from the language of heterosexual longing. Words like *dearest, darling, precious, heart, love,* and *devotion* flowed easily from the pens of Victorian girls and women as they passionately corresponded with one another. (Yalom 2015, 9)

Bemüht man sich überhaupt um einen Vergleich, so erscheinen die Hürden für Männerfreundschaften vergleichsweise jung, was nicht bedeuten muss, dass sie auch trivial wären (vgl. Nardi 1992, 2).

Ich will die Gültigkeit dieser Beobachtungen über die Unterschiede von Männerfreundschaften und Frauenfreundschaften nicht anzweifeln. In Bezug auf den westlichen Kulturraum lassen sich für die vergangenen Jahrhunderte so signifikante Unterschiede zwischen den Rollenbildern der Geschlechter aufzeigen, dass es verwundern müsste, wenn sich hier keine Unterschiede in Bezug auf die gepflegten Beziehungen finden ließen. Die Betonung einer solchen Unterscheidung wird jedoch schnell so verstanden, als *sollten* oder *könnten* Männer und Frauen jeweils nur ein bestimmtes Muster der Freundschaft verwirklichen – oder als wären sie zumindest von Natur aus prädisponiert, *dieses* Muster der Freundschaft zu wählen. Beide Annahmen lassen sich aus guten Gründen in Frage stellen. Ich möchte daher ans Ende dieses Exkurses eine Beobachtung von Nardi stellen, die in diesem Kontext nicht übergangen werden sollte: „While variations may exist modally between men and women and how they structure their friendships, the variations within each group are greater" (Nardi 1992, 5).

6.4 Bindungsmuster

Enge Freundschaften lassen sich von anderen Beziehungen abgrenzen, die wir im Alltag als Freundschaften bezeichnen, die sich differenzierter jedoch als freundschaftliche Bekanntschaften oder begrenzte Freundschaften einordnen lassen. Ich hatte diese Unterscheidung oben bereits eingeführt.

Freundschaftliche Bekanntschaften erscheinen uns als Freundschaften, insofern gemeinsame Interaktionen freundschaftlich gestaltet werden. Das zentrale Kriterium zur Abgrenzung von Freundschaften liegt jedoch im Fehlen von im engen Sinn als freiwillig zu betrachtenden Interaktionen – die Beziehung der freundschaftlichen Bekannten ist in ihrem Bestehen stark von einem Kontext abhängig, in dem sich gemeinsame Interaktionen ergeben. Typischerweise pflegen wir freundschaftliche Bekanntschaften am Arbeitsplatz. Aber auch in Tennisfreundschaften, die sich aus der gemeinsamen Mitgliedschaft im Verein und einer ähnlichen zeitlichen Verfügbarkeit ergeben, ist die Interaktion eher kontextabhängig als freiwillig. Sofern sich die Beziehung weitgehend auf das gemeinsame Tennisspielen beschränkt, ist sie zudem so stark von diesem einen gemeinsamen Interesse abhängig, dass wir nicht sinnvoll annehmen können, in ihr käme eine Wertschätzung der Freundin um ihrer selbst willen zum Ausdruck. Der Freundin wird möglicherweise durchaus genuine Wertschätzung entgegengebracht, aber diese bezieht sich eben weitgehend auf ihre Rolle als Tennisspielerin. Ganz ähnlich gestalten sich begrenzte Freundschaften. In einer typischen Spaßfreundschaft, die sich auf gemeinsames Ausgehen am Freitagabend beschränkt, ist die Interaktion zwar als freiwillig einzuordnen. Sie ist jedoch so weitgehend von einem gemeinsamen Interesse abhängig, dass auch hier nur eine sehr begrenzte Wertschätzung der Freundin zum Ausdruck kommt.

Es ist nicht sinnvoll, diese freundschaftlichen Beziehungen alle als defizitäre Freundschaften zu verstehen, insofern wir in bestimmten Situationen gar keine Freundschaften schließen wollen, sondern uns bewusst entscheiden, eine Beziehung nicht zu vertiefen. Schon Aristoteles hatte treffend festgestellt, dass enge Freundschaften zeitaufwendig sind. Auch wenn wir nicht der Ansicht von Cicero und Montaigne zustimmen, wir könnten nur eine echte Freundschaft pflegen, so ist doch anzunehmen, dass die Zahl unserer engen Freundschaften eher im einstelligen Bereich einzuordnen ist und nicht weit darüber hinausgehen kann. Wenn wir aber in der Nachbarschaft, am Arbeitsplatz, im Sportverein und in vielfältigen weiteren Kontexten von Menschen umgeben sind, mit denen wir einen relevanten Teil unserer Zeit verbringen, dann erscheint das Interesse, hier positive Beziehungen zu etablieren, ohne jede dieser Beziehungen in eine enge Freundschaft verwandeln zu wollen, sehr nachvollziehbar. Solche Beziehungen können nicht alle als fehlgeschlagene Instanziierungen der Praxis der engen Freundschaft betrachtet werden. Sie stellen im Gegenteil häufig gelungene Varianten einer *anderen sozialen Praxis* dar. Gleichzeitig sollten wir jedoch nicht davon ausgehen, dass eine Anzahl Bekanntschaften und begrenzter Freundschaften eine enge Freundschaft verlustlos ersetzen kann. Bestimmte Werte, die sich typischerweise aus der Einstellung enger Freundschaften ergeben, wie umfassendes Vertrauen, intime Kenntnis und Anerkennung der Person jenseits konkreter Rollen, können durch begrenzte Freundschaften nur sehr bedingt verwirklicht werden.

Neben Formen von Freundschaften lassen sich auf individueller Ebene unterschiedliche Bindungsmuster feststellen. Aus der rückblickenden Perspektive des späten Erwachsenenalters können drei vorherrschende Muster der Freundschaftsbildung unterschieden werden. Der *unabhängige* Stil ist dadurch gekennzeichnet, dass Freundschaften vor allem in Abhängigkeit von Lebensumständen geschlossen werden und stark auf gemeinsame Aktivitäten fokussiert sind. Verändern sich die Lebensumstände, werden alte Freundschaften aufgegeben und durch Freundschaften ersetzt, die sich aus neuen Handlungskontexten ergeben. Unterschieden wird dieser unabhängige Bindungsstil vom *wählerischen* Stil. Hier bestehen einzelne Freundschaften über einen langen Zeitraum und auch über Phasen sich verändernder Umstände hinweg. Häufig werden diese engen Freundschaften in einer Phase des Lebens, typischerweise der Jugend oder dem jungen Erwachsenenalter, geschlossen. Von diesen bleiben über die Zeit zumindest einige erhalten. Später geschlossene Freundschaften und Bekanntschaften bleiben meist vergleichsweise oberflächlich. Die wenigen engen Freundschaften werden in der Folge als unersetzbar betrachtet. Das dritte Bindungsmuster stellt eine Mischung der beiden anderen dar, hier werden sowohl einzelne lange bestehende Freundschaften gepflegt als auch eine Offenheit gegenüber neuen Beziehungen bewahrt, die nicht notwendig oberflächlich bleiben (Rawlins 1992, 222, Spencer/Pahl 2006, 102–107).

Die unterschiedlichen Bindungsmuster spiegeln hier jeweils eine unterschiedliche Priorität: Eine intensive gemeinsame Praxis oder eine Betonung der Verbindlichkeit der Beziehung. Freundschaften werden entweder in Abhängigkeit von Gelegenheiten geschlossen und mit einer Veränderung der Umstände wieder aufgegeben – in diesen Freundschaften sind Spaß und gegenseitige Unterstützung zentral und eine gemeinsame Praxis kann umfassend gelebt werden. Oder Freundschaften werden als verbindliche und auf Dauer angelegte Beziehungen betrachtet. Gerade diese müssen jedoch in der gelebten Praxis über lange Phasen mit starken Einschränkungen zurechtkommen, weil die Umstände, die die Freundschaft einmal entstehen ließen, nur in seltenen Fällen anhalten und eine ähnlich intensive gemeinsame Praxis wie zu Beginn der Freundschaft ermöglichen.

6.5 Unterscheidungsdimensionen

In jeder konkreten Beziehung werden die gerechtfertigten Erwartungen von Freundinnen individuell ausgehandelt. Es gibt jedoch einige typische Erwartungsstrukturen, die einen Ansatz einer Systematik von Freundschaftsformen bieten. Zunächst werde ich hier zwei Unterscheidungsdimensionen enger Freundschaften einführen.

Bindungsstil: Vorläufig oder Verbindlich
Die Diskussion um die Dauerhaftigkeit von Freundschaften wurde bereits als Streitfrage vorgestellt. Jede konkrete Beziehung muss sich in dem gegebenen Spannungsfeld zwischen Freiwilligkeit und Verbindlichkeit verorten. Eine enge

Freundschaft kann die Verbindlichkeit und Dauerhaftigkeit der Beziehung betonen. Naheliegend ist, dass dies in lange bestehenden Freundschaften und bei einem wählerischen Bindungsstil der Freundinnen häufiger der Fall ist. In ihrer Entstehungsphase sind Freundschaften meist stark auf die gemeinsame Praxis fokussiert und in die gegebenen Umstände eingebettet. Sie entstehen ja, weil die Umstände uns ein Kennenlernen ermöglichen, das erst durch die gemeinsame Praxis vertieft wird. Viele Freundschaften, so zeigt der Verweis auf den unabhängigen Bindungsstil, bleiben in diesem Sinne vorläufig, das heißt sie sind von günstigen Umständen abhängig und werden anderen Verpflichtungen untergeordnet. So nimmt die Anzahl der Freundschaften ab, wenn junge Erwachsene ihre Familie gründen – gerade junge Eltern benötigen viel Zeit für ihre Familie und es bleibt entsprechend weniger Zeit für Freundschaften. Der unabhängige Bindungsstil gibt den Freundinnen mehr Freiheit, andere Pläne zu verwirklichen, ohne auf die bestehende Beziehung Rücksicht nehmen zu müssen. Er entlastet von Verpflichtungen und Verbindlichkeiten. Mit Bezug auf Giddens hatte ich dargestellt, dass solche Beziehungen gerade *durch* den Verzicht auf Verbindlichkeit in besonderer Weise als Ausdruck von Anerkennung verstanden werden können – als Ausdruck der Anerkennung für die Person, die ich *gerade jetzt* bin und wähle zu sein.

Die Ausführungen zum wählerischen Bindungsstil zeigen jedoch auch, dass es Freundschaften gibt, die Phasen einer reduzierten Praxis überdauern. Auch diese Freundschaften bestehen nicht einfach unverändert fort. Aber hier erweist sich die Bindung als stark genug, dass der Kontakt nicht vollständig abbricht. Hat sich eine Freundschaft einmal in dieser Weise als dauerhaft erwiesen, werden auch die Erwartungen der Freundinnen sich entsprechend ändern. Die Betonung der Verbindlichkeit und die Bewährung der Beziehung stärken das gegenseitige Vertrauen und erleichtern es, durch die Beziehung ein Gefühl von Sicherheit zu gewinnen. Ein besonderes Potential für Anerkennung liegt hier in der Möglichkeit der Anerkennung einer Person *in ihrer historischen Dimension*, für das, was sie war und geworden ist.

Jenseits der Frage nach der Verbindlichkeit der Freundschaft lassen sich Freundschaftsformen anhand ihrer Praxis unterscheiden. Freundschaften umfassen notwendig eine gemeinsame Praxis, die auf viele unterschiedliche Arten gestaltet sein kann. Von Tennisfreundschaften, Schulfreundschaften, Arbeitsplatzfreundschaften usw. zu sprechen, verweist auf den Entstehungskontext und damit auch auf mindestens einen relevanten Teil der gemeinsamen Praxis, kann aus philosophischer Perspektive jedoch nicht sinnvoll erscheinen, weil nicht klar wird, von welcher Relevanz die gegebenen Kontexte für die Beziehung sind. Aus philosophischer Perspektive ist insbesondere eine Unterscheidung interessant, die verschiedene Werte in den Blick nimmt, die im Fokus der Praxis einer konkreten Beziehung stehen können.

Praxisausrichtung: Nutzen
Von den oben vorgestellten Freundschaftsformen sind sowohl die Nachbarschaftsfreundschaften als auch die nützlichen Kontakte zentral auf gegenseitigen Nutzen als Ziel ausgerichtet. Ein Zusammenhang zur Frage nach Freiwilligkeit oder Verbindlichkeit ergibt sich erst dann, wenn die Art des gegenseitigen Nutzens näher bestimmt wird. Nachbarschaftsfreundschaften sind zum Erhalt ihrer Praxis auf die geographische Nähe angewiesen, und können Verbindlichkeit nur betonen, solange diese Nähe gegeben ist. Wird der gegenseitige Nutzen in Form von Ratschlägen, Empfehlungen etc. verwirklicht, spielt die Distanz nicht notwendig eine Rolle, wohl aber der geteilte Kontext: Nützliche Kontakte können sich nur so lange als nützlich erweisen, als sie eine mehr oder weniger einflussreiche Position in einem für die andere wichtigen Kontext einnehmen. Die Nutzenfreundschaft verwirklicht aber nicht allein praktischen Nutzen, sie stärkt auch auf ihre Art das Vertrauen in die Hilfsbereitschaft der anderen und vermittelt ein Gefühl von Sicherheit, welches insbesondere Epikur als zentral für die Freundschaft herausgestellt hat. Trotz der Abhängigkeit der Praxis vom Fortbestehen geeigneter Umstände spielt Verbindlichkeit für die Verwirklichung des Wertes dieser Freundschaften also durchaus eine wichtige Rolle. Die Nutzenfreundschaft ist für uns wertvoll, insofern wir abhängige und bedürftige Wesen sind, die weit von der für Aristoteles idealen Autarkie entfernt, auf die Hilfe durch andere angewiesen sind und Sicherheit aus dem Wissen gewinnen, auf diese Hilfe zählen zu können.

Praxisausrichtung: Spaß
Eine andere typische Ausgestaltung der freundschaftlichen Praxis stellt statt dem Nutzen die Freude am gemeinsamen Handeln in den Vordergrund. Auch hier lassen sich zwei der einfachen Freundschaftsformen nach Spencer und Pahl zuordnen: Die Gefährten verbindet die Freude an *einem* gemeinsamen Hobby, die Spaß-Freundinnen suchen das Vergnügen in weniger konkret festgelegten, vielleicht auch wechselnden Beschäftigungen. In beiden Fällen stellt die Freude am gemeinsamen Handeln den Fokus der Beziehung dar. Diese Praxis ist offensichtlich besser mit einer Betonung der Freiwilligkeit als mit einer Betonung der Verbindlichkeit in Einklang zu bringen. Wir sind nicht geneigt, uns darauf festzulegen, an einem derzeitigen Hobby auch in der Zukunft noch echte Freude zu empfinden. Die Freundschaft, die auf Freude am gemeinsamen Handeln fokussiert ist, kann sich dennoch als beständig erweisen, insofern entweder die

Interessen der Freundinnen über einen langen Zeitraum konstant bleiben, oder insofern beide einander ein hohes Maß an Lenkungsoffenheit entgegenbringen.

Praxisausrichtung: Persönliche Kommunikation
Es bleibt eine dritte distinkte Möglichkeit der Ausgestaltung der gemeinsamen Praxis. Sowohl Tröster als auch Vertraute zeichnen sich im Unterschied zu den gerade vorgestellten Optionen der Praxisorientierung dadurch aus, dass sie keine von beiden in den Fokus ihrer Beziehung nehmen. Hingegen ist davon auszugehen, dass die Praxis in solchen Freundschaften stark auf die persönliche Kommunikation ausgelegt ist. Ein Gespräch unter Freundinnen kann natürlich Spaß machen. Es kann sich auch als nützlich erweisen, wenn es uns beispielsweise hilft, eine Entscheidung zu treffen, die sich als die für uns richtige herausstellt. Sofern wir an Tröster und Vertraute denken, steht jedoch keiner dieser beiden Werte im Vordergrund. Selbstoffenbarung spielt hier eine große Rolle und dient der Stärkung des Vertrauens. Auch hier wird Sicherheit gewonnen, allerdings nicht aus dem Wissen, auf praktische Hilfestellungen setzen zu können, sondern aus der Gewissheit, auf emotionalen Beistand durch die Freundin zählen zu können. Darüber hinaus dürfte die gegenseitige Anerkennung einen zentralen Wert dieser Beziehung ausmachen, insofern die Kommunikation innerhalb der Freundschaft dazu führt, die eigene Identität zu reflektieren und sich gegenseitig im Selbstwert zu bestätigen. Typischerweise werden die Funktionen von Tröstern und Vertrauten in unserem Leben sicher von Menschen erfüllt, mit denen wir eine langjährige Beziehung pflegen. Solange ein hinreichendes Maß an gegenseitiger Offenheit gegeben ist, können diese Werte jedoch auch in Beziehungen von kurzer Dauer verwirklicht werden. Gegenüber einer Betonung von Freiwilligkeit oder Verbindlichkeit kann der Fokus auf persönliche Kommunikation also zunächst als neutral eingeordnet werden.

6.6 Stereotype Freundschaftsformen

Aus den zwei vorgeschlagenen Unterscheidungsdimensionen, Bindungsstil und Praxisausrichtung, ließen sich theoretisch sechs Formen enger Freundschaften ableiten.

		Praxisausrichtung		
		Spaß	Kommunikation	Nutzen
Bindungsstil	eher vorläufig	X	X	X
	eher verbindlich	X	X	X

Abb. 1: Freundschaftsformen nach Bindungsstil und Praxisausrichtung, eigene Darstellung

Es bestehen jedoch Zusammenhänge zwischen Bindungsstil und Praxisausrichtung, sodass nicht anzunehmen ist, dass die rein systematisch ableitbaren Formen in gleicher Regelmäßigkeit auftreten. Im Folgenden werde ich einige *typische* Formen von Freundschaft vorstellen.

Die komplexe Spaßfreundschaft
Diese Freundschaftsform entspricht in weiten Teilen der Konzeption von Lewis und ähnelt in der Praxis stark der Spaßfreundschaft als einer Form begrenzter Freundschaft. Die Verwirklichung der gemeinsamen Projekte steht im Fokus der Beziehung und damit ist die Freude am gemeinsamen Handeln als ihr zentraler Wert zu betrachten. Häufig wird es *ein* gemeinsames Projekt sein, dass den Freundinnen so am Herzen liegt, dass die Arbeit daran sie über Jahre verbindet. Um eine enge Freundschaft handelt es sich nur, wenn ein breiteres Interesse an der Person sowie eine besondere Wertschätzung derselben vorliegen. Wenn *allein* das Interesse am gemeinsamen Hobby verbindet, haben wir es mit einer begrenzten Freundschaft zu tun. Mit der Wertschätzung für die Person über das geteilte Interesse hinaus sind Rahmenbedingungen für die Verwirklichung weiterer Werte der Freundschaft gegeben. Aber das schließt nicht aus, was Lewis in Bezug auf den gegenseitigen Nutzen so anschaulich darstellt – jede Notwendigkeit, die gemeinsame Passion ruhen zu lassen, um zum Beispiel Probleme des alltäglichen Lebens zu lösen, kann als Ablenkung von dem empfunden werden, was die Freundinnen eigentlich verbindet.

Damit ist die Freundschaft nicht per se als unverbindlich einzuordnen, aber sie wird doch weniger Verbindlichkeit beanspruchen als die im Folgenden noch benannten Stereotype, weil in ihr die Wertschätzung des gemeinsamen Projekts als zentral für die Wertschätzung der Freundin und der Beziehung zu verstehen ist. Geht das Interesse am gemeinsamen Projekt bei mindestens einer der

Freundinnen verloren, muss diese Freundschaft sich erheblich verändern, um als enge Freundschaft weiter bestehen zu können.

Die kommunikationsorientierte Anerkennungsbeziehung
In der Diskussion der Unterschiede zwischen Männerfreundschaften und Frauenfreundschaften kam eine Freundschaftsform in den Blick, die typischerweise Frauen zugeschrieben wird, aber natürlich auch von Männern in gleicher Weise verwirklicht werden kann: Die Beziehung, die im Unterschied zum lewis'schen Seite-an-Seite eher dem Modus des von Angesicht-zu-Angesicht entspricht. Es handelt sich dabei um eine Beziehung, in der kein gemeinsames Projekt den Fokus darstellt, das den Freundinnen selbst extern ist, sondern in der sich die Freundinnen eben doch primär miteinander, mit ihrem Selbstbild, ihren Ängsten, ihren Lebensplänen und Hoffnungen befassen.

Auch Aristoteles hatte festgestellt, dass die dem Menschen eigentümliche Tätigkeit im Teilen von Worten und Gedanken besteht. Natürlich teilen wir in jeder Freundschaft unsere Gedanken, insofern eine gewisse Bereitschaft zur Selbstoffenbarung eine notwendige Grundlage inniger Identifikation darstellt. Eine Fokussierung auf diese Selbstoffenbarung und auf die gemeinsame Reflexion von Vorstellungen des guten Lebens im Abstrakten und deren mögliche Umsetzung auch im Konkreten ist eine weitere typische Form der Freundschaft. Das Sich-dem-anderen-Anvertrauen und die Ehrlichkeit dürften als zentral in solchen Freundschaften einzuordnen sein. Der verwirklichte Wert ist primär die Anerkennung, Selbstfindung stellt oft ein zusätzliches Ziel solcher Freundschaften dar. Typisch ist diese Freundschaftsform insbesondere in der Jugend und im jungen Erwachsenenalter – in den Lebensphasen, in denen die eigene Identität noch weitgehend als offen verstanden wird und zu verhandeln ist. Gleichzeitig ist die vor allem im gemeinsamen Gespräch verbrachte Zeit aber auch in Freundschaften des hohen Alters typisch und dient hier der Bestätigung des in der Vergangenheit etablierten und nun vielleicht von außen in Frage gestellten Weltbildes.

Zur Frage nach der Betonung von Freiwilligkeit oder Verbindlichkeit verhält sich diese Beziehung neutral. Auch in jungen und eher vorläufigen Beziehungen kann ein hohes Maß an Anerkennung gewonnen werden. Allein wenn es um die Anerkennung einer Person in ihrer historischen Dimension geht, wie dies für Freundschaften des hohen Alters typisch ist, ist die langjährige Beständigkeit der Beziehung eine notwendige Voraussetzung.

Die quasi-familiäre Beistandsgemeinschaft
Freundschaften werden gegenüber Familienbeziehungen im Allgemeinen über das Merkmal der Freiwilligkeit unterschieden. Insofern ich jedoch die Option herausgestellt habe, auch in Freundschaften die Verbindlichkeit der Beziehung zu betonen, kommt die Möglichkeit in den Blick, die oft auch mit dem Begriff der Wahlverwandtschaft bezeichnet wird: Unsere Freundinnen sind gewählt, aber wir können sie genau wie Familienmitglieder als einen notwendigen und unhinterfragbaren Teil unseres Lebens betrachten. Als enge Freundschaften können solche Beziehungen nur gelten, insofern nicht allein das Pflichtgefühl sie zusammenhält, sondern das gegenseitige Wohlwollen zudem auf genuiner Wertschätzung der Person beruht. Die Verbindlichkeit der Beziehung sichert ihre Dauerhaftigkeit, über die wiederum eine besonders intensive Vertrautheit der Freundinnen entstehen kann, die gerade im hohen Alter möglicherweise ein ganzes Leben miteinander geteilt haben. Diese Beziehung ist auf Sicherheit fokussiert und wird sich im Selbstverständnis der Freundinnen über eine Fokussierung auf die entsprechenden Wertdimensionen spiegeln: Praktische Hilfestellung und emotionaler Beistand sind Werte, die in einer solchen Beziehung typischerweise betont werden.

Eingeordnet in die oben vorgestellte Feldertafel ergibt sich in etwa folgendes Bild:

		Praxisausrichtung		
		Spaß	Kommunikation	Nutzen
Bindungsstil	eher vorläufig	Komplexe Spaßfreundschaft		?
	eher verbindlich	?	Kommunikationsorientierte Anerkennungsbeziehung	quasi-familiäre Beistandsgemeinschaft

Abb. 2: Einordnung stereotyper Freundschaftsformen, eigene Darstellung

7 Freundschaften in der Gegenwart

In diesem Kapitel geht es um die Befürchtung, Freundschaften könnten in der heutigen Zeit bedroht sein. Der Impetus einer solchen Befürchtung ist Gesellschaftskritik. Sie ergibt sich aus einer kritischen Perspektive auf Freundschaften, sofern aufgezeigt werden kann, dass konkrete Freundschaften aufgrund der gesellschaftlichen Rahmenbedingungen, in die sie eingebettet sind, es nicht erlauben, die Werte zu verwirklichen, die in ihnen gesucht werden. Wichtig ist, dass eine solche Kritik sich nicht unreflektiert auf ein unerreichbares Ideal stützt. Aufzuzeigen, dass Freundschaften das aristotelische Ideal nicht verwirklichen können, ist dann keine hinreichende Grundlage für eine Kritik an unserer Gesellschaft, wenn wir aufzeigen können, dass das entsprechende Ideal eigentlich nie vollständig verwirklicht werden kann. Ist dies der Fall, können wir für den Abstand zwischen Ideal und Wirklichkeit nicht allein die gesellschaftlichen Umstände verantwortlich machen.

Eine Freundschaftskonzeption, die in unserer Gesellschaft als prinzipiell erreichbar gelten kann, oder deren Verwirklichung gesellschaftliche Rahmenbedingungen voraussetzt, die von den Umständen, in denen wir leben, zumindest nicht allzu weit entfernt sind, bietet den besseren Maßstab für Gesellschaftskritik. Anhand eines solchen Maßstabs kann aufgezeigt werden, welche Rahmenbedingungen und Entwicklungen uns konkret die Verwirklichung enger Freundschaften erschweren, die unserem Selbstverständnis nach Teil eines gelungenen Lebens wären. Zudem ist die Unterscheidung von verschiedenen Freundschaftsformen mit unterschiedlichen zentralen Werten und Bindungsstilen notwendig, um differenziert aufzeigen zu können, welche Freundschaften durch aktuelle Entwicklungen jeweils bedroht und welche Modelle eventuell sogar befördert werden.

7.1 Grundideen einer Gesellschaftskritik

Gesellschaftskritik kann aus verschiedenen Perspektiven geübt werden und ist abhängig von ihrer Perspektive mehr oder weniger überzeugend. *Externe Kritik* zieht äußere Maßstäbe heran, um eine soziale Praxis oder eine Gesellschaft als Ganzes zu kritisieren. Sofern die gewählten Maßstäbe von denjenigen, die kritisiert werden, nicht geteilt werden, kann diese Kritik in den meisten Fällen nicht überzeugen. Sie muss diejenigen, die kritisiert werden sollen, zunächst von der Gültigkeit der gesetzten Maßstäbe überzeugen. Falls dies gelingt, ist die Kritik als *interne Kritik* zu werten. Interne Kritik bezieht sich auf Normen, die von denen, die kritisiert werden, geteilt werden. Interne Kritik kann leicht überzeugen, die Reichweite dessen, was auf diese Weise kritisiert werden kann, ist jedoch gering: Interne Kritik ist allein auf die Aufrechterhaltung eines bestehenden Wertesystems gerichtet (vgl. Stahl 2013, 26–30).

Interne Kritik als Gesellschaftskritik liegt dann vor, wenn wir Widersprüche in den Idealen einer sozialen Praxis aufzeigen können oder gesellschaftliche Rahmenbedingungen identifizieren, die klar die Verwirklichung einer für wertvoll gehaltenen Praxis erschweren. Es ist zudem möglich, eine soziale Praxis zu kritisieren, weil sie die Verwirklichung einer *anderen* sozialen Praxis erschwert, wobei hier abzuwägen wäre zwischen den Werten, die in den jeweiligen Praktiken verwirklicht werden, sofern nicht aufgezeigt werden kann, dass die erste Praxis ihre zentralen Werte auch dann verwirklichen könnte, wenn sie in ihren Regeln so angepasst würde, dass sie die Verwirklichung der anderen Praxis nicht mehr behindert. Auch dies ist interne Kritik, solange die jeweils zur Diskussion stehenden Werte als in der Gesellschaft explizit anerkannte Werte ausgewiesen werden können.

Die kritische Gesellschaftstheorie zeichnet aus, dass sie versucht, begründete *immanente Kritik* zu üben. Diese immanente Kritik geht über eine interne Kritik hinaus, insofern sie sich auf Normen bezieht, die nicht explizit akzeptiert werden. Sie grenzt sich von einer externen Kritik jedoch durch den Anspruch ab, aufzuzeigen, dass diese Normen implizit in der betrachteten sozialen Praxis angelegt sind. Eine Form einer solchen immanenten Kritik ist das Diagnostizieren einer sozialen Pathologie, also die Feststellung, bestimmte gesellschaftliche Rahmenbedingungen machten es mindestens einigen Gesellschaftsmitgliedern unmöglich, die Bedeutung einer sozialen Praxis angemessen zu verstehen. Erkannt werden kann eine solche Pathologie laut Honneth durch eine Stimmung der „Niedergedrücktheit und Orientierungslosigkeit", die dann vor allem in „ästhetischen Zeugnissen", also in Kunst, Literatur, Film und Fernsehen, zum Ausdruck kommen würden (Honneth 2011, 157–158).

Als eine besondere Form der immanenten Kritik soll hier die *Verdinglichungskritik* genannt werden. Bei der Verdinglichungskritik handelt es sich um eine Metakritik. Sie diagnostiziert ein Missverständnis in Bezug auf die Frage, wie wir uns zu einer sozialen Praxis als *sozialer Praxis* verhalten sollten. Titus Stahl verdeutlicht dies anschaulich in Bezug auf soziale Institutionen:

> Wer soziale Institutionen oder Regeln so behandelt oder wahrnimmt, als hätten sie einen rein sachlichen, unveränderbaren Charakter, begeht einen *Kategorienfehler* und nimmt sich selbst die Chance, diese sozialen Verhältnisse zu verändern oder zu verbessern. (Stahl 2013, 422)

Eine Verdinglichung liegt im Allgemeinen dann vor, wenn die sozialen Verhältnisse, in denen wir leben, als alternativlos begriffen werden. Es handelt sich aber auch um eine Form der Verdinglichung, wenn Menschen nur noch als Konsumenten oder Produzenten betrachtet werden, und nicht mehr als Subjekte. In diesem Fall hat die Verdinglichungskritik einen direkten Bezug auf zwischenmenschliche Beziehungen. Es ist leicht zu erkennen, in welcher Hinsicht eine solche Verdinglichung Menschen als Subjekten nicht gerecht wird:

> Ebenso unproblematisch kann angenommen werden, dass unser Verhältnis zu anderen Personen dann seine qualitativ bestimmten Aspekte verliert, wenn die Weise, in der uns diese anderen Personen als Anerkennungspartner in sozialen Praktiken begegnen, nicht mehr als normativ geleitete Interaktion, sondern als bloße Faktizität zugänglich wird. Dann können wir die Beziehungen, in denen die anderen uns überhaupt erst als Personen begegnen, nicht mehr als solche behandeln und wahrnehmen. (Stahl 2013, 449)

Viele der in Bezug auf Freundschaften formulierten Befürchtungen verwenden ein anderes Vokabular, diagnostizieren aber im Wesentlichen eine soziale Pathologie oder eine Tendenz zur Verdinglichung der Freundschaft. In den folgenden Kapiteln soll geprüft werden, ob das Vorliegen einer solchen Pathologie der Freundschaft tatsächlich nachvollziehbar diagnostiziert werden kann. Honneths eigene Position sei hier vorweggenommen: Er geht nicht davon aus, dass im Kontext von Freundschaften heute eine solche soziale Pathologie vorliegt (Honneth 2011, 250 – 252).

Ausgangspunkt der in den Kapitel 7.3 bis 7.5 folgenden Überlegungen ist also die Annahme, dass es in der Gegenwart besondere Herausforderungen gibt, denen Freundschaften gegenüberstehen, und die zumindest den Anfangsverdacht begründen, es könnte sich hier um eine soziale Pathologie oder Verdinglichungstendenz handeln.

7.2 Die Gegenwart als zweite Moderne

Die Entwicklungen unserer heutigen Zeit werden wahlweise noch als Kennzeichen der Moderne, oder schon als Kennzeichen einer Epoche gewertet, die über die klassische Moderne hinausgeht. Die Moderne wird dabei in der Regel durch Industrialisierung, Entwicklung von Wissenschaft und Technik, sowie die Einflüsse der Aufklärung gekennzeichnet.[1] Heutige Entwicklungen werden dann einer späten Moderne (Giddens), Postmoderne (Bauman), zweiten Moderne oder reflexiven Moderne (Beck) zugeschrieben. Hinter den begrifflichen Unterschieden verbirgt sich die Streitfrage, ob die Merkmale der Moderne auf unsere Zeit noch zutreffen, oder ob die gegenwärtigen Entwicklungen über das hinausgehen, was sich sinnvoll als Moderne kennzeichnen lässt. Ich werde zu dieser Auseinandersetzung hier nicht Stellung beziehen und im Folgenden der Einfachheit halber durchgängig von der zweiten Moderne sprechen.

Welche Entwicklungen sind es also, die in der heutigen Zeit, in der sogenannten zweiten Moderne, in den Fokus geraten und als potentiell bedrohlich für persönliche Beziehungen angesehen werden? Zunächst ist festzuhalten, dass es gegenwärtig sehr viele Autorinnen gibt, die zu dieser Frage herangezogen werden können. Ich möchte mich im Folgenden auf einige wenige beschränken. Zygmunt Bauman (2013) thematisiert eine ganze Reihe von Entwicklungen, die sich unter dem Stichwort der individualisierten Gesellschaft nur notdürftig zusammenfassen lassen. Auch Charles Taylor (2011) betrachtet die Individualisierung als einen Aspekt der zweiten Moderne, stellt diesem jedoch die instrumentelle Vernunft und einen milden Despotismus als weitere Merkmale an die Seite. Anthony Giddens (2002) entwickelt seine Perspektive entlang der Begriffe von Modernität und Globalisierung. Ulrich Beck (1986) schließlich hat insbesondere den Begriff der Risikogesellschaft geprägt.

Nach Ansicht zumindest der Mehrzahl dieser Autoren liegt ein zentraler Unterschied zur klassischen Moderne in den Veränderungen des Arbeitsmarktes, genauer: in der zu erwartenden Dauer von Beschäftigungsverhältnissen. Bauman charakterisiert die entsprechenden Entwicklungen mit einem anschaulichen Vergleich:

> The place of employment feels like a camping site which one visits for but a few nights and which one may leave at any moment if the comforts on offer are not delivered or found wanting when delivered, rather than like a shared domicile where one is inclined to take trouble to work out the acceptable rules of interaction. (Bauman 2013, 24–25)

Die zunehmende *Kurzfristigkeit der Arbeitsverhältnisse* wird also als Kennzeichen unserer Zeit gesehen. Arbeitsplätze sind häufig befristet und mehrfache Anstellungswechsel im Berufsleben einer Erwachsenen gelten als völlig normal. Dadurch gehen nicht nur feste Bindungen am Arbeitsplatz verloren, häufig sind diese auch mit Umzügen verbunden. Somit steht die Kurzfristigkeit der Arbeitsverhältnisse in einem engen Zusammenhang mit gesteigerten *Mobilitätsanforderungen*. Eine ähnliche Einstellung kennzeichnet nach Bauman auch unseren Umgang mit materiellem Besitz, den wir überwiegend als Einweg- oder Wegwerfartikel wahrnehmen (Bauman 2013, 156).

Ein weiterer wichtiger Aspekt findet sich in der Frage nach der Rolle der *instrumentellen Vernunft*. Diese wird schon bei Max Weber (2010) mit dem Begriff der Zweckrationalität als Kennzeichen der klassischen Moderne genannt und von Taylor aufgegriffen. Taylor versteht darunter die Bemühung um maximale Effizienz in Bezug auf das Erreichen eines vorgegebenen Ziels (Taylor 2011, 11). Unser Unbehagen entspringt dabei aus der Angst vor der

> Möglichkeit, daß Dinge, die anhand anderer Kriterien bestimmt werden sollten, im Hinblick auf Effizienz oder mit Hilfe einer ‚Kosten-Nutzen-Analyse' entschieden werden, und daß die unabhängigen Ziele, die uns im Leben leiten sollten, durch die Forderung nach maximaler Produktionssteigerung in den Schatten gestellt werden. (Taylor 2011, 11–12)

Auch Bauman bezieht sich auf die instrumentelle Vernunft, jedoch nur, um festzustellen, dass sich das Problem seiner Ansicht nach verlagert hat: Es sei heute nicht mehr die Wahl der richtigen Mittel, die uns vor Probleme stellt, sondern im Gegenteil die Suche nach Zielen. Uns stehe ein Überfluss an Mitteln zur Verfügung, aber es herrsche eine zunehmende Unsicherheit in der Frage, für welche Ziele wir diese Mittel eigentlich einsetzen wollen (Bauman 2013, 146–147).

Diese Unklarheit in Bezug auf unsere Ziele ist eine der Quellen der heute weit verbreiteten *Unsicherheit*, die laut Bauman auch in anderen Bereichen immer dann spürbar wird, wenn wir uns mit Entscheidungen konfrontiert sehen: Einerseits erscheint uns die Zukunft offen, andererseits jedoch unkontrollierbar. Wir haben oft den Eindruck, die Folgen unserer eigenen Entscheidungen nicht mehr abschätzen zu können (Bauman 2013, 44).

Der Umgang mit Unsicherheit und Zukunftserwartungen ist auch ein zentraler Aspekt bei jenen Autorinnen, die davon ausgehen, dass wir in einer *Risikogesellschaft* leben. Die Grundthese der Risikogesellschaft stammt von Beck (1986), Giddens greift ihre Grundgedanken wieder auf. Zum einen sind es die großen Risiken eines atomaren Kriegs, der globalen Erwärmung oder ähnlichem, die unsere Zeit auszeichnen. Diese unterscheiden sich von den Gefahren, denen die Menschen immer schon ausgesetzt waren, insofern sie von Menschen gemacht sind. Zum anderen ist es unser zunehmend bewusster und berechnender Umgang mit Gefahren und damit eben das Wahrnehmen dieser als *Risiken*, der sich zum Beispiel im Bereich der Versicherungen oder der Finanzspekulation zeigt, der unsere Gesellschaft von früheren unterscheidet (Giddens 2002, 20–35, 1997, 29). Aber auch im Bereich persönlicher Nahbeziehungen, so ergänzt Giddens, nimmt unser Risikobewusstsein zu, je weniger Traditionen und Sitten den Ablauf von Beziehungen festlegen:

> Two or three generations ago, when people got married, they knew what it was they were doing. Marriage, largely fixed by tradition and custom, was akin to a state of nature – as of course remains true in many countries. Where traditional ways of doing things are dissolving, however, when people marry or form relationships, there is an important sense in which they don't know what they are doing, because the institutions of marriage and the family have changed so much. Here individuals are striking out afresh, like pioneers. It

is inevitable in such situations, whether they know it or not, that they start thinking more and more in terms of risk. (Giddens 2002, 28)

Mit der Abwendung von Traditionen geht auch die Vorstellung einer fest verankerten Identität verloren, die ersetzt wird durch Gedanken von *Selbstverwirklichung* und *Eigenverantwortung*. Giddens betont, dass Jahrhunderte alte Traditionen in der heutigen Zeit nicht einfach verschwunden sind. Zum einen haben Traditionen sich schon immer gewandelt und sind häufig viel jüngeren Datums, als wir glauben. Zum anderen werden auch heute noch Traditionen gepflegt und neue geschaffen. Was sich verändert hat, ist primär die Basis ihrer Rechtfertigung: Gelebte Traditionen werden immer weniger über ihren inneren Wahrheitsanspruch verteidigt, sie werden hingegen häufig hinterfragt und von einem Standpunkt außerhalb ihrer selbst gerechtfertigt (Giddens 2002, 39–45). Je mehr wir uns von Traditionen lösen, desto mehr geht auch der Gedanke einer angeborenen Identität verloren und wird ersetzt durch die Vorstellung, dass wir selbst entscheiden, wer wir sind. Der Gedanke der selbstgewählten Identität ist mit der Tendenz zur Individualisierung stark verknüpft, die im Folgenden noch ausführlicher behandelt wird. Er wird von allen hier behandelten Autoren in der einen oder anderen Weise ausgearbeitet. Wichtig ist an dieser Stelle noch, dass die persönliche Identität heute nicht als einmal zu Wählende gilt, die nach einer Periode der Herausbildung fest bestehen bleibt. Sie ist im Gegenteil stark verknüpft mit Vorstellungen von Fortschritt und Weiterentwicklung und wird somit zu einem ständigen Projekt (Bauman 2013, 112).

Ein weiteres zentrales Merkmal unserer Zeit ist die *Verbreitung von Methoden der elektronischen Kommunikation*, die eine sofortige Informationsübermittlung ermöglichen (Bauman 2013, 38, Giddens 1997, 4). Damit gehen einige fundamentale Veränderungen unserer Wahrnehmungsweise der Welt einher. Die Bedeutung von Distanzen schwindet, es ist scheinbar genauso leicht, sich über die Geschehnisse in weiter Ferne wie über die in der eigenen Nachbarschaft auf dem Laufenden zu halten.

Ein Schlagwort, das in diesem Kapitel bisher nicht aufgetaucht ist und doch als prägend für die (zweite) Moderne gesehen werden kann, ist die *Globalisierung*. Die Idee der Globalisierung geht mit dem Anspruch einher, dass sich die Entwicklungen einzelner Gesellschaften heute nicht mehr unabhängig voneinander beschreiben lassen. Insofern beanspruchen auch die hier vorgestellten Autoren, dass ihre Thesen in mehr oder weniger großem Ausmaß für alle Gesellschaften der heutigen Zeit zutreffen. Sie gestehen jedoch auch zu, dass sich ein Mehr-oder-Weniger an vielen Stellen noch feststellen lässt. Primär dienen alle hier vorgestellten Merkmale zur Charakterisierung der entwickelten, westlichen Gesellschaften und viele Aspekte treffen eher auf das Leben in Großstädten zu, als in dörflichen Gemeinschaften. Die Globalisierung ist jedoch ein so umfassendes

Phänomen, dass ich sie hier nicht als Merkmal benennen möchte – sie ist zu wenig konkret, um ihre Auswirkungen auf die Menschen beschreiben zu können, ohne vorher genauer zu benennen, was eigentlich gemeint ist.

In Bezug auf sich ergebende Herausforderungen für Freundschaften lassen sich die hier relevanten Merkmale unter verschiedene Begriffe zusammenfassen. Unsicherheit, Risikobereitschaft, Ansprüche der Selbstverwirklichung und Betonung der Eigenverantwortung lassen sich unter dem Stichwort der *Individualisierung* zusammenfassen, die ich in ihren Auswirkungen auf Freundschaften als erstes näher betrachten werde. Die Kurzfristigkeit von Arbeitsverhältnissen sowie gesteigerte Möglichkeiten der Mobilität äußern sich in teilweise erhöhten Anforderungen der Mobilität und in Biographien, die von häufigen Wechseln des Lebensmittelpunktes geprägt sind. Diese Aspekte werde ich unter dem Stichwort *Mobilität* behandeln. Neue Kommunikationsmöglichkeiten werden selbst oft als Bedrohung für enge Freundschaften aufgefasst, erscheinen aber andererseits auch als Chance, Begrenzungen der Möglichkeiten von Freundschaften über Distanz aufzuheben. Diesen Aspekt diskutiere ich unter dem Stichwort *computervermittelte Kommunikation*.

7.3 Freundschaft und Individualisierung

Ein Schlagwort, das häufig in Verbindung mit der Moderne und mit kritischen Perspektiven auf Freundschaften fällt, ist *Individualisierung*. Individualisierung wird hier als erster Ausgangspunkt für kritische Gesellschaftsdiagnosen mit Bezug zur Veränderung von Freundschaften näher betrachtet. Um solche Diagnosen differenziert einordnen zu können, müssen wir uns zunächst klarmachen, was mit Individualisierung gemeint ist. Für die Beurteilung einer individualisierungskritischen These ist dabei im Zweifelsfall für jede Autorin eine gesonderte Begriffsanalyse notwendig, denn der Begriff der Individualisierung (trotz einem weitverbreiteten Bezug auf Beck) wird heute bei weitem nicht einheitlich verwendet (vgl. Genov 2018, 40).

Wir finden eine kritische Beurteilung der Individualisierung schon lange vor Becks These in den Schriften von Georg Simmel. Dieser zeichnet die Entwicklung des Individualismus bis zum 19. Jahrhundert nach. Trotz erster Anzeichen eines Individualismus in der Renaissance und im 18. Jahrhundert, findet sich erst hier die Tendenz zu dem, was er den modernen Individualismus nennt: Die Tendenz zur Betonung der Individualität ohne Gleichheit, die er als Steigerung des Differenzierungsstrebens betrachtet (Simmel 2008, 346–351). Im Kontext dieser Auseinandersetzung mit dem Individualismus nimmt Simmel zwar nicht explizit auf die Freundschaft Bezug, wohl aber allgemein auf die Rolle, die die andere für das Individuum im Kontext dieser Individualisierungslogik einnehme:

> Alle Verhältnisse zum anderen sind so schließlich nur Stationen des Weges, auf dem das Ich zu sich selber kommt: mag es sich den anderen im letzten Grunde gleichfühlen, weil es auf sich und seinen Kräften alleinstehend noch dieses stützenden Bewußtseins bedarf; sei es, daß es der Einsamkeit seiner Qualität gewachsen ist und die Vielen eigentlich nur da sind, damit jeder Einzelne an den Anderen seine Unvergleichbarkeit und die Individualität seiner Welt ermessen könne. (Simmel 2008, 351)

Man kann dieses Zitat so lesen, dass es einen klaren Bezug zwischen Selbstverwirklichung und einer rein instrumentellen Sicht auf andere Personen, eingeschlossen Freundinnen, herstellt – alle Beziehungen werden schlussendlich dem Ziel der eigenen Selbstverwirklichung untergeordnet. Verstehen wir Simmel auf diese Weise, dann besteht die Folge des Individualismus darin, eine rein instrumentelle Perspektive selbst auf die Menschen einzunehmen, mit denen wir unsere engsten Beziehungen führen. Im Sinne der Kritischen Theorie müssten wir dann einen Verdinglichungsprozess diagnostizieren. Dabei könnten wir davon ausgehen, dass im Kontext der Verdinglichungskritik der Blick auf Freundschaft nicht der Ausgangspunkt wäre, sondern die endgültige Bestätigung liefern würde – ein Verdinglichungsprozess kann bereits diagnostiziert werden, wenn wir überhaupt einen rein instrumentellen Bezug zwischen Personen feststellen können. Wenn dieser bis in persönliche Beziehungen vordringt, die ihrem Anspruch nach am weitesten von dieser Perspektive entfernt sein sollten, dann müsste die Diagnose folgen, dass die Verdinglichung in ihrem Endstadium angekommen ist. Individualismus würde bedeuten, dass wir nicht mehr in der Lage sind, andere überhaupt als Personen mit eigenen Interessen und als gleichberechtigte Partnerinnen gemeinsamer Handlungen wahrzunehmen. Die einzig uns verfügbare Perspektive wäre verengt auf die Frage, wie andere sich für uns nützlich erweisen können bei der Verwirklichung unserer eigenen Interessen.

Ein solcher Bezug auf andere schließt die Möglichkeit einer hier skizzierten engen Freundschaft offensichtlich aus. Werden die Interessen einer anderen Person nicht als unabhängig und verschieden von unseren eigenen wahrgenommen und als gültig akzeptiert, so ist keine innige Identifikation möglich. Wir können unsere Wertschätzung einer anderen Person *als die Person die sie ist* nicht zum Ausdruck bringen, wenn wir nicht bereit sind, *ihre* Interessen als Handlungsgründe zu berücksichtigen. Weder echte Sorge, noch echte Gemeinsamkeit sind dann möglich. Ist das Endstadium der Individualisierung als ein Individualismus zu denken, der allein eine instrumentelle Perspektive auf Freundinnen zulässt, dann würde eine fortschreitende Individualisierung in der Tat den Untergang von engen Freundschaften notwendig herbeiführen. Verstehen wir Individualismus auf diese Weise, dann ist die Kritik offensichtlich berechtigt und es verbleiben die empirischen Fragen nach der Gültigkeit der Diagnose sowie ggf. den möglichen Gegenmaßnahmen: Wie weit sind wir in der Verwirklichung dieses Individualismus bereits vorangeschritten und wie können wir diese Entwicklung aufhalten?

Es scheint mir jedoch keinen hinreichenden Grund zu der Annahme zu geben, dass unsere Gesellschaft tatsächlich im Endstadium einer so verstandenen Individualisierung angekommen ist. Insofern insbesondere die bisher herangezogene sozialwissenschaftliche Literatur noch Beziehungen beschreibt, die den aufgestellten konstitutiven Bedingungen enger Freundschaften zumindest zeitweise genügen, erscheint im Gegenteil die These widerlegt, dass wir heute allein zu einer instrumentellen Perspektive auf andere Menschen fähig sind.

Etwas anders fassen Ulrich Beck und Elisabeth Beck-Gernsheim den Begriff der *Individualisierung* in einem Sammelband zum Thema folgendermaßen:

> Individualisierung meint zum einen die *Auflösung* vorgegebener sozialer Lebensformen – zum Beispiel das Brüchigwerden von lebensweltlichen Kategorien wie Klasse und Stand, Geschlechtsrollen, Familie, Nachbarschaft usw.; oder auch, wie im Fall der DDR und anderen Ostblockstaaten, der Zusammenbruch staatlich verordneter Normalbiographien, Orientierungsrahmen und Leitbilder. Wo immer solche Auflösungstendenzen sich zeigen, stellt sich zugleich die Frage: Welche neuen Lebensformen entstehen dort, wo die alten, qua Religion, Tradition oder vom Staat zugewiesenen zerbrechen? (Beck/Beck-Gernsheim 2012, 11–12)

Individualisierung ist demnach eine Folge des Verschwindens vorgegebener Lebensformen. Je mehr wir uns von Religion und Tradition lösen, je weniger der Staat vorgibt, wie wir unser Leben gestalten sollen, je weniger es eine „Normalbiographie" gibt, die sich zumindest den Anschein gibt, für alle verbindlich zu sein, desto mehr bleibt die Frage, wie wir leben wollen, uns selbst überlassen. Die hier beschriebenen Entwicklungen sollten uns bekannt vorkommen, aber sie treffen nicht auf alle Menschen unserer Zeit gleichermaßen zu. Beck und Beck-Gernsheim (2012) halten fest, dass Individualisierung heute noch primär ein Großstadtphänomen darstellt, das auf ländliche Regionen weit weniger zutrifft. Trotzdem handelt es sich um ein Phänomen, das nicht nur einzelne erreicht, sondern es ist nach Ansicht der Autorin und des Autors als Trend unserer Gesellschaft zu betrachten, der potentiell alle trifft, weil wir es mit „*institutionalisierter* Individualisierung" zu tun haben:

> Die meisten Rechte, Anspruchsvoraussetzungen für Unterstützungsleistungen des Wohlfahrtsstaates sind [...] auf Individuen zugeschnitten, nicht auf Familien. Sie setzen in vielen Fällen Erwerbsbeteiligung (oder, im Falle von Arbeitslosigkeit, Erwerbsbereitschaft) voraus. Erwerbsbeteiligung wiederum setzt Bildungsbeteiligung, beides Mobilität und Mobilitäts-

bereitschaft voraus, alles Anforderungen, die nichts befehlen, aber das Individuum dazu auffordern, sich gefälligst als Individuum zu konstituieren: zu planen, zu verstehen, zu entwerfen, zu handeln – oder die Suppe selbst auszulöffeln, die es sich im Falle seines ‚Versagens' dann selbst eingebrockt hat. (Beck/Beck-Gernsheim 2012, 14)

Diese Form der Individualisierung, die nicht als isolierter Aspekt der Moderne zu verstehen ist, sondern in vieler Hinsicht Hand in Hand geht mit anderen Entwicklungen, hat gravierenden Einfluss auf die Konstitution unseres eigenen Selbstverständnisses: Individualisierung lässt sich insofern als Freiwerdung verstehen, als die Frage, wer wir sind, nicht mehr durch unsere Herkunft und unser soziales Umfeld bestimmt ist. Identität wird nicht mehr als abgeleitet und ererbt begriffen, sondern als frei wählbar und veränderbar (Vetlesen 2008, 186–187).

Individualisierung hat in diesem Sinne klar positiv zu bewertende Entwicklungen befördert – eine Aufweichung von Geschlechterrollen und die damit möglich gewordene Emanzipation von Frauen sei hier als Beispiel genannt (vgl. Genov 2018, 43). Insofern wäre es überaus wünschenswert, ein Verständnis von Individualisierung zu entwickeln und zu verteidigen, das die gewonnen Freiheiten bewahrt, ohne persönliche Beziehungen notwendig in Frage zu stellen. Wie sowohl Vetlesen als auch Bauman und andere betonen, stellt die Wahl der eigenen Identität aber nicht nur eine Option dar, sondern wird für uns zu einer Aufgabe, der wir uns nicht entziehen können. Das typische an der zweiten Moderne ist, dass Selbstverwirklichung nicht mehr nur ein Recht darstellt, sondern zur Forderung wird: Wir müssen unsere eigene Identität gestalten und die Verantwortung für das übernehmen, was dabei herauskommt (Bauman 2013, 142, Vetlesen 2008, 178–179).

Verstehen wir Individualisierung auf diese Weise, so könnte man zunächst annehmen, dass sie Freundschaften eher begünstige, während andere Formen persönlicher Beziehungen bedroht seien. Denn die Freundschaft ist in Abgrenzung zur Familienbeziehung ja gerade die gewählte Beziehung. Sie erlaubt es uns, auch in Beziehung zu anderen zu bestimmen, wer wir sein wollen. Die Vorstellung einer selbstgewählten Identität erscheint auf den ersten Blick nicht problematisch für Freundschaften.

Aber an Individualisierung im Sinne eines Ideals der Selbstverwirklichung knüpft auch Arne Johan Vetlesen an, um unsere heutige Gesellschaft dahingehend zu kritisieren, dass sie die Voraussetzungen für gelungene Freundschaften zunehmend bedrohe. Als Ursachen dieser Bedrohung identifiziert er einerseits marktwirtschaftliche Entwicklungen, andererseits eben das Ideal der Selbstverwirklichung, wie es sich seiner Ansicht nach aus der zunehmenden Individualisierung ergibt (Vetlesen 2008, 168, 177–179). Vetlesen stellt seiner kritischen Betrachtung von Freundschaften im Angesicht der Individualisierung eine Betonung ihres Potentials an die Seite. Er betont insbesondere den Wert der Freundschaft als Anerkennungsbeziehung. Diese Funktion von Freundschaft hält er in unserer Zeit für besonders wichtig, da ansonsten der Markt die Hoheit beanspruche, ein Urteil über den Wert der Person zu fällen:

> In Zeiten der Entlassungen aufgrund von Auslagerungen *(outsourcing)*, Betriebskonzentrationen *(downsizing)*, fachlicher Dequalifizierung und Herunterstufung *(deskilling)* sind Freunde dazu da, dem jüngsten Opfer der neoliberalen Modernisierung beizuspringen, ihm zu bestätigen, daß sie oder er eine hochgeschätzte Person sei, die innere Werte besitzt. (Vetlesen 2008, 189)

Gerade hier verortet er also das besondere Potential der Freundschaft in der Moderne.

Vetlesens Auffassung von Individualisierung knüpft dabei nicht nur an Beck, sondern auch an Charles Taylor an. Er beobachtet, dass Individualisierung, wie sie von Beck beschrieben wird, mit „einer Tendenz zur Privatisierung aller Entscheidungen [einhergeht], die mit ‚Lebensprojekten' zu tun haben" (Vetlesen 2008, 183) – soll heißen: Alle Entscheidungen der Art, was wir aus unserem Leben machen wollen oder was uns wichtig ist, werden nur noch als Ich-Entscheidungen in der ersten Person Singular dargestellt. Daraus werde dann gefolgert, Freundinnen käme keine Rolle in Bezug auf bedeutende Lebensentscheidungen mehr zu. Zentral ist hierfür eine bestimmte Auffassung von Authentizität:

> Sich selbst treu sein heißt nichts anderes als: der eigenen Originalität treu sein, und diese ist etwas, was nur ich selbst artikulieren und ausfindig machen kann. Indem ich sie artikuliere, definiere ich zugleich mich selbst. Damit verwirkliche ich eine Möglichkeit, die ganz eigentlich mir selbst gehört. (Taylor 2011, 39, vgl. Vetlesen 2008, 196)

Vetlesen nimmt zur Kenntnis, dass Taylor an anderer Stelle die Rolle von Beziehungen für die Selbstverwirklichung betont, meint jedoch, dass dieser nicht hinreichend zur Kenntnis nehme, dass die hier zitierte Auffassung von Authentizität die Möglichkeit der signifikanten Beteiligung anderer an der eigenen Selbstverwirklichung bereits vollständig ausschließt (Vetlesen 2008, 196–198).

Im Anschluss an diese Auffassung von Individualisierung als authentischer Selbstverwirklichung stellt Vetlesen dar, inwiefern die Rolle von Freundinnen zunehmend problematisch wird. Individualisierung führe dann dazu, dass wir uns von Freundinnen nur noch bedingt Kritik gefallen lassen. Auch hier ist die Unterscheidung zwischen interner und externer Kritik wichtig: Sofern es allein uns selbst überlassen ist, zu entscheiden, wer wir sind, wäre in Freundschaften allein interne Kritik annehmbar, die sich auf unsere eigenen Wert- und Zielvorstellungen bezieht. Eine Kritik *an den Zielen* der anderen zu üben sei jedoch notwendig als problematisch einzuordnen. Die Ablehnung unserer gewählten Ziele müsse vor dem Hintergrund der Annahme selbstgeschaffener und selbstverantworteter Identitäten potentiell immer als Ablehnung der ganzen Person verstanden werden.

Wenn wir uns die Einmischung in gewählte Lebensentwürfe und -ziele durch unsere Freundinnen jedoch verbitten, weil wir sie als Kritik an uns selbst in einem grundlegenden Sinne auffassen, dann kann Freundschaft eine ihrer zentralen Funktionen nicht mehr erfüllen: Wir erhalten von unseren Freundinnen dann keine Anerkennung unseres Lebensentwurfs, keine Zustimmung zu unserem Selbstentwurf als Person – denn die Zustimmung anderer kann uns nur etwas bedeuten, wenn wir prinzipiell auch mit Ablehnung hätten rechnen müssen (Vetlesen 2008, 183–190). Die heute so oft gelobte Toleranz kann daher als falsches Ideal für Freundschaften kritisiert werden: Wenn wir wertbezogene Differenzen in Freundschaften einfach hinnehmen, ist dies eine Form der Gleichgültigkeit, die die Beziehung „seicht und oberflächlich" (Vetlesen 2008, 193) werden lässt.

Vetlesen kritisiert nicht jedes Ideal der Selbstverwirklichung schlechthin, sondern eine bestimmte Auffassung von Authentizität, die die Selbstverwirklichung als Aufgabe begreift, die allein dem Individuum überlassen ist. Er sieht Taylor in den Fußstapfen einer existentialistischen Tradition, die am Ende auf einen Solipsismus hinausläuft: die Bedeutung des sozialen Umfelds für die Entwicklung und das Selbstverständnis der Person wird negiert (Vetlesen 2008, 197). So gedeutet geht Individualisierung mit der Annahme einher, wir könnten und müssten uns von der Meinung anderer unabhängig machen. Im Kontext der Anerkennungstheorie und in ihren Bezügen auf George Herbert Mead kann diese Annahme nur als Illusion zurückgewiesen werden: Als soziale Wesen sind wir in unserem Selbstbild immer von der Meinung anderer abhängig. Sofern Individualisierung die Illusion, wir besäßen ein von unserer Umwelt unabhängiges, authentisches Selbst, in der Tat vermittelt und verstärkt, erschwert sie es uns, den Wert gegenseitiger Anerkennung in Freundschaften zu verwirklichen.[2]

Auch in Bezug auf den im Ideal der Selbstverwirklichung ja gerade betonten Wert der Freiheit ergeben sich Probleme, wenn wir diese Auffassung von Authentizität zugrunde legen. Freundschaften bieten uns durch ihre Dimension der Freiwilligkeit bedingt eine Möglichkeit zur individuellen Selbstverwirklichung. Ist die Freundin einmal gewählt, sind es jedoch wie in jeder persönlichen Beziehung Möglichkeiten der sozialen Freiheit, die Freundschaften auszeichnen. Die innige Identifikation und das gemeinsame Handeln gelingen auf Basis von Vertrauen und Verbindlichkeit, die nur schwer mit der Vorstellung einer vollständigen und grenzenlosen Eigenverantwortung vereinbar sind.

Vetlesens Kritik überzeugt als Kritik eines falsch verstandenen Ideals der Selbstverwirklichung, insofern sie das soziale Wesen des Menschen betont. Über den Anspruch einer Begriffskritik geht er hinaus, insofern er die Ausrichtung an diesem Ideal nicht als Irrtum der Einzelnen betrachtet, sondern das „Authentizitätsideal [als] Gegenstand der Manipulation durch systemische Imperative ökonomisch-struktureller Provenienz" (Vetlesen 2008, 198) darstellt. In diesem Sinne richtet sich die Kritik primär gegen eine institutionalisierte Individualisierung, wie sie auch Beck-Gernsheim (2013), beschreibt: Wenn persönliche Beziehungen einen besonderen Wert besitzen, der gerade als Gegengewicht zu Anforderungen des Arbeitsmarktes an Bedeutung gewinnt, dann müssen gesellschaftliche Entwicklungen, die den Wert solcher Beziehungen in Frage stellen, in der Tat als problematisch eingeordnet werden. Es bleibt dann die empirische Frage zu beantworten, ob eine institutionalisierte Individualisierung in Bezug auf Freundschaften tatsächlich stattfindet.

Es bleibt aber auch die Frage zu stellen, ob das Ideal der Selbstverwirklichung im Kontext der Individualisierung notwendig so zu verstehen ist. Vetlesen stellt in Abgrenzung zu Taylor dar, dass Freundinnen uns in besonderer Weise dabei helfen können, uns selbst zu entwickeln – nicht nur, insofern wir bestimmte Werte nur *in* persönlichen Beziehungen (und das bedeutet *mit* und *durch* andere) verwirklichen können, sondern auch insofern er der Freundin die Rolle der Geburtshelferin bei der Suche nach der eigenen Identität zuschreibt. Hier wird die gegenseitige Unterstützung im Hinblick auf die Ziele der Selbstvervollkommnung und des guten Lebens in ähnlicher Weise wie bei Aristoteles betont (Vetlesen 2008, 180 – 191). Wenn wir diesen Gedanken ernst nehmen, so ist nicht notwendig das Ideal der Selbstverwirklichung als solches zu kritisieren, sondern nur eine bestimmte Auffassung davon, die die Rolle persönlicher Beziehungen in diesem Prozess verkennt.

Eine weniger auf die Spitze getriebene Auffassung von Selbstverwirklichung wäre auch mit einer anderen Auffassung von Freundschaft vereinbar, was sich am Beispiel der Kritikfähigkeit herausarbeiten lässt. Vetlesen stellt die missverstandene Toleranz als falsche Alternative zu einer Offenheit auch gegenüber fundamentaler Kritik dar. Aber müssen wir in Freundschaften dann jede Kritik als berechtigt annehmen? Vetlesen erkennt an, dass es durchaus eine Grenze gibt, ab der es berechtigt ist, Kritik durch Freundinnen zurückzuweisen, und identifiziert diese mit dem Anspruch der Freundin, sie kenne uns besser als wir selbst. Nehmen wir diese Grenze ernst, dann können wir dem Übel der Toleranz als getarnter Gleichgültigkeit das Übel der Bevormundung getarnt als Fürsorge gegenüberstellen: Enge Freundschaften umfassen den normativen Anspruch eines Bemühens um innige Identifikation und damit eine Sorge um die andere *als* Andere, die notwendig anerkennt, dass sie eine autonome Person mit eigenen Interessen und

Vorstellungen ist. Wenn sich die individualisierte Beziehung tatsächlich der persönlichen Kommunikation durch den Vorwand des „Du verstehst das nicht!" oder „Das ist allein meine Entscheidung!" entzieht, wird in der Tat eine weitere Dimension der Freundschaft erschwert und Vertrauen und emotionale Unterstützung werden geschwächt. Wenn wir uns aber sorgen, ohne uns anzumaßen, über das Wohl unserer Freundin besser Bescheid zu wissen als diese selbst, dann ergibt sich ein Spielraum des Hinterfragens, der die Autonomie der anderen nicht übergeht und daher am Ende auch zu der Einsicht kommen kann, dass wir uns hier eben nicht einig sind, und jede am Ende ihre eigenen Entscheidungen zu treffen hat.

Es lässt sich zudem anführen, dass eine bestimmte Idee der Selbstverwirklichung, die die mögliche Bedeutung von Beziehungen zur Entfaltung der eigenen Persönlichkeit nicht verkennt, gerade eine Voraussetzung für ein Verständnis von Freundschaften als Anerkennungsbeziehungen darstellt, insofern auch hier die Anerkennung der anderen *als individuelle Person* verwirklicht werden soll. Wir wollen von unseren Freundinnen in unserer Besonderheit wertgeschätzt und anerkannt werden. Genau diesem Anspruch kann die individualisierte Freundschaft aber besser gerecht werden als Freundschaften, die Verbindlichkeit betonen und Freiwilligkeit nur in Bezug auf die Entstehung von Freundschaften annehmen.

Während eine Individualisierung im Sinne einer reinen Nutzenperspektive wie sie Simmel beschreibt, oder in Verbindung mit einem solipsistischen Ideal der Selbstverwirklichung, wie es Vetlesen bei Taylor zu lesen vermeint, also als klares Hindernis für Freundschaften zu verstehen ist, lässt sich in Bezug auf eine moderatere Auffassung von Individualisierung, die Selbstverwirklichung betont, dabei die Rolle der anderen jedoch nicht vollständig verkennt, eine differenziertere Einordnung vornehmen. Die Idee der Selbstverwirklichung beinhaltet eine Idee der Selbst*entwicklung*, die der Annahme einer stabilen und unveränderlichen Persönlichkeit entgegensteht. Insofern sich die Individualisierung damit tendenziell der langfristigen Festlegung der eigenen Persönlichkeit verweigert, bleibt es plausibel anzunehmen, dass sie verbindliche und dauerhafte Beziehungen nicht fördern kann. Vetlesens Beschreibung von Freundschaften entspricht eindeutig dem verbindlichen Bindungsstil, der diese Aspekte betont. Ähnlich wie Rawlins in Bezug auf die Freundschaften des Alters geht er davon aus, dass Freundinnen einander umso besser ein Selbstwertgefühl vermitteln können, je mehr sie gleichzeitig als Zeuginnen der eigenen Lebensgeschichte auftreten. Die Grundgedanken der Individualisierung hingegen fördern notwendig einen vorläufigen Bindungsstil. Die drei stereotypen Freundschaftsformen, die ich oben vorgestellt hatte, wären dann wie folgt einzuordnen: Die quasi-familiäre Beistandsgemeinschaften, die die Verbindlichkeit der Freundschaft im höchsten

Maße betont, muss durch eine solche Individualisierung als bedroht verstanden werden. Die komplexe Spaßfreundschaft scheint in keinem Widerspruch zu den Ansprüchen der Individualisierung zu stehen. Die kommunikationsorientierte Anerkennungsbeziehung, die die persönliche Kommunikation in den Fokus stellt und damit explizite gegenseitige Anerkennung zum zentralen Wert der Freundschaft erhebt, setzt sogar ein gewisses Maß an Individualisierung voraus, in dem Anspruch, die Andere gerade *in ihrer Individualität* anzuerkennen.[3]

7.4 Freundschaft, Mobilität und Distanz

Eine weitere (vermeintliche) Entwicklung der Gegenwart stellen zunehmende Anforderungen an Flexibilität und Mobilität dar, die insbesondere vom Arbeitsmarkt ausgehen. Auch diese Entwicklungen werden von einigen Autorinnen als hinderlich für die Verwirklichung enger Freundschaften kritisiert. Aristoteles hatte bereits die These vertreten, dass lang anhaltende Distanz Freundschaften notwendig beendet. Unsere Möglichkeiten der Kommunikation über Distanz haben sich seit der Antike jedoch wesentlich verändert. Ein abschließendes Urteil über die Auswirkungen auf Freundschaften kann daher kaum gefällt werden ohne Bezug auf die Möglichkeiten der computervermittelten Kommunikation, die ich erst im folgenden Kapitel betrachten werde. Dennoch erscheint es lohnenswert, die Auswirkungen von Mobilitätsanforderungen zunächst gesondert zu betrachten, um zu verstehen, welche Probleme computervermittelte Kommunikation ggf. zu lösen helfen kann.

Mobilität wird häufig als ein Merkmal der Globalisierung und damit als Merkmal der zweiten Moderne genannt. Weitgehend wird damit jedoch nicht Bezug auf die Mobilität von Individuen genommen. Zunächst sind es insbesondere Finanz- und Warenströme, die hier betrachtet werden. Eine zunehmende Mobilitätsanforderung an Personen lässt sich jedoch mindestens in einigen gesellschaftlichen Gruppen feststellen, und ist beispielsweise im akademischen Kontext typisch. Richard Sennett schreibt 1998: „Heute muß ein junger Amerikaner mit mindestens zweijährigem Studium damit rechnen, in vierzig Arbeitsjahren wenigstens elfmal die Stelle zu wechseln" (Sennett 2000, 25). Der Autor nennt an dieser Stelle leider keine Quelle für diese Zahlen. Es ist durchaus angebracht zu hinterfragen, ob diese Beobachtung überhaupt zutrifft, und ob sie nur für die USA oder auch andere entwickelte Länder gilt. Eine aktuelle Studie für Deutschland stellt lediglich fest, dass die Zeit, die junge Menschen auf ihrer *ersten* Arbeitsstelle verbringen, signifikant gesunken ist – der Berufs*einstieg* also unsicherer wird, während in Bezug auf die Gesamtbevölkerung die durchschnittliche Beschäftigungsdauer gleich geblieben ist (Rhein/Stüber 2014). In Bezug auf die

Mobilität der Deutschen stellt eine umfassende Studie fest, dass zwar die zurückgelegten Distanzen erheblich zugenommen haben, die dafür aufgebrachte Zeit jedoch nicht, da die Überwindung dieser Distanzen heute erheblich schneller möglich ist. Alles in allem wird in dieser Studie keine gravierende Zunahme von Mobilität festgestellt – jedenfalls nicht im Vergleich zur Phase der Hochindustrialisierung um 1900. Was sich aufzeigen lässt, ist lediglich eine Zunahme von Mobilität*erwartungen* in der Arbeitswelt (Dorn 2018).

Das Motto „nichts Langfristiges" ist nach Ansicht von Sennett und Vetlesen Ausdruck einer Verweigerung von Verbindlichkeit, die sich aus dem Anspruch auf Flexibilität und Mobilität ergibt. Sennett beleuchtet diese Anforderungen mit der Geschichte von Rico, dem Sohn eines Hausmeisters aus einer Einwandererfamilie, der zum erfolgreichen Geschäftsmann geworden ist. Rico hat studiert und geheiratet, das Paar hat Kinder. Nach Abschluss des Studiums haben Rico und seine Frau innerhalb von vierzehn Jahren viermal den Wohnort gewechselt, um ihrer jeweiligen Karrieren willen – Rico hält Offenheit für Veränderungen und Risikobereitschaft für zentrale Aspekte seines Erfolgs. Sennett kontrastiert diesen Lebensstil mit den jahrelang gleichbleibenden Routinen im Leben von Ricos Vater, Enrico. Enricos Leben war berechenbar, das von Rico ist es nicht. Sennett schreibt:

> Trotz des relativen Wohlstands und obwohl sie das Modell eines anpassungsfähigen, einander unterstützenden Ehepaares zu sein scheinen, leiden beide, Mann und Frau, unter der Angst, die Kontrolle über ihr Leben zu verlieren. Diese Angst ist sozusagen in ihre Arbeitsgeschichte eingebaut. (Sennett 2000, 21)

Laut Sennett berichtet Rico, dass seine Frau und er Freundschaften meistens über die Arbeit schließen. Auch nach Umzügen bemühen sie sich Kontakt zu halten, aber es gelingt ihnen nicht, die gleiche Vertrautheit aufrechtzuerhalten. Vetlesen bezieht sich auf diese Darstellung, um die belasteten Bedingungen der Freundschaft zu illustrieren. Es sind vor allem die ständigen Umzüge, die es Rico und seiner Frau unmöglich machen, die Kontakte zu Kolleginnen und Freundinnen aufrechtzuerhalten, und die zugleich die Bereitschaft der Nachbarinnen einschränken, überhaupt eine dauerhafte Bindung anzustreben. „Nichts Langfristiges" erweist sich für Rico als Motto seines beruflichen Erfolgs und zugleich als zentrales Hindernis für Freundschaften (Vetlesen 2008, 173–174).

Es lässt sich eine Korrelation zwischen den oben unterschiedenen Bindungsstilen (wählerisch oder unabhängig) und den Lebensstilen der Betroffenen feststellen: Der unabhängige Bindungsstil wird häufiger von Menschen gepflegt, deren Leben auch in anderer Hinsicht von Änderungen der Lebensumstände geprägt ist, worunter auch Arbeitsplatz- und Ortswechsel fallen. Der wählerische Stil hingegen ist häufiger bei Personen zu beobachten, die ihr Leben an einem Ort verbringen. Es lässt sich also durchaus begründet hinterfragen, ob dieses Muster als Ausdruck der verbindlicheren und anspruchsvolleren Wahl verstanden werden kann, oder ob es eine Anpassung an äußere Notwendigkeiten darstellt. Die Beobachtung, dass Anforderungen der Mobilität für verbindliche Beziehungen klare Herausforderungen darstellen, lässt Zweifel daran aufkommen, dass der unabhängige Bindungsstil immer als Ausdruck einer frei gewählten Präferenz aufzufassen ist – es ist plausibel anzunehmen, dass der mobile Lebensstil uns abverlangt, ein wählerisches Bindungsmuster aufzugeben.[4]

Eine Perspektive auf die Frage, wie genau Distanz und Mobilität Freundschaften bedrohen, lässt sich mit C. S. Lewis entwickeln. Er behandelt im Rahmen seiner Unterscheidung von vier Formen der Liebe die Zuneigung separat von der Freundschaft, verweist dabei jedoch darauf, dass Freundschaften diese Zuneigung umfassen, insbesondere alte Freundschaften:

> To make a friend is not the same as to become affectionate. But when your friend has become an old friend, all those things about him which had originally nothing to do with the friendship become familiar and dear with familiarity. (Lewis 2012, 43)

Der zentrale Unterschied besteht darin, dass Freundschaft die Wahl umfasst, die eine besondere Wertschätzung von Eigenschaften zum Ausdruck bringt, während die Zuneigung primär auf Basis von Vertrautheit entsteht: Wir entwickeln häufig Zuneigung zu Menschen, die in ihren Eigenschaften nicht das verkörpern, was wir normalerweise wertschätzen, allein, weil wir viel Zeit mit ihnen verbringen und sie uns vertraut werden (Lewis 2012, 24). Zuneigung auf Basis von Vertrautheit entsteht auch außerhalb von Freundschaften aus dem Zusammenleben heraus – obwohl natürlich nicht jedes Zusammenleben eine solche Zuneigung entstehen lassen muss. Aber auch *in* Freundschaften stärkt und erleichtert die Vertrautheit die gegenseitige Wertschätzung. Es erscheint naheliegend, dass räumliche Distanz diese Vertrautheit bedroht und zunehmende Mobilität es immer unwahrscheinlicher werden lässt, dass sie überhaupt entsteht.

Aber gibt es nicht viele Geschichten von Freundschaften, die belegen, dass Vertrautheit trotz lange andauernder räumlicher Trennung weiterbestehen kann, und Freundschaften trotz großer Distanzen überdauern? Nehamas beschreibt eine solche Geschichte:

> In the past few years, I have had occasion to travel to Greece, where I was born, on a more or less regular basis. [...] [W]henever I could, I would spend at least one evening in Athens in the company of a group of friends who have kept up the most striking relationship since our graduation from high school over fifty years ago.
>
> Most of the group were boarders – some of us for as long as ten years. [...] Our dormitories gave us little privacy, we all belonged to the same section of our class, and we were

also under constant supervision. All of that drew us very close to one another – many of us spent weekends and part of our vacations at one another's homes – and we formed intense and long-lasting friendships [...].

My friends were to spend much of their lives together. Right after graduation, I left Athens to study in the United States, where I have been living since then, and it was a while before I was in touch with them again. I was amazed how easy it was to rejoin their group and how relaxed and comfortable they all made me feel as soon as I did. I suspect that that was in part because, as we were reacquainting ourselves with one another, I recognized in them some of the most characteristic features I remembered them having when we were still in school. (Nehamas 2016, 1–2)

Die Geschichte scheint auf den ersten Blick zu implizieren, dass eine einmal geschaffene Vertrautheit nicht so schnell verloren geht, sondern jahrelang auch ohne regelmäßigen Kontakt überdauern kann. Zum einen kann eine solche Geschichte jedoch nur darlegen, dass dies in einigen Freundschaften gelingt, und sollte uns nicht zu der Annahme verleiten, dass dies grundsätzlich für alle Freundschaften gilt, in denen einmal ein bestimmtes Maß an Vertrautheit aufgebaut wurde. Zum zweiten verweist Nehamas auf die besondere Länge und Intensität der gemeinsamen Schulzeit, die eine besondere und dauerhafte Vertrautheit erst entstehen ließ. Zum dritten *bestand* die beschriebene Freundschaft nicht über Jahre hinweg – der Autor selbst verweist auf seine Überraschung, in diese Gruppe so schnell wieder hineinzufinden. Es ist also anzunehmen, dass über Jahre hinweg auch keine zentralen Werte der Freundschaft verwirklicht wurden – weder die Freude am gemeinsamen Handeln, noch das Gefühl der Sicherheit, das sich aus dem Wissen um die Freundschaft ergibt, noch Anerkennung, Nutzen, usw. Erst die erneute Möglichkeit regelmäßiger Begegnungen führt zur Wiederaufnahme der Beziehung, erst das Sich-wieder-miteinander-vertraut-Machen führt zu der Einsicht, dass die Freundin noch immer Eigenschaften verkörpert, die man früher an ihr schätzte.

Es mag typisch für enge Freundschaften sein, dass diese oft auch nach vielen Jahren ohne Kontakt mit wenig Mühe wiederbelebt werden und schnell ihre frühere Intensität erreichen. Es ist trotzdem irreführend, davon auszugehen, dass sie über diesen Zeitraum hinweg als Freundschaften weiter bestanden, da für diese Zeit weder eine Praxis der Freundschaft existierte, noch die Freundinnen sich der gegenseitigen Wertschätzung und der Bereitschaft der anderen zur Wideraufnahme der Beziehung sicher sein konnten. Sofern Freundschaft nicht auf eine bloße Einstellung reduziert werden kann, ist ein Mindestmaß an gemeinsamer Praxis notwendig. Hinterfragen können wir allerdings die Annahme, dass räumliche Distanz eine solche Praxis notwendig verhindert. Zum einen haben Freundinnen die Möglichkeit zu Reisen, sodass eine Beziehung über Distanz oft eine Beziehung nicht ohne, sondern mit einer unterbrochenen freundschaftlichen

Praxis darstellt. Die zu diskutierende Frage ist vor diesem Hintergrund, wie oft und wie lange die freundschaftliche Praxis unterbrochen werden kann, bevor sie aufhört, als solche zu existieren. Wie viel gemeinsame Zeit braucht die Freundschaft, nachdem sie einmal hergestellt ist und Vertrautheit geschaffen wurde?

Zum anderen ist die Annahme zu hinterfragen, dass eine gemeinsame Praxis immer und absolut notwendig einen geteilten physischen Raum voraussetzt. Das Internet wirft heute die Frage auf, ob nicht auch in einem geteilten virtuellen Raum eine gemeinsame Praxis denkbar ist. Aber schon viel früher in der Menschheitsgeschichte ist Kommunikation auch über Distanzen möglich und damit eventuell auch eine gemeinsame Praxis ohne geteilten Raum. Und dies ist in Bezug auf Freundschaften bei weitem keine abseitige Überlegung, die Brieffreundschaft ist ein weithin bekanntes Phänomen.

Zum Verhältnis und zur gemeinsamen Entwicklung von Freundschaft und Briefeschreiben in Deutschland im 18. Jahrhundert äußert sich in aufschlussreicher Weise Michael Maurer (2006). Er beschreibt, wie in der Renaissance die Freundschaft wiederbelebt wird und im 18. Jahrhundert durch eine zunehmende Dekorporierung der Gesellschaft – gemeint ist ein Verlust von Bindekraft durch Stände, Kirche, usw. – eine erneute Blütezeit erfährt. Gleichzeitig ermöglichen der breite Zugang zu Papier, der hohe Bildungsstand, sowie der Ausbau des Verkehrs- und damit Postwesens die Entwicklung des Briefs zum Medium privater Kommunikation nicht nur, aber auch in Freundschaften. Denn die Möglichkeit des Briefeschreibens zur Kommunikation existiert zwar bereits viel früher, gewinnt aber in dieser Zeit einen neuen Charakter „als Medium privater Äußerungen, Gefühle, Mitteilungen aller Art." Und Maurer fährt fort: „Die Postulate der Natürlichkeit und Spontaneität, des ungekünstelten Gefühlsausdrucks, der Sprache des Herzens usw. entrissen das Medium der Bürokratie wie auch der Scholastik" (Maurer 2006, 71).

Der Brief steht dabei in einer erkennbaren Nähe zur Literatur, verfolgt aber gleichzeitig ein Ideal der Natürlichkeit und den Anspruch, die Schriftsprache dem mündlichen Ausdruck und damit der alltäglichen Kommunikation anzugleichen. Der Brief dient immer der Selbstdarstellung, richtet sich dabei aber gleichzeitig an Gleichgesinnte und gestaltet die Beziehung über einen Code der Intimität. In Bezug auf seine Rolle in Freundschaften hält Maurer fest:

> Der Brief wird zum Medium der Freundschaft. Mithilfe von Briefen werden Freundschaften angebahnt und aufrechterhalten. In Briefen wird Freundschaft gestaltet, geformt, ausgelebt, ausgesprochen, überhöht, verherrlicht. (Maurer 2006, 76)

Allgemeiner lässt sich festhalten, dass die Brieffreundschaft in den Formen der Interaktion auf einen kommunikativen Austausch fokussiert ist, der über die Distanz und mit zeitlicher Verzögerung stattfindet. Sie entsteht häufig aus einer

Freundschaft, die im persönlichen Kontakt etabliert wurde, dann aber aufgrund räumlicher Distanz nicht in dieser Form weitergeführt werden kann. Unsere Auffassung der Brieffreundschaft schließt nicht aus, dass die Freundinnen sich gelegentlich sehen, aber wir würden nicht von einer Brieffreundschaft sprechen, wenn die Freundinnen sich regelmäßig persönlich treffen. Der Begriff legt nahe, dass die Freundschaft primär im regelmäßigen Austausch von schriftlichen Nachrichten besteht und gepflegt wird.

Im Gegensatz zur später thematisierten Online-Freundschaft erfreut sich die Brieffreundschaft in unserer Gesellschaft eines durchaus guten Rufs. Dabei gewinnen Briefwechsel oft als literarische Gattung Aufmerksamkeit.[5] So sind nicht nur die Briefe von Utz und Gleim in einer Sammlung veröffentlicht, auch zum Briefwechsel zwischen Goethe und Schiller oder Heine und Marx lassen sich zahlreiche Kommentare finden, die sich bemühen, auf dieser Basis das Besondere der jeweils betrachteten Freundschaft herauszustellen. Die meisten solcher veröffentlichten Briefwechsel dokumentieren keine reinen Brieffreundschaften, die vollständig ohne persönliche Begegnung auskamen, obwohl sie doch oft über Jahre ohne persönlichen Kontakt bestanden. Besondere Aufmerksamkeit erlangen diese Brieffreundschaften nicht nur durch die Berühmtheit der Befreundeten, sondern gerade auch, weil Briefe uns als Zeugnisse in besonderer Weise Einblick in eine vergangene Beziehung erlauben – in diesem Sinne waren auch die Briefe von Hildegard von Bingen oben schon Bezugspunkt einer Rekonstruktion von Frauenfreundschaften im Mittelalter.

Was in dem Medium Brief stattfinden kann, wofür es vielleicht primär ausgelegt ist, ist ein regelmäßiger Austausch von Gedanken. Die Freundschaftsform, die durch dieses Medium befördert wird, ist damit klarerweise die der kommunikationsorientierten Anerkennungsbeziehung, denn die Praxis der Brieffreundinnen reduziert sich fast ausschließlich auf persönliche Kommunikation. Wir erzählen in einem Brief einander vielleicht die Ereignisse unseres Lebens, was aber den Brief auszeichnet, der die Grundlage einer Freundschaft bildet, ist nicht die Erwähnung von aktuellen Ereignissen, sondern die eigene Reflexion darüber. Hier werden Gedanken zu Papier gebracht, die oft eng mit der Identität der Schreibenden verbunden sind. Solche Briefe sind intim – sie sind nur für die adressierte Person bestimmt und werden in der Regel nicht geteilt (vgl. Maurer 2006, 79). Trotz der notwendigen Zeitverzögerung müssen wir uns den Austausch von Briefen in einer Brieffreundschaft als Dialog vorstellen – es werden nicht nur die eigenen Gedanken dargelegt, die Freundin antwortet auf diese wiederum mit Überlegungen, die die eigene Sichtweise bestätigen oder hinterfragen können.

Welche typischen Werte der Freundschaft finden wir also in diesem Prozess verwirklicht? Zum einen entsteht eine auf Offenheit basierende Vertrauensbeziehung, wenn wir davon ausgehen, dass die Freundinnen ihre Sichtweisen ehrlich mitteilen. Das Vertrauen wird sich hier vor allem auf den Aspekt der Wahrhaftigkeit sowie den diskreten Umgang mit Informationen und den schonenden Umgang mit Verletzlichkeiten beziehen, weniger auf andere Formen der Unterstützung. Vielleicht spielt auch Vertrauen in die Verlässlichkeit der anderen als zuverlässiger Schreiberin eine wichtige Rolle. In dieser Offenheit begegnen sich Individuen in ihrer Persönlichkeit und teilen Perspektiven – wir haben die Möglichkeit, Kenntnisse zu erweitern, etwas über uns selbst, die schreibende Person und die Welt zu lernen. Beispielhaft verwirklicht ist gerade dieser Aspekt sicher auch in einigen bekannten philosophischen Briefwechseln. So finden sich in den veröffentlichten Briefen von Hannah Arendt (2015) viele Gedanken, die auch in ihren politischen und philosophischen Theorien eine Rolle spielen und man gewinnt den Eindruck, dass ihre Weltsicht durchaus beeinflusst ist von den Perspektiven derer, mit denen sie in regelmäßigem Austausch stand.[6] Auch die gegenseitige Anerkennung wird verwirklicht, wenn die Freundinnen das Medium nutzen, um sich gegenseitig in ihren Ansichten zu bestärken und positiven Zuspruch zu bieten.

Für die Werte, die gerade die einfachen Formen der Freundschaft auszeichnen, die sich im persönlichen Kontakt schnell entwickeln, ergeben sich in der Brieffreundschaft Probleme. Gemeinsame Freude wird meistens in dem Erleben eines gemeinsamen Moments verwirklicht. Natürlich können die Erzählungen einer guten Freundin auch in schriftlicher Form uns Freude bereiten, aber sie werden es nicht in derselben Weise tun, wie ein gemeinsam verbrachter Abend. Eine komplexe oder auch nur begrenzte Spaßfreundschaft in Form einer Brieffreundschaft aufrechtzuerhalten, muss als mindestens extrem schwierig, wenn nicht als unmöglich erscheinen. In Bezug auf den Nutzen können wir auf die Unterscheidung von *Gefälligkeits-Freundschaften* und *nützlichen Kontakten* zurückgreifen – nach Spencer und Pahl zeichneten sich *Gefälligkeits-Freundschaften* durch die Bereitschaft zu praktischer Hilfestellung aus und fanden sich meist in der unmittelbaren Nachbarschaft. In einer Brieffreundschaft kann diese gegenseitige Unterstützung nicht geleistet werden, es sei denn, sie durchbricht eben ihre im Namen angedeutete Begrenzung und die Freundin entschließt sich aufgrund schwieriger Umstände eben doch zu einem Besuch. Als eine verbliebene Möglichkeit der praktischen Hilfestellung über Distanz kann ggf. noch die finanzielle Unterstützung betrachtet werden, die sich auch über Geldscheine in einem Briefumschlag verwirklichen lässt. Der Nutzen, der im Kontext *nützlicher Kontakte* verwirklicht wird – das Teilen wichtiger Informationen, die Vermittlung von Ansprechpartnerinnen etc. –, bedarf nicht des persönlichen Kontakts und kann durchaus auch über die Distanz geleistet werden. Somit ist die Verwirklichung einer nutzenfokussierten Freundschaft im Medium des Briefes denkbar, sie wird jedoch weitgehend auf solche Formen der Unterstützung reduziert, die keine persönliche Anwesenheit erfordern.

Es lassen sich also durchaus relevante Werte der Freundschaft auch in Brieffreundschaften wiederfinden, obwohl hier der Aspekt des gemeinsamen Handelns in den Hintergrund tritt. Die Werte, die verwirklicht werden, sind solche Werte, die wir als typisch für enge, nicht für oberflächliche Freundschaften betrachten. Eine Brieffreundschaft *kann* daher eine enge Freundschaft im Sinne der hier dargestellten Konzeption verwirklichen, was aber nicht bedeutet, dass es sich bei der Mehrheit der Brieffreundschaften um enge Freundschaften handelt. Zudem ist anzunehmen, dass die Freundinnen den Wunsch verspüren, ihre Praxis auszuweiten, sofern dieser Wunsch die Einstellung enger Freundschaften kennzeichnet. Er kann über den Austausch von Briefen nur bedingt erfüllt werden. Die Umstände der Freundschaft, die einen regelmäßigen Kontakt und direkte Interaktion nicht zulassen, müssen also aus Perspektive der Beziehung als Belastung empfunden werden, auch wenn sie diese nicht unmöglich machen. Typischer wäre die Ergänzung einer Brieffreundschaft durch persönliche Treffen, wann immer diese sich arrangieren lassen.

Insgesamt lässt sich also in verschiedener Weise die Möglichkeit von Freundschaften über Distanz, sowie von Freundschaften mit unterbrochener Praxis, sowie die Möglichkeit der Wiederaufnahme von Freundschaften nach abgebrochenem Kontakt darstellen. Und in vielen Fällen können wir zu Recht staunen, welche Hindernisse tiefe Wertschätzung und einmal geschaffene Vertrautheit überwinden. Aber wir müssen in diesen Beispielen jeweils betonen, dass diese Freundschaften *trotz* Hindernissen und Einschränkungen bestehen oder wieder aufgenommen werden. Sie bestätigen daher und widerlegen nicht die Annahme, dass Anforderungen von Mobilität und Distanz sich negativ auf die Chance auswirken, langfristige Freundschaften in unserem Leben zu verwirklichen.

7.5 Freundschaften und computervermittelte Kommunikation

Computervermittelte Kommunikation spielt eine zunehmende Rolle in unserem täglichen Leben. Sie wird nicht nur für berufliche Zwecke eingesetzt, sondern ist auch in persönlichen Beziehungen ein wichtiges Kommunikationsmittel – wobei sich hier zwischen verschiedenen gesellschaftlichen Gruppen (vor allem auch Altersgruppen) noch wichtige Unterschiede feststellen lassen. Um computervermittelte Kommunikation handelt es sich nicht nur dann, wenn über den klassischen PC kommuniziert wird, auch Notebook, Tablet, Smartphone, Spielekonsole etc. können genutzt werden (vgl. Thurlow et al. 2004). Bestimmend für die Bezeichnung ist die verwendete Hardware, bestimmender für die Form der Kommunikation ist in der Regel die Software – das Programm oder die App, die Möglichkeiten zur Kommunikation bereitstellen. Als typisches Beispiel werden oft SMS genannt sowie andere Messenger-Dienste, Posts in sozialen Netzwerken wie Facebook und Twitter, aber etwa auch die Möglichkeit eines Video-Chats über Skype. Schon die Nennung der Beispiele macht deutlich, dass es sich hier nicht um ein einheitliches Phänomen handelt.

Diesen Entwicklungen tritt mindestens ein Teil unserer Gesellschaft mit großer Skepsis entgegen. So findet man etwa folgende Bedenken:

> Ich möchte die Frage stellen, inwieweit sich ein technisches Kommunikationssystem weiterentwickeln, wie stark es expandieren kann, bis es die Grenze seines Wachstums erreicht hat. Als Grenze ist der Schwellenwert zu bezeichnen, der markiert, wann soziale Folgekosten größer als der soziale Gewinn sind bzw. der Punkt, wo die Eigendynamik technologischer Kommunikationssysteme beginnt, die Dynamik sozialer, personaler Kommunikationssysteme zu determinieren und diese letztlich zu zerstören. Jene Grenze ist allerdings fließend. Anzeichen für einen Übergang stellen wir bereits heute fest. (Eurich 1980, 77)

Das Zitat stammt aus dem Jahr 1980 und bezieht sich nicht auf das Internet, sondern auf Radio und Fernsehen. Die Skepsis gegenüber der Technik ist bei weitem kein neues Phänomen, aber die von Claus Eurich formulierte Frage nach den sozialen Folgekosten stellt sich bis heute. Ihr liegt die Annahme zugrunde, Strukturen der Technik könnten unser Verhalten beeinflussen und wertvolle soziale Systeme zerstören. Auch Sherry Turkle formuliert diesen Gedanken, wenn sie schreibt: „Wir werden von unseren Werkzeugen geformt. Und nun verändert und formt uns der Computer." (Turkle 2012, 10) Diese Aussage wird von ihr selbst relativiert. An anderer Stelle hält Turkle fest: „Die Technologie an sich verursacht nicht diese neue Art der Beziehung zu unseren Emotionen und anderen Menschen. Aber sie macht sie uns leicht" (Turkle 2012, 303). Turkle geht nicht von einem determinierenden Einfluss der Technologien aus, sondern kritisiert einen unreflektierten Umgang mit diesen. Entsprechend nimmt sie an, dass es einen guten Umgang mit neuen Technologien geben kann, sofern wir diese nach unseren Bedürfnissen gestalten. Dabei ist anzumerken, dass wir hier nicht davon ausgehen können, der Umgang mit Technologien ließe sich für Einzelpersonen je individuell anpassen und angemessen gestalten. Gesellschaftliche Konventionen prägen unseren Umgang mit neuen Technologien erheblich und lassen uns nur begrenzten Spielraum für individuelle Strategien: Sofern meine Arbeit von mir verlang, per Mail erreichbar zu sein, kommuniziere ich über Email. Wenn alle meine Freundinnen einen bestimmten Messenger nutzen, wären die Folgekosten für mich hoch, die App nicht zu installieren. Strategien gegen negative soziale Folgen von computervermittelter Kommunikation müssen daher weitgehend als gesellschaftliche Strategien begriffen und entworfen werden.

Einige der Bedenken, die gegen die Auswirkungen computervermittelter Kommunikation vorgebracht werden, bzw. die Grenzen ihrer Möglichkeiten aufzeigen wollen, beziehen sich direkt auf Freundschaft. Häufig wird die Möglichkeit der *reinen Online-Freundschaft* in Frage gestellt. Kann eine Beziehung, die allein online bzw. über computervermittelte Kommunikation und vollständig ohne persönlichen Kontakt gepflegt wird, überhaupt eine echte, enge Freundschaft darstellen? Diese Frage wird in zwei Aufsätzen, die ich im Folgenden näher betrachten möchte, gestellt und verneint. Es geht dabei explizit nicht um die Frage, ob die meisten auf diese Art geführten Beziehungen in der Tat Freundschaften *sind*. Es lässt sich leicht darlegen, dass dies nicht der Fall ist. Allerdings sind auch nicht alle Beziehungen, die wir in der realen Welt über die Mittel der *offline* Kommunikation pflegen, enge Freundschaften. Aber was, wenn sich zwei Menschen online kennenlernen, sich unmittelbar sympathisch sind, und beide sich darum bemühen, eine enge Freundschaft aufzubauen? Nehmen wir an, aufgrund bestimmter Umstände verzichten sie darauf, den persönlichen Kontakt zu suchen – vielleicht weil die Distanz einfach sehr groß ist und die Kosten zu hoch wären. Können diese beiden eine enge Freundschaft aufbauen?

Dieser Frage gehen sowohl Barbro Fröding und Martin Peterson (2012) als auch Dean Cocking und Steve Matthews (2000) nach. Beide Autorenduos führen eine ähnliche Argumentation an, und beide formulieren ihre Auffassung der echten Freundschaft in Anlehnung an Aristoteles. Die Argumentation verläuft wie folgt: Für eine echte Freundschaft ist die Kenntnis der anderen zentral – es ist notwendige Voraussetzung, dass wir die Möglichkeit haben, uns ein authentisches Bild der anderen Person zu machen. Das Internet bietet uns zwar einerseits vielfältige Optionen der Selbstdarstellung, diese ermöglichen jedoch nie eine *authentische* Selbstdarstellung, so die vertretene These. Ohne authentische Selbstdarstellung sei eine Freundschaft jedoch nicht möglich. Für Fröding und Peterson liegt hierin schon der zentrale Einwand gegen die Möglichkeit der Online-Freundschaft. (Fröding und Peterson vertreten in diesem Sinne ein Offenbarungsmodell der Freundschaft.) Für Cocking und Matthews ist diese Feststellung wichtig, aber noch nicht ausschlaggebend, sie gehen einen Schritt weiter in der Argumentation: Nicht das authentische Bild der anderen an sich, sondern die Möglichkeit der Herausbildung einer relationalen Identität, wird hier als zentral für echte Freundschaften betrachtet. Eine solche relationale Identität könne aber wiederum nur entstehen, wenn wir ein authentisches Bild von unserer Freundin haben. (Cocking und Matthews beschreiben ihre Konzeption der Freundschaft als eine Version des Lenkungsmodells.)

Die strukturellen Elemente der computervermittelten Kommunikation, die hier in den Blick genommen werden, und die eine solche authentische Selbstdarstellung vermeintlich verhindern, sind einerseits selbstgestaltete Profile und

Avatare, zum anderen die zeitliche Entkopplung der Kommunikation sowie das Fehlen von Gelegenheiten zu Beobachtungen, die ein Kennenlernen der Person über absichtlich geteilte Informationen hinaus ermöglichen würden. Fröding und Peterson gehen davon aus, dass wir im Internet immer nur solche Informationen über uns preisgeben, die wir vorher bewusst ausgewählt haben. Was dabei gegenüber der persönlichen Begegnung wegfalle, sei die Möglichkeit, das Verhalten der anderen Person zu beobachten. Wir könnten daher zum Beispiel nicht feststellen, ob eine Person besonders ehrgeizig sei, weil wir nicht die Gelegenheit hätten, sie im Wettkampf zu beobachten. Es wäre natürlich möglich, dass mir die andere diese Information über sich selbst mitteilt – aber ich hätte auf diese Weise eben nur Zugang zu Informationen, die mir bewusst vermittelt werden. Ich könnte nicht feststellen, ob ich getäuscht werde. Und selbst wenn ich von der Aufrichtigkeit der Aussage vollständig überzeugt wäre, könnte ich nicht sicher sein, ob sie sich nicht *über sich selbst täuscht*. Nimmt man an, dass Freundinnen im realen Leben aber auch die Funktion erfüllen, uns über unsere Selbsttäuschungen in Kenntnis zu setzen – und somit eben manchmal Dinge über uns wissen, die wir uns selbst nicht eingestehen – dann könnte die Online-Freundschaft ein zentrales Merkmal von engen Freundschaften nicht verwirklichen (Cocking/Matthews 2000, 228, Fröding/Peterson 2012, 205).

Gegen diese Argumentation sind im Wesentlichen zwei Einwände vorzubringen. Zum einen betrachten die Autoren jeweils nur einen Ausschnitt der computervermittelten Kommunikation, der gerade geeignet ist, ihre Bedenken plausibel erscheinen zu lassen. Es lassen sich jedoch andere Beispiele anführen, die diesen Beschränkungen nicht unterliegen.

Eines der genannten zentralen Merkmale der computervermittelten Kommunikation ist die zeitliche Entkopplung. Mit zeitlich entkoppelter Kommunikation ist gemeint, dass ich einen Beitrag zu einem Gespräch leiste, ohne dass diesem eine direkte Reaktion folgt. Auch in einem persönlichen Gespräch mag nicht jeder Beitrag gleich schnell auf den vorangegangenen folgen, und eine Person mag zwei Beiträge hintereinander leisten, bevor die andere übernimmt. Beide kommunizieren jedoch in diesem Moment miteinander: Du hörst, was ich sage, in dem Moment, wo ich es sage und umgekehrt. Und wenn Du nichts sagst, dann höre ich, dass Du nichts sagst, und wie lange Du nichts sagst – und auch ein längeres Schweigen vermittelt in so einer Situation eine Botschaft. Sende ich jedoch eine Email oder eine Textnachricht, dann liest meine Gesprächspartnerin diese nicht in dem Moment, in dem ich sie verfasse. Die Nachricht ist notwendig ‚fertig' (sie muss abgeschickt werden), bevor sie sie lesen kann. Eventuell ruft die Adressatin sie aber auch erst Minuten, Stunden oder Tage später ab. Die zeitliche Entkopplung eines solchen Austauschs führt dazu, dass wir nie sicher sein können, eine spontane erste Reaktion auf unseren Gesprächsbeitrag zu erhalten – ich weiß nicht, wie lange Du gezögert, oder wie viele Entwürfe Du gelöscht hast, bevor deine Antwort auf meine Nachricht bei mir angekommen ist. Während diese Beobachtung auf Kurznachrichten und Mails klar zutrifft, ist es in einem Chat schon viel weniger selbstverständlich, sich diese Zeit zu nehmen. Chatten wir regelmäßig mit einer Person, gewöhnen wir uns sehr schnell an ihre übliche Antwortgeschwindigkeit – und bemerken dann auch, wenn eine Antwort länger dauert als gewöhnlich. Natürlich gibt es noch immer die Möglichkeit, eine externe Unterbrechung als Ausrede vorzuschieben – es habe an der Tür geklingelt oder die Katze habe gerade einen Teller vom Tisch geworfen – aber je besser wir eine andere Person und ihre Situation kennen, desto schwieriger wird es auch, überzeugende Ausreden zu erfinden, und diese zeugen nicht unbedingt von einem Bemühen um Aufrichtigkeit. Die zeitliche Entkopplung der schriftlichen Kommunikation im Internet ist also nicht in allen Kontexten so gravierend, wie das Beispiel der Email zunächst suggeriert. Abgesehen davon findet bei weitem nicht alle computervermittelte Kommunikation in schriftlicher Form statt. Die Möglichkeit des Telefongesprächs ist älter, auch sie lässt sich auf der Basis moderner Hardware verwirklichen – und zwar erheblich günstiger, mit besserer Tonqualität über größere Distanzen. Und als Weiterentwicklung dieser Kommunikationsmöglichkeit haben sich heute Videochats etabliert, die uns nicht nur die Übertragung der Stimme, sondern auch des Gesichtsausdrucks in meist weniger als einer Sekunde ermöglichen (Körschen et al. 2002). Zeitliche Entkopplung ist also *kein* Merkmal *sämtlicher* Möglichkeiten der computervermittelten Kommunikation.

Auch das Maß an Kontrolle über die Informationen, die wir über uns selbst preisgeben, ist zu hinterfragen. Hier gilt genau wie bei der zeitlich entkoppelten Kommunikation, dass dies für einige, aber bei weitem nicht alle Formen der computervermittelten Kommunikation gilt. Ich möchte zwei Gegenbeispiele anführen, es ließen sich noch weit mehr benennen: (1) Es gibt im Internet viele Fangemeinschaften, in denen ein reger Austausch von kreativen Werken stattfindet. Mit Bezug zur Lieblingsserie werden beispielsweise Bildmontagen erstellt, Musikvideos zusammengeschnitten und Geschichten geschrieben und geteilt. Wenn wir eigene kreative Arbeiten mit anderen Menschen teilen, dann geben wir eine Menge von uns preis, das über bewusste Selbstdarstellung hinaus geht – wir offenbaren nicht nur ästhetische Präferenzen, sondern zumindest auch etwas über unsere Perspektive auf die Welt. Eine selbstverfasste Liebesgeschichte zu teilen – auch wenn sich diese zwischen vorgegebenen Charakteren abspielt –, kann eine Menge über unsere Wünsche und unsere persönlichen Vorstellungen von Romantik verraten. Hier liegt ein hohes Maß an Selbstoffenbarung vor. (2) Ein weiterer Kontext, in dem man im virtuellen Raum gemeinsam handelt und sich auch gegenseitig beobachten kann, sind Online-Videospiele. Insbesondere

World of Warcraft erfreute sich über viele Jahre großer Beliebtheit und hat zu einer eklatanten Zunahme an Multiplayer-Online-Angeboten geführt (Bainbridge 2009).[7] Hier schließen sich Spielerinnen in Gruppen zusammen, um gemeinsam Quests zu verfolgen und Monster zu besiegen. Häufig wird hierbei über Headsets kommuniziert. Auch wenn die Kommunikation in der Gruppe nur über geschriebene Sprache läuft, wird die oben vorgestellte These, es fehle an Gelegenheiten zur Beobachtung, widerlegt: In einem virtuellen Kontext *kann* ich hier das Verhalten meiner Mitspielerin beobachten und viel über ihre Frustrationstoleranz, ihren Ehrgeiz etc. erfahren, ohne dem Glauben schenken zu müssen, was sie selbst von sich sagt.

Wenn ich mit einer Person online in genau *einem* Kontext in Verbindung stehe, sei dies eine Fangemeinschaft zu einer TV-Serie oder ein gemeinsames Online-Spiel, können wir vermutlich viel Zeit miteinander verbringen, und ich werde dennoch nur eine Facette ihrer Persönlichkeit kennenlernen. Dieses Phänomen ähnelt den oben beschriebenen *Gefährtinnen*, die in ganz ähnlicher Weise über ein geteiltes Hobby auf einen engen Kontext begrenzt sind. Wie offline ist es jedoch auch online möglich, mit einer Person in verschiedenen Kontexten und über verschiedene Plattformen in Kontakt zu stehen und somit ein erheblich facettenreicheres Bild ihrer Persönlichkeit zu gewinnen. Insofern Plattformen, auf die die angeführten einschränkenden Merkmale in einem höheren Maße zutreffen, einen wesentlichen Teil der Internetnutzung ausmachen, lässt sich berechtigt aufzeigen, dass die Herausbildung echter Freundschaften in diesen Kontexten erschwert wird. Die Position, es handle sich um strukturelle Merkmale *aller* Online-Kommunikation, lässt sich jedoch nicht plausibel verteidigen. Sofern das Internet andere Optionen bereithält – auch wenn entsprechende Kommunikationsformen weniger genutzt werden – bleibt eine enge Online-Freundschaft vielleicht unwahrscheinlich, kann aber nicht als unmöglich eingeordnet werden: Sicher gibt es problematische Phänomene der Selbstdarstellung im Internet, diese stellen jedoch nicht die *einzig mögliche* Form der Selbstdarstellung dar.[8]

Zum anderen greift die Argumentation, die echte Online-Freundschaft sei unmöglich, auf ein Ideal von Freundschaften als Maßstab zurück, ohne zu hinterfragen, ob wir dieses eigentlich in Freundschaften der persönlichen Begegnung vollständig verwirklichen können. Auch in Offline-Freundschaften wird es uns nicht gelingen, wirklich *alle* Facetten einer Person auf diese Weise kennenzulernen. Beispiele lassen sich leicht benennen. (1) Niemand aus meinem Freundeskreis, nicht einmal meine beste Freundin, hat mich in meiner Rolle als Dozentin an der Universität erlebt. Sicher könnte ich das ändern, bisher ist das jedoch keiner von uns als Mangel aufgefallen. In ähnlicher Weise werden wohl die meisten Menschen ihre außerhalb der Arbeit geschlossenen Freundschaften nicht oder nur sehr begrenzt in den eigenen Berufsalltag integrieren. Sofern es um meine berufliche Rolle geht, bleibt meinen Freundinnen also nichts übrig, als sich auf meine Äußerungen über diesen Teil meines Lebens zu stützen. (2) Viele erwachsene Menschen fallen zurück in alte Verhaltensmuster der Kindheit, wenn sie im Kontext des Weihnachtsfests ihre Familie besuchen. Auch hier handelt es sich um einen Anlass, an dem Freundinnen typischerweise nicht teilhaben. Selbst wenn jemand eingeladen wird, das Fest mit der Familie einer Freundin zu verbringen, wird ein einzelner Besuch vermutlich nicht genügen, um einen vollen Einblick in die Familiendynamik zu gewinnen, die auf einer jahrzehntelangen Geschichte aufbaut. Sofern Freundinnen Einblick in solche Familiendynamiken erhalten, tun sie dies also in der Regel durch die Erzählungen der anderen, die wiederum der Gefahr der Täuschung und Selbsttäuschung unterliegen.

Die hier dargelegten Entgegnungen gegen die oben vorgestellte Argumentation zeigen nicht, dass echte Online-Freundschaften möglich sind, sondern nur, dass die vorgebrachten Argumente dies nicht widerlegen können.[9] Die plausibelste Strategie, die ich sehe, um die Unmöglichkeit von Online-Freundschaften darzulegen, wäre der Versuch, die körperliche Präsenz als notwendige Bedingung für echte Freundschaften aufzuzeigen. Diese Grenze können heute verbreitete Formen der computervermittelten Kommunikation nicht überwinden – obwohl auch hier bereits Ansätze in der Entwicklung sind, die dies versuchen. Auch ohne die Möglichkeit einer körperlichen Interaktion über Distanz halte ich jedoch diesen Argumentationsansatz nicht für erfolgversprechend. Die Konsequenz wäre, dass wir Menschen, die körperlichen Kontakt meiden, diesen aufgrund von Krankheit meiden müssen, oder durch Behinderungen in der körperlichen Wahrnehmung eingeschränkt sind, die Fähigkeit zu engen Freundschaften absprechen (vgl. Kos 2014). Körperkontakt stellt sicher ein Grundbedürfnis des Menschen dar und seine Verwirklichung kann damit als ein zusätzlicher möglicher Wert von Freundschaften verstanden werden. Es mag sogar Menschen geben, für die eine Freundschaft ohne körperliche Nähe nicht denkbar ist, aber auch daraus ließe sich nicht schließen, dass diese prinzipiell unmöglich ist – hier dürften sowohl individuelle als auch kulturelle Unterschiede in Bezug auf Körperlichkeit eine zentrale Rolle spielen (vgl. Remland et al. 1995, Sorokowska et al. 2017).

In der Diskussion um Freundschaftsformen ist deutlich geworden, dass eine sehr eng umgrenzte gemeinsame Praxis, wie sie etwa im Fall der *Gefährtinnen* vorliegt, nicht geeignet ist, innige Identifikation entstehen zu lassen. Diese setzt eine umfangreiche Kenntnis voraus, die sich über verschiedene Bereiche erstreckt und gelingt in der Regel besser, je mehr wir von einer Person wissen. Ich hatte zudem darauf verwiesen, dass einige Freundschaften dazu neigen, Grenzen zu ziehen, um Konflikte zu vermeiden. Es muss als konstitutives Merkmal auch enger Freundschaften daher als hinreichend betrachtet werden, eine innige Identifikation im Ansatz zu verwirklichen. Ich sehe kein Argument, das überzeugend darlegt, eine solche innige Identifikation könne nicht zumindest im Einzelfall auch über die vielfältigen Mittel der computervermittelten Kommunikation gelingen. Der Unterschied zwischen Online-Freundschaften und Offline-Freundschaften ist in den angeführten Hinsichten kein kategorialer und notwendiger, sondern ein gradueller Unterschied. Daraus lässt sich vielleicht schließen, dass echte Freundschaften online uns vor größere Herausforderungen stellen, aber nicht, dass sie unmöglich sind. *Wie* schwierig sie sind, hängt von den Gelegenheiten zur gemeinsamen Interaktion ab und damit in zentraler Weise vom persönlichen Lebensstil – wer ohnehin viel in virtuellen Räumen unterwegs ist, wird dort auch Freundschaften pflegen können. Wer die Auffassung vertritt, das wahre Leben finde offline statt, dem wird die Online-Freundschaft wie die Brieffreundschaft als eine in den Möglichkeiten stark reduzierte Form der Freundschaft erscheinen.

Lassen wir die Frage nach der Möglichkeit der reinen Online-Freundschaft bei Seite. Die Mehrzahl von Kontakten, die wir mittels computervermittelter Kommunikation pflegen, sind keine reinen Online-Beziehungen, sondern Beziehungen, die sowohl online als auch im persönlichen Kontakt gepflegt werden (vgl. Kos 2014, Adelmann 2011). In Bezug auf diese Beziehungen stellt sich die Frage, wie sich neue Kommunikationsformen, die wir de facto zunehmend nutzen, auf unsere Beziehungen auswirken. Um nicht in Vergessenheit geraten zu lassen, dass es auch vor dem Internet und dem Smartphone schon Kommunikation über Distanz gab, werde ich im Folgenden Online-Freundschaften mit Brieffreundschaften vergleichen. Der Vergleich liegt nahe, spannend ist dabei die Beobachtung, dass Brieffreundschaften – wie oben bereits dargestellt – in unserer Gesellschaft einen meist positiven Ruf haben, während der Online-Freundschaft zunächst einmal die bereits dargestellte Skepsis entgegengebracht wird.

Profilseiten und Avatare
In vielen Kontexten des Internets dienen Profile und Avatare der Selbstdarstellung. Was sie uns ermöglichen, ist die Erschaffung einer neuen Persönlichkeit. Aleida Assmann formuliert in diesem Kontext als Gebot der Internetkommunikation: „Man muss sich zuerst einmal erfinden, ausstaffieren und ausstellen, bevor man anderen begegnen kann." (Assmann 2012, 82) In der Tat ist diese Art der Selbstdarstellung neu. Auch im Brief stellen wir uns selbst dar und präsentieren uns und unser Leben vielleicht bewusst in einem bestimmten Licht, aber mit anderen Mitteln und einer anderen Zielsetzung. Hier gibt es kein Profilfoto und selten Bilder. Die Darstellung im Brief richtet sich direkt an die Empfängerin als spezifische Person. Die Darstellung im Profil oder durch einen Avatar ist immer eine mehr oder weniger öffentliche Selbstdarstellung – sie ist darauf ausgelegt, vielen Menschen, nicht nur einer Person, einen positiven Eindruck zu vermitteln.

Für manche Menschen scheint es verführerisch, so Sherry Turkle, sich mit der hier geschaffenen Identität stärker zu identifizieren als mit ihrer Offline-Identität:

> Es ist nicht ungewöhnlich, dass Leute sich an einem virtuellen Ort wohler fühlen als an einem echten, weil sie das Gefühl haben, in der Simulation ihr besseres und wahreres Ich zu zeigen. (Turkle 2012, 358)

Gerade bei Teenagern erscheint sich diese Möglichkeit besonderer Beliebtheit zu erfreuen. Das Internet ermöglicht das An- und Ausprobieren verschiedener Identitäten in einfacher Weise:

> Teenager machen einem klar, dass Internetspiele, Internetwelten und soziale Netzwerke [...] eine Menge gemeinsam haben: Sie fordern einen alle auf eine Identität zusammenzusetzen und zu projizieren. (Turkle 2012, 308)[10]

Im Kontext der Online-Freundschaften wird diese Option meist negativ und als Bedrohung von Authentizität dargestellt. In Brieffreundschaften wird den Autorinnen hingegen im Allgemeinen unterstellt, dass sie durchaus in der Lage sind, einen authentischen Bericht ihrer Erlebnisse und Gedanken auf Papier zu vermitteln. Als problematisch einzuordnen ist im Hinblick auf die Möglichkeit enger Freundschaften weniger der häufig postulierte Mangel an Authentizität, als die Einladung, sich ständig *neu* zu erfinden und möglichst keinen Zusammenhang zwischen unseren vielfältigen Online-Identitäten erkennen zu lassen – denn das erschwert es in der Tat, gegenseitige Vertrautheit aufzubauen.

Zeitliche Entkopplung

> The nature of my responses to others in the virtual world also diverges from the way we ordinarily respond to our friends. First, it is up to me when I respond to their contacts in ways that are unavailable in the non-virtual context; there will be no uncomfortable pause, no faux pas, when I hesitate briefly to construct a more carefully honed response. Second, my responses can be made without being interrupted, talked over, or qualified in other ways involving my being subject to the thoughts of others. And, of course, I can choose whether or not I will respond at all. (Cocking/Matthews 2000, 228)

Offensichtlich hat die zeitliche Entkopplung von Kommunikation Auswirkungen auf unser Antwortverhalten. Es ist jedoch nicht auf den ersten Blick zu erkennen, ob diese als förderlich oder hinderlich für Freundschaften einzuordnen sind. Die zeitliche Entkopplung bietet die Option, reflektiert zu reagieren und stellt damit möglicherweise für schüchterne Menschen eine Chance dar sich zu öffnen, ohne

Angst davor haben zu müssen sich bloßzustellen, weil sie nicht hinreichend schnell oder schlagfertig sind (Turkle 2012, 319).

Es findet sich jedoch auch die Annahme, zeitliche Entkopplung würde die emotionale Bindung der Gesprächspartnerinnen erschweren:

> Diane fürchtet das Telefon, weil dessen Echtzeitansprüche ihr zu viel Aufmerksamkeit abverlangen. Aber wie das persönliche Gespräch, das es ersetzt, kann das Telefon auf eine Art und Weise verbinden, wie SMS und E-Mail es nicht können: Beide Gesprächspartner sind anwesend. Wenn es Fragen gibt, können sie sofort beantwortet werden. Die Leute können gemischte Gefühle zum Ausdruck bringen. Im Gegensatz dazu neigen E-Mails dazu, hin und her zu gehen, ohne auf den anderen *einzugehen*. (Turkle 2012, 288)

Was hier beschrieben wird, trifft auf die Brieffreundschaft offensichtlich in noch weit höherem Maße zu als auf die computervermittelte Kommunikation. Je größer die räumliche Distanz, desto länger wird es notwendigerweise dauern, den Brief zu befördern. (Die Qualität von Transportwegen etc. spielt hier natürlich eine genauso große Rolle.) Trotzdem gehen wir davon aus, dass es *möglich* ist, beim Schreiben von Briefen ernsthaft aufeinander einzugehen, ohne dass damit bestritten wird, dass viele oberflächliche Briefe verfasst werden. Im Vergleich mag es daher verwundern, wenn die zeitliche Entkopplung der computervermittelten Kommunikation beklagt wird, stellt die Email gegenüber einem herkömmlichen Brief doch gerade eine immense Beschleunigung dar, die zeitnahe Reaktionen und schnelle Briefwechsel ermöglicht. Insbesondere wenn es um die Kommunikation per Kurznachrichten geht, wird aber meist nicht der Brief, sondern das Telefongespräch zum Vergleich herangezogen. Bereits das Telefon überbrückt in der Tat räumliche Distanzen ohne nennenswerte zeitliche Verzögerungen. Die Kurznachricht ist unwesentlich langsamer – aber da sie, in schriftlicher Form festgehalten, nicht nur in einem bestimmten Moment, sondern beliebig abrufbar ist, fordert sie uns nicht auf, unmittelbar zu antworten. Im Vergleich zum Telefongespräch, das die gleichzeitige Aufmerksamkeit fordert, kann diese Möglichkeit der Kommunikation daher in der Tat als zeitlich entkoppelt verstanden werden. Im Vergleich zum Brief oder zur Email hebt sie jedoch die zeitliche Entkopplung tendenziell auf und ermöglicht den schnellen Austausch von Gesprächsbeiträgen.

Zudem ergeben sich nachteilige Auswirkungen, so nimmt Turkle an, aus der Vielzahl von Nachrichten, die wir heute insgesamt bekommen, und die uns dazu bringen, zu jeder Tages- und Nachtzeit das Gefühl zu haben, noch einmal unsere Nachrichten checken zu müssen (Turkle 2012, 264–265). Das ist sicher ein diskussionswürdiger Aspekt unseres Lebensstils, jedoch keine Begleiterscheinung der veränderten Kommunikationsform in engen Freundschaften per se. Das Gefühl, ständig erreichbar sein zu müssen, ist eher der Tatsache geschuldet, dass wir über das Internet mit einer Vielzahl von Menschen vernetzt sind. Nur wenige davon sind enge Freundinnen. Auch findet ein Austausch von kurzen Nachrichten heute häufig *nebenbei* statt und wir widmen ihm nicht unsere volle Aufmerksamkeit. Dies gilt nicht nur, aber auch in Freundschaften. Das Phänomen der geteilten Aufmerksamkeit ist weder eine direkte Folge der zeitlichen Entkopplung noch überhaupt ein strukturelles Merkmal computervermittelter Kommunikation, sondern eine Entwicklung in unserer Gesellschaft, die allerdings durch das *Jederzeit* und *Überall* des Mobiltelefons stark begünstigt wird.

Die Kürze gesendeter Nachrichten
Ein weiteres Merkmal der Online-Kommunikation, das häufig kritisiert wird, ist die Kürze der gesendeten Nachrichten. Hier besteht ein Unterschied zum Brief, der ins Auge fällt und häufig angeführt wird. Die Bedenken: Die Kommunikation wird oberflächlich, wenn sie nur in Kurzform stattfindet. Die Frage ist, ob das notwendig stimmt. Tobias Rüther teilt diese Ansicht nicht:

> Wenn ich die Kurznachrichten zwischen mir und meinem besten Freund aus den vergangenen zehn Jahren editieren würde, käme ich wahrscheinlich auf einen Briefwechsel in der Länge und Intensität von Gleim und Uz. Deren Freundschaft bestand irgendwann im Übrigen auch nur noch aus Worten, weil sie sich nie wiedersahen, nachdem der eine aus Halle fortgezogen war. (Rüther 2013, 190) [11]

Unstrittig ist, dass Kurznachrichten in der Summe der Länge eines Briefwechsels gleichkommen können. Strittig ist, ob dieser Austausch auch in der Qualität vergleichbar ist. Um regelmäßigen Kontakt zu halten, war es früher üblich, über persönliche Treffen hinaus Briefe zu schreiben oder zu telefonieren. Bei beiden Formen der Kommunikation wurde in der Regel ein vergleichsweise umfassender Zeitraum reserviert, um die eigenen Erlebnisse mindestens des vergangenen Tages, häufig auch längerer Zeiträume, reflektiert zusammenzufassen und zu teilen. Und sich gleichzeitig natürlich die Zeit dafür zu nehmen, der anderen zuzuhören (oder den Brief zu lesen), Verständnis aufzubringen und vielleicht Ratschläge zu geben. Im Unterschied dazu kommunizieren vor allem Jugendliche, aber auch viele junge und nicht mehr ganz so junge Erwachsene heute über Kurznachrichten.

Zwar ist die Begrenzung auf 160 Zeichen mittlerweile aufgehoben, die Kürze der einzelnen Nachrichten bleibt jedoch ein Merkmal dieser Form der Kommunikation. Man könnte annehmen, dass die Länge der Nachrichten gerade deshalb abnimmt, weil die zeitliche Entkopplung kein großes Problem mehr darstellt und eine unmittelbarere Kommunikation möglich wird, die sich zunehmend dem persönlichen Gespräch annähert – weil zwischen zwei „Turns" bei einem Briefwechsel notwendig mehrere Tage liegen, muss der einzelne Beitrag ausführlicher werden, wenn das Gespräch sich weiterentwickeln soll. Wenn aber die zeitliche Übermittlung nur noch Minuten oder Sekunden dauert, dann sind kürzere Beiträge kein Problem – wir müssen unsere Position nicht umfassend darstellen, wir können es uns leisten, zunächst nur eine kurze Rückfrage zu stellen, zuerst einmal nur einen Punkt unserer Argumentation anzubringen etc. und dann die Gegenreaktion abwarten, statt möglichst alle unsere Gedanken auf Papier zusammenzufassen. Aus diesem Grund war das Schreiben von Briefen eine anspruchsvolle literarische Aufgabe, die auch bei weitem nicht dem Großteil der Menschen zugänglich war – es ist eine Kunst, Briefe zu schreiben, vor allem, wenn diese persönlich und vertraut klingen und gleichzeitig die eigenen Gedanken plausibel wiedergeben sollen. Es kann nicht überraschen, dass vielfach Schriftstellerinnen, sowie Philosophinnen für ihre umfangreichen Briefwechsel bekannt wurden. Es handelt sich um Menschen, die ihr Leben der Herausforderung gewidmet haben, Gedanken in schriftlicher Form auszudrücken. Es wäre aber doch übereilt, diese Exklusivität zu einem positiven Merkmal der Brieffreundschaft zu erklären. Es macht sie zunächst einmal elitär – wer sich in diesem Medium nicht richtig ausdrücken kann, wird auf diesem Wege auch keine Freundschaft aufrechterhalten.

Die zunehmende Kürze von ausgetauschten Nachrichten fällt mit einer anderen Entwicklung zusammen – Nachrichten werden im Laufe eines Tages in einer viel höheren Frequenz ausgetauscht: Wir schreiben Nachrichten in der Bahn auf dem Weg zur Arbeit, im Büro in der Mittagspause, vielleicht sogar in der Kassenschlange im Supermarkt. Freundinnen sind nicht nur erreichbar, wenn sie zuhause sind, sondern prinzipiell überall. Es gibt einige Ansätze, dieses neue Kommunikationsverhalten theoretisch einzufangen, mit Konzepten wie ‚connected presence' (Licoppe 2004) oder ‚Umgebungsbewusstseins' (Thompson 2011). Beide verweisen auf die Anzahl von scheinbar oberflächlichen Informationen, die zum Beispiel in einer Clique von Jugendlichen am Tag ausgetauscht werden – mindestens dutzende, gerne auch über hundert. Was hier passiert, so die Annahme, ist nicht in den alten Kategorien der Kommunikation einzufangen. Wer so kommuniziert, muss der Freundin am Ende des Tages nicht erzählen, was sie erlebt hat, weil die andere gefühlt immer schon dabei war – wir wissen plötzlich zu jedem Moment des Tages, wo unsere Freundinnen sind und was sie gerade tun:

> Das ist das Paradoxe am Umgebungsbewusstsein. Jedes kleine Update – jedes einzelne Bisschen sozialer Information – ist für sich genommen unwichtig, sogar äußerst banal. Aber zusammengenommen verschmelzen all diese kleinen Schnipsel mit der Zeit überraschenderweise zu einem komplexen Porträt unserer Freunde und Familienmitglieder, wie tausende Punkte in einem pointilistischen Gemälde. So etwas war vorher noch nie möglich

> gewesen, denn in der echten Welt würde uns kein Freund anrufen, um uns zu beschreiben, wie er sein Sandwich isst. (Thompson 2011, 22)

Hier wird infrage gestellt, ob es eigentlich immer tiefgründiger Gespräche bedarf, um eine Person kennenzulernen, oder ob nicht auch die schiere Fülle von Details, die wir über einen Menschen wissen, eine besondere Vertrautheit schaffen kann, die innige Identifikation erleichtert.

Zudem ermöglicht der ständige Kontakt die gegenseitige emotionale Unterstützung durch einfache Gesten potentiell jederzeit und überall. Wenn ein Besuch bei den Großeltern für Jugendliche zur Belastung wird, dann können sie ihren Frust schon in der Situation teilen – sie müssen sich nur mal für fünf Minuten entschuldigen und eine Kurznachricht verfassen. Der Beistand der Clique folgt dann umgehend. Bestätigung und emotionale Unterstützung lassen nicht lange auf sich warten, sofern auch die Freundinnen auf die eingegangene Nachricht umgehend reagieren. Freundinnen sind immer nur ein paar Tastendrücke auf dem Smartphone entfernt. Dass nun am Abend kein langes Telefongespräch mehr stattfindet, ist also kein Anzeichen, dass die Erlebnisse des Tages nicht mehr geteilt werden, sondern die Folge davon, dass diese nicht mehr geteilt werden müssen, weil der Freundeskreis eigentlich schon den ganzen Tag dabei war, wenn auch körperlich evtl. viele Kilometer entfernt.

Vielzahl von Adressatinnen

Ein weiteres Merkmal einiger Formen computervermittelter Kommunikation liegt darin, dass die übermittelten Nachrichten nicht mehr an eine einzelne Empfängerin, sondern an einen Kreis von Adressatinnen gerichtet werden. Die Telefonkonferenz ermöglicht etwas Ähnliches für das Ferngespräch, die Nutzung dieser Option im privaten Bereich hat sich jedoch meines Wissens nie durchsetzen können. Kurznachrichten hingegen werden heute in der Tat häufig nicht mehr an eine Person, sondern in eine Gruppe gesendet, in der alle Teilnehmerinnen dann gleichermaßen zur Reaktion aufgefordert sind. In noch viel stärkerem Maße gilt dies für Informationen, die auf einem Facebookprofil gepostet werden, und damit auf einen Schlag potentiell allen Bekannten einer Person gleichzeitig zugänglich gemacht werden. Turkle beschreibt so einen Fall, in dem die Email zunächst die klassische Funktion eines Briefs zwischen Freundinnen erfüllt, dann aber von Facebook-Posts abgelöst wird:

> Vor fünf Jahren führten die Recherchen für ihre Doktorarbeit sie [Joanne] in ein Dorf in Thailand. Während ihres Jahres in dem Dorf hatte sie einen Internet-Zugang und schrieb Robin regelmäßig lange, detaillierte E-Mails – eine persönliche Schilderung ihres Lebens in

Thailand. Robin schwärmt in den höchsten Tönen von den Texten, findet sie ‚elegant, detailliert und poetisch' und druckte sie aus; noch heute liest sie hin und wieder darin. Joanne ist mittlerweile für ein neues Projekt erneut in Thailand, aber diesmal stellt sie alle zwei Wochen einen Bericht auf ihre Facebook-Seite. [...] Weil Joannes Geschichte an alle Freunde gerichtet ist, erzeugt sie keine Nähe mehr zu ihrer Freundin. (Turkle 2012, 453)

Der Brief oder die Mail, individuell an eine Adressatin gerichtet, ist persönlich. Der Facebook-Post ist effizient. Er ermöglicht es, viele Menschen gleichzeitig auf dem Laufenden zu halten. Aber er ist nicht in gleicher Weise geeignet, in Freundschaften ein Gefühl von Verbundenheit herzustellen. Er muss oberflächlicher bleiben, weil er nicht auf der Vertrautheit und der geteilten Erfahrung der Freundschaft aufbauen kann, sonst wäre er für die übrigen Adressatinnen nicht verständlich. Verschiedene Formen der Gruppen-Kommunikation bewirken also verschiedene Grade von Entpersonalisierung, mit dem Extremfall, dass wir uns eigentlich nicht mehr an Freundinnen richten, sondern nur noch an (fast) Fremde, von denen wir hoffen, dass sie sich für unser Leben interessieren: „Wir [behandeln] Einzelpersonen als ein Ganzes, wenn wir twittern oder hunderten und tausenden Facebook-Freunden als Gruppe schreiben. Freunde werden zu Fans." (Turkle 2012, 290)

Als Fazit dieser Auseinandersetzung mit Online-Freundschaften lassen sich zunächst nur einige sehr allgemeine Aussagen festhalten: Es lässt sich nicht von der Hand weisen, dass neue technische Möglichkeiten auch die Kommunikation in Freundschaften verändern und damit einen Einfluss auf unsere Beziehungen haben. Dabei lassen sich sowohl Potentiale als auch Gefahren aufzeigen – die Möglichkeiten sind zu vielfältig, als dass Pauschalurteile überzeugen könnten. Im Hinblick auf die einzelne Freundschaft sind die Einschränkungen im Vergleich zu denen der Brieffreundschaft zunächst einmal offensichtlich weniger weitreichend, weil uns die neuen Technologien mehr Möglichkeiten an die Hand geben. Neben dem schriftlichen Austausch sind Übertragung von Stimme und Bild über große Distanzen möglich. Sofern die Brieffreundschaft die Verwirklichung einer engen Freundschaft im Sinne der kommunikationsorientierten Anerkennungsbeziehung ermöglicht, kann diese also auch über Methoden computervermittelter Kommunikation verwirklicht werden.

Zudem bietet die virtuelle Welt des Internets uns Kontexte, in denen wir nicht auf die Kommunikation über uns selbst fokussiert sind, sondern auf ein gemeinsames Tun: einen Film gucken und sich per Chat über das Gesehene austauschen; mit einer VR-Brille nebeneinander auf dem Feld stehen, während um uns herum das aktuelle Spiel der Championsleague in 3D übertragen wird, gemeinsam einen Beitrag zur *#MeToo*-Kampagne leisten. In der Brieffreundschaft waren Optionen dieser Art weit eingeschränkter – Fernschach ließe sich als ein

Beispiel gemeinsamen Handelns ohne persönliche Begegnung anführen. Eine Freundschaft ohne persönliche Begegnung stellt daher nicht mehr notwendig eine Freundschaft ohne gemeinsame Praxis dar, wie Aristoteles annahm, sofern unsere Vorstellung von gutem Leben die Möglichkeit wertvollen Handelns im virtuellen Raum einschließt. Mindestens begrenzte Freundschaften, die auf Verwirklichung von Freude oder Nutzen in der gemeinsamen Praxis ausgerichtet sind, können hierdurch verwirklicht werden, auch komplexe Spaßfreundschaften rücken trotz dauerhafter Distanz in den Bereich des Möglichen.

Zudem sind wir heute zunehmend weniger ortsgebunden, weshalb die Kommunikation in die Ferne nicht mehr auf den Aufenthalt in der eigenen Wohnung oder eine Gelegenheit zum Schreiben angewiesen, sondern potentiell überall möglich ist. Hierdurch werden als verbindlich angenommene Beistandsgemeinschaften nicht per se gefördert; sofern sie jedoch bestehen, erweitern sich die Möglichkeiten, Unterstützung und Beistand auch über Distanz zu verwirklichen.

Bisher habe ich mich auf das Potential der computervermittelten Kommunikation konzentriert. Betrachten wir nur diese Seite, dann sollten wir alle Möglichkeiten der computervermittelten Kommunikation konsequent begrüßen. Die meisten genannten Aspekte bergen aber auch nachvollziehbare Gefahren. Da ist zum einen die Aufforderung zur marketing-gleichen Selbstdarstellung, zum anderen die zur unpersönlichen Gruppenkommunikation. Im Unterschied zum Brief teilen viele Plattformen im Internet Merkmale der *Massen*medien und sind damit auf *Massen*kommunikation ausgelegt, die die Adressatinnen mehr als Fan denn als Individuum betrachtet. Wenn wir es als Ziel unserer Selbstdarstellung betrachten, soviel Aufmerksamkeit und so viele *Likes* wie möglich zu erhalten, dann ist das einer authentischen Selbstdarstellung und der Herausbildung von Vertrauen nicht förderlich. Hinzu kommen zeitliche Entkopplung und die Tendenz zur geteilten Aufmerksamkeit, die unseren Alltag zunehmend durchdringt. Diese Aspekte können der Entstehung von inniger Identifikation, persönlicher Kenntnis und der Verbindlichkeit von Beziehungen entgegenwirken.

Turkle verweist zudem darauf, dass Online-Beziehungen, zumindest in der Form, in der sie heute in der Regel gepflegt werden, nicht mit den gleichen normativen Verbindlichkeiten einhergehen wie echte Freundschaften, sondern weit hinter diesen zurückbleiben:

> Wir gehen nicht davon aus, dass unsere Cyberfreunde vorbeikommen, wenn wir krank sind, die Erfolge unserer Kinder mit uns feiern oder uns in der Trauer über den Tod unserer Eltern beistehen. (Turkle 2012, 263)

Insofern diese Einschätzung zutrifft, ist hier die These enthalten, dass ein Eintauschen von Freundschaften des persönlichen Kontakts gegen Online-Beziehungen einem Eintauschen von Freundschaften, die zumindest teilweise die Verwirklichung der Praxis *enger* Freundschaften anstreben, gegen Freundschaften gleichkommt, die nicht dieselbe Verbindlichkeit anstreben und somit als begrenzte Freundschaften einzuordnen sind. Dieser Übergang, sofern er sich auf alle unsere Beziehungen erstreckt, würde die Aufgabe der anspruchsvolleren sozialen Praxis der Freundschaft bedeuten. Sofern diese Einschätzung zutrifft, ist der Verlust von engen Freundschaften in der Tat zu befürchten und zu beklagen, wenn sich denn ein Trend erkennen lässt, dass einige Menschen alle ihre Freundschaften zugunsten solcher unverbindlichen Online-Beziehungen aufgeben. Die Tatsache, dass es viele solcher unverbindlichen Bekanntschaften gibt, stellt jedoch bei weitem kein hinreichendes Indiz dafür dar, dass es sich so verhält. Es bleibt die Möglichkeit zu berücksichtigen, auch online verbindliche Freundschaften zu schließen, so wie die Feststellung von Spencer und Pahl, dass auch viele Beziehungen des persönlichen Kontakts nicht den Anspruch enger Freundschaften stellen. Die Zunahme oberflächlicher Online-Beziehungen lässt sich erst dann begründet beklagen, wenn Menschen tatsächlich ihre wenigen engen Freundschaften dadurch vernachlässigen, und nicht bloß andere oberflächliche Bekanntschaften durch sie ersetzen.

8 Die Vielfalt von Freundschaften

In diesem Buch wurde die aristotelische Konzeption der Freundschaft als eine Idealkonzeption rekonstruiert, die eine gegenseitige, selbstlose Wertschätzung der Freundinnen auf Basis ihrer Tugenden zur Grundlage eines engen Zusammenlebens erklärt. Die Freundschaft wird von Aristoteles als Beziehung guter, beständiger Menschen konzipiert, fördert die Tugendhaftigkeit und erweist sich als dauerhaft. Nutzen und Freude werden als Werte in dieser Beziehung verwirklicht, stellen aber keine hinreichende Basis für die gegenseitige Wertschätzung dar. Die Konzeption setzt eine umfassende Gemeinsamkeit im Hinblick auf Interessen und Vorstellungen des guten Lebens voraus. Der Wert der Freundschaft liegt darüber hinaus in der Möglichkeit, zum Wohle der Freundin zu handeln sowie ihre tugendhaften Handlungen zu beobachten. Gegebenenfalls bietet die Freundschaft für noch nicht vollendet tugendhafte Menschen zudem die Möglichkeit, die eigenen Tugenden zu entwickeln. Cicero betont in diesem Sinne den Wert von Ehrlichkeit und Zurechtweisung in der Freundschaft: Es gehört zur Sorge um die Freundin, sie auf Irrtümer und falsche Ansichten hinzuweisen. Montaigne hingegen betont die Übereinstimmung zwischen den Freundinnen so stark, dass er abweichende Ansichten gar nicht mehr zulässt, sondern aus dem Vorliegen der Freundschaft auf eine vollständige Übereinstimmung in allen Ansichten schließt. Damit verschwimmt bei Montaigne stärker noch als bei Aristoteles und Cicero die Grenze zwischen den Freundinnen als unterscheidbaren Personen. Entsprechend ist es bei ihm auch nicht mehr der Verweis auf eine möglicherweise endliche Liste von Tugenden, der die Wertschätzung der Freundin begründet, sondern allein in ihrer Ganzheit als *diese Person* könne sie um *ihrer selbst willen* geschätzt werden.

Diese Konzeption von Freundschaften ist in vielen Hinsichten, insbesondere in ihrem elitären Charakter, ihrem Anspruch an Dauerhaftigkeit, sowie der Annahme der Möglichkeit und Notwendigkeit absoluter Übereinstimmung so idealisiert, dass es nicht verwundern muss, dass im Laufe der Zeit eine ganze Reihe von Gegenstimmen laut wurden. So argumentiert Epikur für die Möglichkeit einer auf Eigeninteresse beruhenden Freundschaft, Lewis betrachtet die eine geteilte Wahrheit als hinreichende Basis der Freundschaft, Simmel betont die Möglichkeit auf unterschiedliche Weise mit unterschiedlichen Menschen verbunden zu sein und die christliche Theologie versucht aus der Liebe der Menschen zu Gott eine Freundschaft aller Menschen abzuleiten. Noch vielfältiger wird das Spektrum an Perspektiven, wenn man die gegenwärtige soziologische Literatur hinzuzieht, die uns Untersuchungen zu Kindheitsfreundschaften und Schulfreundschaften, Freundschaften am Arbeitsplatz, Freundschaften im Ruhestand, zu Unterschieden zwischen Männerfreundschaften und Frauenfreundschaften, und nicht zuletzt zu unterschiedlichen Bindungsmustern einzelner Personen sowie zu vorwiegenden Betätigungsformen konkreter Freundschaften anbieten.

Sollen Freundschaften als eine soziale Praxis persönlicher Beziehungen verstanden werden, die uns die Verwirklichung bestimmter Werte ermöglicht, so ist es sinnvoll, den Begriff der Freundschaft zumindest im wissenschaftlichen Kontext, für die philosophische Theoriebildung, aber auch als Grundlage sozialwissenschaftlicher Untersuchungen nicht zu weit zu fassen. Nur eine klar abgegrenzte Konzeption enger Freundschaften kann als eine normative Konzeption verstanden werden, die jenseits einer rein beschreibenden Funktion auch als Grundlage kritischer Diagnosen überzeugen kann. Die soziale Praxis der Freundschaft begründet gegenseitige, symmetrische Beziehungen, die mindestens in ihrer Entstehung als freiwillig begriffen werden. Ihnen liegt eine Einstellung der Liebe im Sinne der Fürsorge zugrunde, die den Wunsch nach inniger Identifikation sowie gemeinsamem Handeln umfasst. Diese Fürsorge basiert auf der Wertschätzung bestimmter Eigenschaften, die durchaus im Sinne eines *Werturteils* über eine Person und nicht allein als *Wertzuschreibung* verstanden werden kann. Dennoch impliziert diese Wertschätzung keine Austauschbarkeit der geliebten Person, weil sie sich nicht allein auf allgemeine Eigenschaften bezieht, sondern immer auch auf die konkrete Ausgestaltung dieser Eigenschaften, die im Handeln der geliebten Person zum Ausdruck kommen. Eine solche Wertschätzung setzt daher notwendig eine historische Dimension und eine narrative Perspektive auf die gemeinsame Beziehung voraus. Freundschaften sind als Vertrauensbeziehungen zu verstehen, aus denen wir Anerkennung auf Basis einer geteilten Geschichte beziehen.

Freundschaften können nicht auf eine gegenseitige Einstellung reduziert werden, sondern umfassen notwendig eine gemeinsame Praxis. Konstitutiv für diese gemeinsame Praxis sind eine gewisse Offenbarungsbereitschaft, Freude am gemeinsamen Handeln, sowie die Bereitschaft zu gegenseitiger Hilfeleistung. Einstellung und Praxis sind eng verwoben, insofern einerseits die innige Identifikation erst durch intime Kenntnis möglich wird, die wir im gemeinsamen Handeln erlangen. Andererseits umfasst die Einstellung der Liebe notwendig den Wunsch nach einer gemeinsamen Praxis. Dennoch habe ich dafür argumentiert, Einstellung und Praxis begrifflich zu trennen. Die Einstellung der Liebe ist einer Einzelperson zuzuordnen und kann mindestens kurzzeitig auch ohne Erwiderung und gemeinsame Praxis bestehen. Die Praxis der Freundschaft hingegen ist als *gemeinsame* Praxis zu verstehen, in der notwendig mehr als eine Person involviert ist.

Die damit vorgeschlagene Konzeption enger Freundschaften beansprucht, die in unserer Gesellschaft bestehende soziale Praxis zumindest in ihrem Anspruch angemessen zu beschreiben, gleichzeitig jedoch Raum zu lassen für Unterschiede in der Ausgestaltung der individuellen Praxis jeder Freundschaft. Sie ist weiter gefasst als das aristotelische Ideal, schließt dieses jedoch nicht aus: Die Tugendfreundschaft, wie Aristoteles sie entwirft, gilt in diesem Sinne als enge Freundschaft. Aber auch andere Formen der Freundschaft erfüllen die genannten Kriterien. In Bezug auf die Spielräume in der Ausgestaltung enger Freundschaften erscheinen aus philosophischer Perspektive insbesondere unterschiedliche individuelle Bindungsstile interessant, die sich auf den Anspruch von Verbindlichkeit einzelner Freundschaften auswirken, als auch unterschiedliche Schwerpunktsetzungen in der gemeinsamen Praxis, die mit der Fokussierung auf bestimmte Werte wie Anerkennung, Spaß oder Unterstützung einhergehen. Auf dieser Grundlage habe ich drei stereotype Formen enger Freundschaften vorgestellt: komplexe Spaßfreundschaften, kommunikationsorientierte Anerkennungsbeziehungen und quasi-familiäre Bindungsgemeinschaften.

Auf dieser theoretischen Basis lassen sich aktuelle gesellschaftliche Entwicklungen fundierter und differenzierter einordnen, als dies unter Bezug auf das aristotelische Ideal häufig geschieht. Die Analyse zeigt, dass Individualisierungstendenzen quasi-familiäre Beistandsgemeinschaft notwendig erschweren, komplexe Spaßfreundschaften zulassen, und kommunikationsorientierte Anerkennungsbeziehungen unter Umständen sogar fördern, insofern wir uns hier die Anerkennung unserer *Individualität* erhoffen. Eine zunehmende Mobilität muss notwendig als Hindernis für die Praxis der Freundschaft eingeordnet werden, obwohl insbesondere die im 18. Jahrhundert aufkommenden Brieffreundschaften deutlich machen, dass eine persönliche Kommunikation auch über Distanzen möglich ist. Freundschaften, die eine andere Form der Praxis betonen, also insbesondere komplexe Spaßfreundschaften, können aber unter diesen Bedingungen nicht lange überdauern. Die Möglichkeiten der computervermittelten Kommunikation wurden im Angesicht zunehmender Mobilität daher trotz aller skeptischen Diagnosen zunächst als Zugewinn von Möglichkeiten der Freundschaft über Distanz eingeordnet, insofern sie nicht nur erweiterte Bedingungen der Kommunikation bieten, sondern auch zunehmende Gelegenheiten gemeinsamen Handelns in virtuellen Räumen eröffnen. Es wurde aufgezeigt, dass die Frage, ob damit auch eine umfassende Praxis der Freundschaft über Distanz möglich wird, zentral von der Frage abhängig ist, ob die Freundinnen eine Vorstellung guten Lebens teilen, die in relevanten Hinsichten auch online verwirklicht werden kann. Trotz dieser positiven Einordnung der zunächst gewonnenen Vielfalt von Möglichkeiten wurde aufgezeigt, dass einzelne Plattformen der computervermittelten Kommunikation in ihren Strukturen und Rahmenbedingungen die Verwirklichung enger Freundschaften erschweren, insofern sie ein irreführendes Bild solcher Beziehungen vermitteln. Hier sind weitere Studien notwendig, die sich jedoch nicht auf das komplexe Phänomen computervermittelter Kommunikation als Ganzes richten sollten, sondern eine differenzierte Analyse einzelner Kontexte liefern müssten, um die Auswirkungen neuer Kommunikationsformen auf unsere persönlichen Beziehungen wirklich verständlich zu machen.

Anmerkungen

Kapitel 1

1 Der vorliegende Text verwendet ein generisches Femininum, es sind jedoch grundlegend Menschen jeden Geschlechts gemeint.
2 Vgl. zu dieser Unterscheidung Rawls (1973); Forst (2014).
3 Das Beispiel des Weins wählt schon Aristoteles, um den Aspekt der Gegenseitigkeit zu betonen, vgl. Aristoteles (2013, 1155b29–30).
4 Interessante Erörterungen zur Freundschaft zwischen Tier und Mensch finden sich unter anderem in Branden (1993); Kompatscher-Gufler et al. (2014); Welsch (2012).

Kapitel 2

1 Zur Fußnotenthese Whiteheads vgl. Kann (2001).
2 Vergleiche zum Bezug auf Tugendfreundschaften im Kontext von Online-Freundschaften etwa Fröding/Peterson (2012), zur Kritik am Arbeitsmarkt Vetlesen (2008) und zu Grundlagen des politischen Zusammenhalts Derrida (2000).
3 Aristoteles (2013): Zu Freundschaft als allgemeinem Prinzip vgl. 1155a15–27, zu den drei Formen der Freundschaft 1155b17–1156a9.
4 Aristoteles bezieht sich in seiner Darstellung weitestgehend explizit *nur auf Männerfreundschaften*. Ich gehe jedoch davon aus, dass die Überlegungen der Sache nach gleichermaßen auf alle Menschen anwendbar sind.
5 Diese Lesart von Aristoteles legt unter anderem Krebs (2015) zugrunde, vgl. S. 33–34.
6 Vergleiche zur Diskussion der *mesotes*-Lehre auch Wolf (2006).
7 Eine Textstelle, die wiederum gegen die Lesart von Tugenden als individuelle Kompetenzen spricht: Wäre jede Tugend an eine Konzeption guten Lebens gekoppelt, müsste Aristoteles weit mehr als nur zwei Arten des guten Lebens unterscheiden.
8 Vergleiche hierzu Buddensiek (2013, 256); den Scheffel erwähnt Aristoteles in der „Eudemischen Ethik" Aristoteles (1984, 1238a1–3).
9 Vergleiche zur Rolle der Zeit in Freundschaften nach Aristoteles auch Buddensiek (2013).
10 Vergleiche zu dieser Interpretation auch Wolf (2013, 45–48), Detel (2005, 84–87).
11 Vgl. zur Autarkie bei Aristoteles auch Wolf (2013, 48–50) zur Frage, ob Freundinnen den äußeren Gütern zugerechnet werden können auch Landweer (2006, 238).
12 Vergleiche hierzu Aristoteles (2013, 1169b3–1170b19; 1171a35–1171b35); siehe auch Wolf (2013, 232–236).
13 In anderen Quellen auch als *Étienne* de la Boétie benannt.
14 Vgl. zur Möglichkeit der Bewertung des guten Lebens Aristoteles (2013, 1100a10–1100b7).

Kapitel 3

1 Vgl. hierzu Shields (2014, 395); Schollmeier (1994, 38–40); Wolf (2013, 216); Price (1989).

2 Einige Textstellen deuten in Richtung einer komplexeren Auffassung (Gnomologium Vaticanum 23, Epikur (2006, 261)). Sowohl Echtheit als auch Auslegung sind jedoch umstritten.
3 Vergleiche zur Diskussion um Freundschaft im Mittelalter und insbesondere bei Thomas von Aquin auch Hoenen (2002).
4 Vergleiche zu dieser Sichtweise auch erneut Hoenen (2002); Lippitt (2013).
5 Zur Übertragbarkeit der Zahl auf Kontexte der Online-Kommunikation vgl. etwa Gonçalves et al. (2011). Zu vorgebrachten Zweifeln an der These vgl. beispielsweise Ruiter et al. (2011).
6 Vergleiche zu dieser These auch Wiertz (2019).
7 Vgl. zu dieser Unterscheidung Berlin (2006).

Kapitel 4

1 Zur Unterscheidung von kognitiven und konativen Zuständen vgl. Döring (2009); Goldie (2009); Helm (2009a).
2 Vergleiche zu dieser Position auch Kleingeld/Anderson (2008); Baier (1996).
3 In direkter Übersetzung wäre es naheliegend, dieses Modell als Geheimnismodell zu bezeichnen. Ich bin jedoch der Auffassung, dass Cocking und Kennett das Geheimnis an sich überbetonen, ohne seine Rolle zur Stärkung von Vertrauen und Intimität in den Fokus zu rücken. Die Bezeichnung als Selbstoffenbarungsmodell – oder kürzer: Offenbarungsmodell – erscheint passender.
4 Vergleiche zur Diskussion von Thomas und zu der Frage, wie das Ende von Freundschaften zu denken ist, auch Wiertz (2019).

Kapitel 5

1 Vgl. Hierzu die Internetseiten des *Asexual Visibility and Education Network* (2020)

Kapitel 7

1 Vergleiche zu dieser Charakterisierung der Moderne etwa Giddens (1997, 15, 2002, 1).
2 Vergleiche zur Anerkennungstheorie Honneth (1994), zur Rolle der Gesellschaft für die individuelle Identität Mead (1995), zur Rolle von Freundinnen für unser Selbstbild auch Crépel (2014).
3 Oliker (1998) vertritt sogar die Position, intime Freundschaft sei erst durch eine zunehmende Individualisierung überhaupt möglich geworden.
4 Hinweise auf die mögliche Gültigkeit einer solchen Interpretation finden sich auch bei Rawlins (1992, 222), sowie Spencer/Pahl (2006, 102–107).
5 Vergleiche hierzu beispielsweise Hermand (2006, 28–66); Safransky (2014).
6 Vergleiche zur Einschätzung der Bedeutsamkeit dieser Briefe für Arendts Werk auch Nordmann (2015).
7 Vergleiche hier insbesondere Kapitel 8 zu sozialen Relationen in Online Mulitplayer Spielen.
8 Vgl. zu einer Darstellung problematischer Tendenzen medialer Selbstdarstellung insbesondere Dietz (2007) sowie Dietz (2010).
9 Eine ganz ähnliche Position vertritt auch Briggle (2008).

10 Vgl. zum Einfluss sozialer Onlinenetzwerke auf Freundschaften bei Teenagern auch Trost (2013), insbesondere Kapitel 5.
11 Rüther bezieht sich auf die Brieffreundschaft zwischen den Dichtern Johann Wilhelm Ludwig Gleim (1719–1803) und Johann Peter Uz (1720–1796), deren Briefwechsel in Schüddekopf (1899) abgedruckt ist (digitalisiert 2015: http://www.v-kleist.com/ec/Briefwechsel%20Gleim-Uz.pdf).

Literaturverzeichnis

Adelmann, Ralf (2011), „Von der Freundschaft in Facebook: Mediale Politiken sozialer Beziehungen in Social Network Sites", in: Oliver Leistert, Theo Röhle (Hrsg.), *Generation Facebook. Über das Leben im Social Net*, Bielefeld: transcript, 127–144.
Archard, David (2010), *The family. A liberal defence*, Basingstoke: Palgrave Macmillan.
Arendt, Hannah (2002), „Denktagebuch: 1950 bis 1973 Bd. 1". Hrsg. von Ursula Ludz, München: Piper.
Arendt, Hannah (2015), „Wahrheit gibt es nur zu zweien: Briefe an die Freunde". Hrsg. von Ingeborg Nordmann, München: Piper.
Aristoteles (1984), *Eudemische Ethik*. Hrsg. von Ernst Grumach und Hellmut Flashar, übers. von Franz Dirlmeier, Berlin: Akademie Verlag.
Aristoteles (2013), *Nikomachische Ethik*, hrsg. und übers. von U. Wolf, Reinbek bei Hamburg.
Asexual Visibility and Education Network (2020), http://www.asexuality.org/home/ (Stand: 30. Januar 2020).
Assmann, Aleida (2012), „Freundschaft im Kommunikationszeitalter", in: Katharina Münchberg, Christian Reidenbach (Hrsg.), *Freundschaft. Theorien und Poetiken*, München: Fink, 79–94.
Baier, Annette C. (1996), *Moral prejudices. Essays on ethics*, Cambridge: Harvard University Press.
Bainbridge, William Sims (2009), *Online Multiplayer Games*, San Rafael: Morgan & Claypool.
Bauman, Zygmunt (2013), *The Individualized Society*, Cambridge: Polity.
Bayertz, Kurt (1998), „Begriff und Problem der Solidarität", in: Kurt Bayertz (Hrsg.), *Solidarität. Begriff und Problem*, Frankfurt am Main: Suhrkamp, 11–53.
Beck, Ulrich (1986), *Risikogesellschaft. Auf dem Weg in eine andere Moderne*, Frankfurt am Main: Suhrkamp.
Beck, Ulrich / Beck-Gernsheim, Elisabeth (2012), „Individualisierung in modernen Gesellschaften: Perspektiven und Kontroversen einer subjektorientierten Soziologie", in: Ulrich Beck, Elisabeth Beck-Gernsheim (Hrsg.), *Riskante Freiheiten. Individualisierung in modernen Gesellschaften*, Frankfurt am Main: Suhrkamp, 10–39.
Beck, Ulrich / Beck-Gernsheim, Elisabeth (2013): *Fernliebe. Lebensformen im globalen Zeitalter*, Berlin: Suhrkamp.
Beck-Gernsheim, Elisabeth (2012), „Auf dem Weg in die postfamiliale Familie: Von der Notgemeinschaft zur Wahlverwandtschaft", in: Ulrich Beck, Elisabeth Beck-Gernsheim (Hrsg.), *Riskante Freiheiten. Individualisierung in modernen Gesellschaften*, Frankfurt am Main: Suhrkamp, 115–138.
Berlin, Isaiah (2006), *Freiheit. Vier Versuche*, Frankfurt am Main: Fischer.
Betzler, Monika (2007), „Interpersonelle Beziehungen und gemeinsame Handlungen", in: *Deutsche Zeitschrift für Philosophie*, 55, Nr. 3, S. 441–455.
Branden, Nathaniel (1993), „Love and Psychological Visibility", in: Neera Kapur Badhwar (Hrsg.), *Friendship. A philosophical reader*, Ithaca, N.Y: Cornell University Press, 65–72.
Briggle, Adam (2008), „Real friends: how the Internet can foster friendship", in: *Ethics and Information Technology*, 10, Nr. 1, S. 71–79.
Brighouse, Harry / Swift, Adam (2008), „Legitimate Parental Partiality", in: *Philosophy & Public Affairs*, 37, Nr. 1, S. 43–80.

Buddensiek, Friedemann (2013), „,Ehe man nicht das Salz zusammen gegessen hat': Zur Rolle der Zeit in Aristoteles' Theorie der Freundschaft", in: Walter Mesch (Hrsg.), *Glück – Tugend – Zeit. Aristoteles über die Zeitstruktur des guten Lebens*, Stuttgart: Metzler, 250–264.

Cicero (2011), „Laelius", in: *Cato Maior und Laelius*. Hrsg. von Rainer Nickel und übers. von Max Faltner. Berlin: Akademie Verlag.

Cocking, Dean / Kennett, Jeanette (1998), „Friendship and the Self", in: *Ethics*, 108, Nr. 3, S. 502–527.

Cocking, Dean / Matthews, Steve (2000), „Unreal Friends", in: *Ethics and Information Technology*, 2, Nr. 4, S. 223–231.

Crépel, Anne-Laure (2014), „Friendship: Shaping Ourselves", in: *International Journal of Philosophical Studies*, 22, Nr. 2, S. 184–198.

Demir, Melikşah (Hrsg.) (2015), *Friendship and Happiness. Across the Life-Span and Cultures*, Dordrecht: Springer.

Derrida, Jacques (2000), *Politik der Freundschaft*, Frankfurt am Main: Suhrkamp.

Detel, Wolfgang (2005), *Aristoteles*, Leipzig: Reclam.

Dietz, Simone (2007), „Die Menschenwürde der Rampensau", in: Frank Kannetzky (Hrsg.), *Personalität. Studien zu einem Schlüsselbegriff der Philosophie*, Leipzig: Leipziger Universitäts-Verlag, 119–142.

Dietz, Simone (2010), „Selbstdarstellungskultur in der massenmedialen Gesellschaft", in: Michael Piper (Hrsg.), *Jahrbuch der Heinrich-Heine-Universität Düsseldorf 2008/2009*: düsseldorf university press, 383–392.

Döring, Sabine A. (2009), „Allgemeine Einleitung: Philosophie der Gefühle heute", in: Sabine A. Döring (Hrsg.), *Philosophie der Gefühle*, Frankfurt am Main: Suhrkamp, 12–65.

Dorn, Raphael Emanuel (2018), *Alle in Bewegung: räumliche Mobilität in der Bundesrepublik Deutschland 1980–2010*, Göttingen: Vandenhoeck & Ruprecht.

Duck, Steve (1982), „A Topography of Relationship Disengagement and Dissolution", in: Steve Duck (Hrsg.), *Dissolving personal relationships*, London: Academic Press, 1–30.

Epikur (2006), *Wege zum Glück. Griechisch – lateinisch – deutsch*, hrsg. und übers. von Rainer Nickel, Düsseldorf: Artemis & Winkler.

Eurich, Claus (1980), *Das verkabelte Leben. Wem schaden und wem nützen die Neuen Medien?*, Reinbek bei Hamburg: Rowohlt.

Forst, Rainer (2014), *Toleranz im Konflikt. Geschichte, Gehalt und Gegenwart eines umstrittenen Begriffs*, Frankfurt am Main: Suhrkamp.

Foth, Hannes (2019), „Kontaktabbrüche und Unkündbarkeit bei Eltern-Kind-Beziehungen im Erwachsenenalter", in: Simone Dietz, Hannes Foth, Svenja Wiertz (Hrsg.), *Die Freiheit zu gehen. Ausstiegsoptionen in politischen, sozialen und existentiellen Kontexten*, Wiesbaden: Springer VS, 153–193.

Foth, Hannes (2020), *Verantwortung und Freundschaft in Eltern-Kind-Beziehungen im Erwachsenenalter*, Dissertation, Universität Düsseldorf: noch unveröffentlicht.

Frankfurt, Harry G. (2009), „On Love, and Its Reasons", in: *The Reasons of Love*, Princeton: Princeton University Press, 33–68.

Friedman, Marilyn (1993), „Feminism and Modern Friendship: Dislocating the Community", in: Neera Kapur Badhwar (Hrsg.), *Friendship. A philosophical reader*, Ithaca, N.Y.: Cornell University Press, 285–302.

Fröding, Barbro / Peterson, Martin (2012), „Why virtual friendship is no genuine friendship", in: *Ethics and Information Technology*, 14, Nr. 3, S. 201–207.
Gadamer, Hans-Georg (2000), „Freundschaft und Solidarität" (1999), in: *Hermeneutische Entwürfe. Vorträge und Aufsätze*, Tübingen: Mohr Siebeck, 56–65.
Genov, Nikolai (2018), *Challenges of Individualization*, London: Palgrave Macmillan.
Giddens, Anthony (1997), *Modernity and self-identity. Self and society in the Late Modern Age*, Stanford: Stanford University Press.
Giddens, Anthony (2002), *Runaway World*, London: Profile.
Goldie, Peter (2009), „Emotionen und Gefühl", in: Sabine A. Döring (Hrsg.), *Philosophie der Gefühle*, Frankfurt am Main: Suhrkamp, 369–397.
Gonçalves, Bruno / Perra, Nicola / Vespignani, Alessandro (2011), „Modeling Users' Activity on Twitter Networks: Validation of Dunbar's Number", in: *PLOS ONE*, 6, Nr. 8.
Grätz, Tilo (2011), „Social-Anthropological Perspectives on Friendship in Africa", in: Bernadette Descharmes, Eric Anton Heuser, Caroline Krüger, Thomas Loy (Hrsg.), *Varieties of friendship*, Göttingen: Vandenhoeck & Ruprecht, 355–375.
Heidemann, Dietmar H. (2012), „Die Idee der Freundschaft: Philosophische Überlegungen zu einem polymorphen Begriff", in: Katharina Münchberg, Christian Reidenbach (Hrsg.), *Freundschaft. Theorien und Poetiken*, München: Fink, 43–52.
Helm, Bennett W. (2009a), „Emotions as Evaluative Feelings", in: *Emotion Review*, 1, Nr. 3, S. 248–255.
Helm, Bennett W. (2009b), *Love, friendship and the self. Intimacy, identification, and the social nature of persons*, Oxford, New York: Oxford University Press.
Helm, Bennett W. (2009c), „Love, Identification, and the Emotions", in: *American Philosophical Quarterly*, 46, Nr. 1, S. 39–59.
Hermand, Jost (2006), *Freundschaft. Zur Geschichte einer sozialen Bindung*, Köln: Böhlau.
Hill, R. A. / Dunbar, R. I. M. (2003), „Social network size in humans", in: *Human Nature*, 14, Nr. 1, S. 53–72.
Hoenen, Maarten J. F. M. (2002), „Transzendenz der Einheit: Thomas von Aquin über Liebe und Freundschaft", in: Cora Dietl, Dörte Helschinger (Hrsg.), *Ars und scientia im Mittelalter und in der frühen Neuzeit. Ergebnisse interdisziplinärer Forschung*, Tübingen: A. Francke, 125–137.
Höffe, Otfried (2005), „aretê / Tugend", in: Otfried Höffe (Hrsg.), *Aristoteles-Lexikon*, Stuttgart: Kröner, 76–80.
Höffe, Otfried (2006), *Aristoteles*, München: Beck.
Hoffmann, Magdalena (2014), „What Relationship Structure Tells Us about Love", in: Christian Maurer, Tony Milligan, Kamila Pacovská (Hrsg.), *Love and Its Objects. What Can We Care For?*, Basingstoke: Palgrave Macmillan, 192–208.
Hofheinz, Marco (2014), „Umstrittene Freundschaft: Eine kleine Apologie der theologischen Konzeptualisierung des Freundschaftsbegriffs", in: Marco Hofheinz, Frank Mathwig, Matthias Zeindler (Hrsg.), *Freundschaft. Zur Aktualität eines traditionsreichen Begriffs*, Zürich: TVZ Theologischer Verlag Zürich, 23–52.
Hofheinz, Marco / Mathwig, Frank / Zeindler, Matthias (2014), „'Ohne Freunde möchte niemand leben'. Eine Einführung in den freundschaftstheologischen Diskurs", in: Marco Hofheinz, Frank Mathwig, Matthias Zeindler (Hrsg.), *Freundschaft. Zur Aktualität eines traditionsreichen Begriffs*, Zürich: TVZ Theologischer Verlag Zürich, 9–19.

Honneth, Axel (1994), *Kampf um Anerkennung. Zur moralischen Grammatik sozialer Konflikte*, Frankfurt am Main: Suhrkamp.
Honneth, Axel (2011), *Das Recht der Freiheit. Grundriß einer demokratischen Sittlichkeit*, Berlin: Suhrkamp.
Honneth, Axel / Rössler, Beate (2008), „Einleitung: Von Person zu Person: Zur Moralität persönlicher Beziehungen", in: Axel Honneth, Beate Rössler (Hrsg.), *Von Person zu Person. Zur Moralität persönlicher Beziehungen*, Frankfurt am Main: Suhrkamp, 9–25.
Hurka, Thomas (2013), „The Goods of Friendship", in: Damian Caluori (Hrsg.), *Thinking about friendship. Historical and contemporary philosophical perspectives*, Houndmills: Palgrave Macmillan, 201–217.
Jaeggi, Rahel (2014), *Kritik von Lebensformen*, Berlin: Suhrkamp.
Jeske, Diane (2008), „Familien, Freunde und besondere Verpflichtungen", in: Axel Honneth, Beate Rössler (Hrsg.), *Von Person zu Person. Zur Moralität persönlicher Beziehungen*, Frankfurt am Main: Suhrkamp, 215–253.
Jollimore, Troy (2011), *Love's Vision*, Princeton, US: Princeton University Press.
Kahane, David (1999), „Diversity, Solidarity and Civic Friendship", in: *Journal of Political Philosophy*, 7, Nr. 3, S. 267–286.
Kann, Christoph (2001), *Fußnoten zu Platon. Philosophiegeschichte bei A. N. Whitehead*, Hamburg: Meiner.
Kant, Immanuel (1976), *Grundlegung zur Metaphysik der Sitten*, hrsg. und eingeführt von Theodor Valentiner, 4507, Stuttgart: Reclam.
Kant, Immanuel (1977), *Die Metaphysik der Sitten: Tugendlehre*, Immanuel Kant Werkausgabe VIII, hrsg. von Wilhelm Weischedel, Frankfurt am Main: Suhrkamp.
Kleingeld, Pauline / Anderson, Joel (2008), „Die gerechtigkeitsorientierte Familie: Jenseits der Spannung zwischen Liebe und Gerechtigkeit", in: Axel Honneth, Beate Rössler (Hrsg.), *Von Person zu Person. Zur Moralität persönlicher Beziehungen*, Frankfurt am Main: Suhrkamp, 283–312.
Kolodny, Niko (2003), „Love as Valuing a Relationship", in: *The Philosophical Review*, 112, Nr. 2, S. 135–189.
Kompatscher-Gufler, Gabriela / Römer, Franz / Schreiner, Sonja (2014), *Partner, Freunde und Gefährten. Mensch-Tier-Beziehungen der Antike, des Mittelalters und der Neuzeit in lateinischen Texten*, Wien: Holzhausen.
Körschen, Marc / Pohl, Jessica / Schmitz, Walter / Schulte, Olaf A. (2002), „Neue Techniken der qualitativen Gesprächsforschung: Computergestützte Transkription von Videokonferenzen", Forum Qualitative Sozialforschung / Forum: Qualitative Social Research, Vol. 3, No. 2 (2002): Using Technology in the Qualitative Research Process.
Kos, Elmar (2014), „Freundschaft im digitalen Zeitalter", in: Marco Hofheinz, Frank Mathwig, Matthias Zeindler (Hrsg.), *Freundschaft. Zur Aktualität eines traditionsreichen Begriffs*, Zürich: TVZ Theologischer Verlag Zürich, 309–339.
Krebs, Angelika (2009), „‚Wie ein Bogenstrich, der aus zwei Saiten eine Stimme zieht'. Eine dialogische Philosophie der Liebe", in: *Deutsche Zeitschrift für Philosophie*, 57, Nr. 5, S. 729–743.
Krebs, Angelika (2015), *Zwischen Ich und Du. Eine dialogische Philosophie der Liebe*, Berlin: Suhrkamp.
Kurth, Suzanne B. (2011), „Friendships and Friendly Relations", in: Michal McCall, Gerald D. Suttles, Suzanne B. Kurth, Norman K. Denzin (Hrsg.), *Friendship as a Social Institution*.

Originally published under title: *Social relationships*, Aldinge Pub. 1970, London: AldineTransaction, 136–170.

Landweer, Hilge (2006), „Philosophie der Freundschaft im Anschluss an Aristoteles", in: Meike Sophia Baader, Helga Kelle, Elke Kleinau (Hrsg.), *Bildungsgeschichten. Geschlecht, Religion und Pädagogik in der Moderne*. Festschrift für Juliane Jacobi zum 60. Geburtstag, Köln: Böhlau, 235–254.

Lenz, Karl (2009), *Soziologie der Zweierbeziehung. Eine Einführung*, Wiesbaden: Springer VS.

Lewis, Clive S. (2012), *The four loves*, London: Collins.

Licoppe, Christian (2004): „,Connected' presence: The emergence of a new repertoire for managing social relationships in a changing communication technoscape", in: *Environment and Planning D: Society and Space*, 22, Nr. 1, S. 135–156.

Lippitt, John (2013), „Can a Christian Be a Friend?: God, Friendship and Love of Neighbor", in: Damian Caluori (Hrsg.), *Thinking about friendship. Historical and contemporary philosophical perspectives*, Houndmills: Palgrave Macmillan, 180–198.

Maurer, Michael (2006), „Freundschaftsbriefe – Brieffreundschaften", in: Klaus Manger, Ute Pott (Hrsg.), *Rituale der Freundschaft*, Heidelberg: Winter, 69–81.

McCall, Michal M. (2011), „Boundary Rules in Relationships and Encounters", in: Michal McCall, Gerald D. Suttles, Suzanne B. Kurth, Norman K. Denzin (Hrsg.), *Friendship as a Social Institution*. Originally published under title: *Social relationships*, Aldinge Pub. 1970, London: AldineTransaction, 35–61.

Mead, George Herbert (1995), *Geist, Identität und Gesellschaft aus der Sicht des Sozialbehaviorismus*, Frankfurt am Main: Suhrkamp.

Miller, Stuart (1986), *Männerfreundschaft*, München: Kösel.

Montaigne, Michel de (1992), „Von der Freundschaft", in: *Essais nebst des Verfassers Leben. nach der Ausgabe von Pierre Coste, Band 1*, übers. Von Johann D. Tietz, Zürich: Diogenes, 320–347.

Nardi, Peter M. (1992), „,Seamless Souls': An Introduction to Men's Friendships", in: Peter M. Nardi (Hrsg.), *Men's friendships*, Newbury Park: Sage, 1–14.

Nehamas, Alexander (2016), *On friendship*, New York: Basic Books.

Nordmann, Ingeborg (2015), „Vorwort", in: Hannah Arendt, *Wahrheit gibt es nur zu zweien. Briefe an die Freunde*. Hrsg. von Ingeborg Nordmann, München: Piper, 7–12.

Nötzoldt-Linden, Ursula (1994), *Freundschaft. Zur Thematisierung einer vernachlässigten soziologischen Kategorie*, Opladen: Westdeutscher Verlag.

Nussbaum, Martha Craven (2012), „Gerechtigkeit oder Das gute Leben", hrsg. von Herlinde Pauer-Studer, Frankfurt am Main: Suhrkamp.

Oberdorfer, Bernd (2014), „Freundschaft beim jungen Schleiermacher", in: Marco Hofheinz, Frank Mathwig, Matthias Zeindler (Hrsg.), *Freundschaft. Zur Aktualität eines traditionsreichen Begriffs*, Zürich: TVZ Theologischer Verlag Zürich, 113–134.

O'Connor, David (1989), „The invulnerable pleasures of Epicurean friendship", in: *Greek, Roman and Byzantine Studies*, 30, Nr. 2, S. 165.

O'Keefe, Tim (2001), „Is Epicurean Friendship Altruistic?", in: *Apeiron*, 34, Nr. 4, S. 269–306.

Oliker, Stacey J. (1998), „The modernisation of friendship: individualism, intimacy, and gender in the nineteenth century", in: Graham Allan, Rebecca G. Adams (Hrsg.), *Placing friendship in context*, Cambridge, New York: Cambridge University Press.

Platon (2011a), „Lysis", in: *Sämtliche Werke Band 2. Lysis, Symposion, Phaidon, Kleitophon, Politeia, Phaidros.* übers. von Friedrich Schleiermacher, hrsg. von Ursula Wolf, Reinbek bei Hamburg: Rowohlt.
Platon (2011b), „Symposion", in: *Sämtliche Werke Band 2. Lysis, Symposion, Phaidon, Kleitophon, Politeia, Phaidros.* übers. von Friedrich Schleiermacher, hrsg. von Ursula Wolf, Reinbek bei Hamburg: Rowohlt.
Price, Anthony (1989), *Love and friendship in Plato and Aristotle*, New York: Oxford University Press.
Rawlins, William K. (1992), *Friendship Matters. Communication, Dialectics, and the Life Course*, New York: Taylor and Francis.
Rawls, John (1973), *A theory of justice*, London: Oxford University Press.
Reinders, Hans S. (2014), „Was kann Freundschaft zur Inklusion beitragen? Theologische Reflexionen zur wahren Freundschaft", in: Marco Hofheinz, Frank Mathwig, Matthias Zeindler (Hrsg.), *Freundschaft. Zur Aktualität eines traditionsreichen Begriffs*, Zürich: TVZ Theologischer Verlag Zürich, 245–261.
Remland, Martin S. / Jones, Tricia S. / Brinkman, Heidi (1995), „Interpersonal Distance, Body Orientation, and Touch: Effects of Culture, Gender, and Age", in: *Journal of Social Psychology*, 135, Nr. 3, S. 281–297.
Rhein, Thomas / Stüber, Heiko (2014), *Beschäftigungsdauer im Zeitvergleich. Bei Jüngeren ist die Stabilität der Beschäftigung gesunken*, IAB Kurzbericht 3/2014, Nürnberg.
Rodin, Miriam J. (1982), „Non-engagement, Failure to Engage, and Disengagement", in: Steve Duck (Hrsg.), *Dissolving personal relationships*, London: Academic Press, 31–49.
Rose, Suzanna M. (1984), „How Friendships End: Patterns among Young Adults", in: *Journal of Social and Personal Relationships*, 1, Nr. 3, S. 267–277.
Ruiter, Jan de / Weston, Gavin / Lyon, Stephen M. (2011), „Dunbar's Number: Group Size and Brain Physiology in Humans Reexamined", in: *American Anthropologist*, 113, Nr. 4, S. 557–568.
Rüther, Tobias (2013), *Männerfreundschaft. Ein Abenteuer*, Berlin: Rowohlt.
Safransky, Rüdiger (2014), „‚Die Hälfte meines Daseins': Zur Freundschaft zwischen Goethe und Schiller", in: Richard Riess (Hrsg.), *Freundschaft*, Darmstadt: Lambert Schneider, 62–66.
Saldarriaga, Lina Maria / Bukowski, William M. / Greco, Carolina (2015), „Friendship and Happiness: A Bidirectional Dynamic Process", in: Melikşah Demir (Hrsg.), *Friendship and Happiness. Across the Life-Span and Cultures*, Dordrecht: Springer, 59–78.
Schnädelbach, Herbert (1992), *Zur Rehabilitierung des „animal rationale"*, Frankfurt am Main: Suhrkamp.
Schollmeier, Paul (1994), *Other selves. Aristotle on personal and political friendship*, Albany: State University of New York Press.
Schopenhauer, Arthur (2018), *Aphorismen zur Lebensweisheit*, hrsg. von Arthur Hübscher, Stuttgart: Reclam.
Schüddekopf, Carl (Hrsg.) (1899), *Briefwechsel zwischen Gleim und Uz*, Tübingen: Laupp.
Schües, Christina (2008), *Philosophie des Geborenseins*, München: Alber.
Sennett, Richard (2000), *Der flexible Mensch. Die Kultur des neuen Kapitalismus*, Berlin: Siedler.
Shields, Christopher John (2014), *Aristotle*, London: Routledge.

Simmel, Georg (1997), „Psychologie der Diskretion", in: *Aufsätze und Abhandlungen. 1901–1908, Band II*. Gesamtausgabe Band 8. Hrsg. von Otthein Rammstedt, Frankfurt am Main: Suhrkamp, 108–115.
Simmel, Georg (1997), „Psychologie der Diskretion [Vortrag]", in: *Aufsätze und Abhandlungen. 1901–1908, Band II*. Gesamtausgabe Band 8. Hrsg. von Otthein Rammstedt, Frankfurt am Main: Suhrkamp, 82–86.
Simmel, Georg (2008), „Der Individualismus der modernen Zeit", in: *Individualismus der modernen Zeit. Und andere soziologische Abhandlungen*. Hrsg. von Otthein Rammstedt, Frankfurt am Main: Suhrkamp, 346–354.
Simmel, Georg (2016), *Soziologie. Untersuchung über die Formen der Vergesellschaftung*, Gesamtausgabe Band II, Frankfurt am Main: Suhrkamp.
Solomon, Robert C. (2006), *About Love. Reinventing romance for our times*, Indianapolis: Hackett Publishing Company.
Solomon, Robert C. (2002), „Reasons for Love", in: *Journal for the Theory of Social Behaviour*, 32, Nr. 1, S. 1–28.
Sorokowska, Agnieszka / Sorokowski, Piotr / Hilpert, Peter et al. (2017), „Preferred Interpersonal Distances: A Global Comparison", in: *Journal of Cross-Cultural Psychology*, 48, Nr. 4, S. 577–592.
Spencer, Liz / Pahl, Raymond Edward (2006), *Rethinking Friendship. Hidden Solidarities Today*, Princeton, NJ: Princeton University Press.
Stahl, Titus (2013), *Immanente Kritik. Elemente einer Theorie sozialer Praktiken*, Frankfurt am Main: Campus Verlag.
Tannen, Deborah (2017), *You're the only one I can tell. Inside the language of women's friendships*, London: virago.
Taylor, Charles (2011), *Das Unbehagen an der Moderne*, Frankfurt am Main: Suhrkamp.
Thomas, Laurence (1987), „Friendship", in: *Synthese*, 72, Nr. 2, S. 217–236.
Thomas, Laurence (2013), „The Character of Friendship", in: Damian Caluori (Hrsg.), *Thinking about friendship. Historical and contemporary philosophical perspectives*, Houndmills: Palgrave Macmillan, 30–44.
Thomas, von Aquin (1938), *Summe der Theologie. Dritter Band: Der Mensch und das Heil*, hrsg. von Joseph Bernhart, Stuttgart: Alfred Körner.
Thompson, Clive (2011), „Die schöne neue Welt der digitalen Intimität", in: *#public_life. Digitale Intimität, die Privatsphäre und das Netz*, Berlin: Heinrich-Böll-Stiftung, 20–27.
Thurlow, Crispin / Lengel, Lara M. / Tomic, Alice (2004), *Computer Mediated Communication*, London: Sage.
Trost, Kai Erik (2013), *Soziale Onlinenetzwerke und die Mediatisierung der Freundschaft. Eine qualitative Studie zur Bedeutung von Facebook für das Freundschaftskonzept Jugendlicher*, Baden-Baden: Nomos.
Turkle, Sherry (2012), *Verloren unter 100 Freunden. Wie wir in der digitalen Welt seelisch verkümmern*, München: Riemann.
Vetlesen, Arne Johan (2008), „Freundschaft in der Ära des Individualismus", in: Axel Honneth, Beate Rössler (Hrsg.), *Von Person zu Person. Zur Moralität persönlicher Beziehungen*, Frankfurt am Main: Suhrkamp, 168–207.
Weber, Max (2010), *Wirtschaft und Gesellschaft. Grundriss der verstehenden Soziologie; zwei Teile in einem Band*, Frankfurt am Main: Zweitausendeins.

Welsch, Barbara /Fichtel, Kathrin (2012), *Hund – Katze – Mensch. Die Deutschen und ihre Heimtiere. Mars-Heimtier-Studie 2013,* Verden: Mars Petcare Deutschland.
Wiertz, Svenja (2019), „Gibt es eine Ausstiegsoption in Freundschaften?: Zur Verbindlichkeit einer frei gewählten Beziehung", in: Simone Dietz, Hannes Foth, Svenja Wiertz (Hrsg.), *Die Freiheit zu gehen. Ausstiegsoptionen in politischen, sozialen und existentiellen Kontexten*, Wiesbaden: Springer VS, 223–247.
Wolf, Ursula (2006), „Über den Sinn der Aristotelischen Mesoteslehre (II)", in: Otfried Höffe (Hrsg.), *Aristoteles. Nikomachische Ethik*, Berlin: Akademie Verlag, 83–108.
Wolf, Ursula (2013), *Aristoteles Nikomachische Ethik*, Darmstadt: Wissenschaftliche Buchgesellschaft.
Yalom, Marilyn (2015), *The social sex. A history of female friendship*, with Theresa Donovan Brown, New York: Harper Perennial.

Sachregister

Abhängigkeit   22, 28, 36, 38, 74, 86–88, 105, 112
Alter   19, 108, 121
Altruismus   30f., 60, 84, 104
Anerkennung   2, 66, 109, 117, 121, 133f., 136
Anzahl   44, 115, 117
Ausschlusskriterien   40

Bekanntschaft   8, 43, 92–94, 96, 101, 107, 114, 159
Beständigkeit   17f., 20, 28, 34, 47
Beziehung, persönliche   1, 8, 50, 85, 92, 130

Dauer   77, 103, 109f., 116, 122
Distanz   18, 128, 137–141, 143f., 157f.

Ehe   57, 89, 92, 107
Ehrlichkeit   24, 121, 160
Exklusivitätsanspruch   44, 90f.

Familie   8, 85, 89, 105
Freiheit   8, 51f., 112, 134
Freiwilligkeit   48f., 86, 89, 92, 104
Freude   28, 76, 84, 99, 104, 118, 143
Freundschaft
– begrenzte Freundschaft   101, 115, 158f.
– Brieffreundschaft   141–144, 152f., 157
– Ende von Freundschaften   18, 40, 81, 108
– Entstehung von Freundschaften   8, 17, 47, 49, 58, 77f., 106
– Formen der Freundschaft   11, 15, 53, 97f., 102, 119
– in der Literatur   1, 112f.
– vollkommene Freundschaft   11, 27f.
Fürsorge   66, 69, 76, 109, 130, 135, 161

Gegenseitigkeit   7, 66, 70, 104
Geheimnis   8, 71f., 111
Gleichheit   35, 37, 70, 104
Gruppe   27, 41, 46, 110, 156f.

Hilfe   30, 41, 99f., 109, 118, 143

Ideal   3, 22, 29, 37, 44, 55, 80, 112, 123f., 149
Identifikation   68f., 71, 74, 130, 150
Identität   51, 69, 73f., 105, 109, 128, 132, 152
Interaktion   65, 93–95, 103, 114
Intimität   74, 88f., 91, 141

Jugend   20, 104f., 116

Kenntnis, gegenseitige   8, 75, 83, 96, 146
Kindheit   103f., 111
Kommunikation   14, 111, 121, 151, 155
– computervermittelte Kommunikation   144, 146, 148, 153, 156, 158
– persönliche Kommunikation   107, 119, 137, 142
– zeitlich entkoppelte Kommunikation   147, 153
Konflikt   24, 40f., 79f., 82
Krise   79f.

Liebe
– Arten der Liebe   38, 89
– bedingungslose Liebe   61
– dialogisches Modell der Liebe   67f.
– Elternliebe   20, 35, 61, 87
– Fürsorgemodell   66
– Gründe der Liebe   11, 60–62
– Liebe zu Gott   36
– Nächstenliebe   38
– Verschmelzungsmodell   66
Lust   11, 19, 30f.

Normen   29, 54, 57, 76, 123
Nutzen   11, 31, 33, 99, 118, 143

Offenheit   73–75, 142

Partnerschaft   15, 78, 81, 88–90, 92

Pflicht/Verpflichtung   24, 27, 48, 51, 57, 87
Praxis, soziale   5, 55 f., 123 f.

Selbstoffenbarung   71, 73, 121
Selbstverwirklichung   51 f., 128, 130, 132
   136
Solidarität   46
Spaß   99, 118, 120
Streit   31, 33, 40, 103

Tätigkeit, gemeinsame   22, 58, 75 f., 91
Toleranz   134 f.
Tugend   10 – 17, 24

Übereinstimmung   22 f., 26, 74 f.

Verbindlichkeit   48, 50, 52, 62, 90, 116, 118,
   122, 138, 158
Vertrauen   71, 73, 101, 105, 143, 158
Vertrautheit   8, 17, 48, 77, 122, 139 f.

Werte   2, 55, 57, 91, 122, 124, 142
Wertschätzung   11, 34, 51, 59, 65, 95, 115,
   139
Wohlwollen   11, 23, 36, 59

Zuneigung   8, 23, 38, 139

Personenregister

Arendt, Hannah 77, 143
Aristoteles 10–16, 18, 21
Assmann, Aleida 151

Baier, Annette 73
Bauman, Zygmunt 126 f., 132
Beck, Ulrich 126 f., 129, 131
Beck-Gernsheim, Elisabeth 131, 135
Betzler, Monika 76
Brighouse, Harry 87

Cicero 3, 22–24, 34
Cocking, Dean 70, 72, 74, 146

Derrida, Jacques 28, 46 f.
Duck, Steve 81 f.

Epikur 31–34, 41
Eurich, Claus 145

Foth, Hannes 88
Frankfurt, Harry 60–62
Friedman, Marilyn 46
Fröding, Babro 146 f.

Gadamer, Hans-Georg 46
Giddens, Anthony 49 f., 126, 128
Grätz, Tilo 53 f.

Heidemann, Dietmar 54
Helm, Bennett 61, 68 f.
Hoenen, Maarten 36
Hoffmann, Magdalena 49, 89 f.
Honneth, Axel 8, 51 f., 124

Jeske, Diane 47 f.
Jollimore, Troy 61 f.

Kahane, David 46
Kant, Immanuel 60
Kennett, Jeanette 70, 72, 74
Kolodny, Niko 63, 65

Krebs, Angelika 10, 62, 64, 66–68
Kurth, Suzanne 93–95

Lenz, Karl 79, 81
Lewis, Clive S. 5, 38–41, 139

Matthews, Steve 146
Maurer, Michael 141
McCall, Michal 79 f.
Mead, George H. 134
Montaigne, Michel de 22, 25 f., 41

Nardi, Peter 111 f., 114
Nehamas, Alexander 64, 139
Nötzoldt-Linden, Ursula 53
Nussbaum, Martha 1

Oberdorfer, Bernd 10
O'Connor, David 31
O'Keefe, Kim 31

Pahl, Raymond 97–100, 102
Peterson, Martin 146 f.
Platon 10, 66

Rawlins, William 103, 106–109
Reinders, Hans 37
Rodin, Miriam 40
Rössler, Beate 8
Rüther, Tobias 112, 154

Schnädelbach, Herbert 54
Schopenhauer, Arthur 3
Sennett, Richard 137 f.
Simmel, Georg 4, 42 f., 129
Solomon, Robert 64, 66
Spencer, Liz 97–100, 102
Stahl, Titus 124
Swift, Adam 87

Tannen, Deborah 111
Taylor, Charles 126, 133 f.
Thomas, Laurence 71, 73, 81 f., 87

Thomas, von Aquin 5, 36
Turkle, Sherry 145, 152f., 158

Vetlesen, Arne Johan 132–135, 138

Weber, Max 126
Wolf, Ursula 21

Yalom, Marilyn 113

www.ingramcontent.com/pod-product-compliance
Lightning Source LLC
Chambersburg PA
CBHW051746230426
43670CB00012B/2176